国家出版基金项目
NATIONAL PUBLICATION FOUNDATION

民族法与区域治理研究丛书
谢尚果◎主编

少数民族非物质文化遗产保护问题研究

齐强军　齐爱民　赵敏　程文凤◎著

SHAOSHU MINZU FEIWUZHI WENHUA YICHAN BAOHU WENTI YANJIU

中国法制出版社
CHINA LEGAL PUBLISHING HOUSE

序　言

任何一场科学技术的革命，都将导致经济和法律的改革。现代信息技术的产生和发展，影响了信息法律的制定、完成。但是，在科学技术日新月异，世界日趋全球化的过程中，人们也逐渐发现，与他们自身历史、文化、地域环境相关的艺术、知识，甚至是他们的日常传统生活形态都越来越具有商业价值。音乐人利用各民族、地域的风俗音乐融合形成新世纪音乐，科研学者、尖端企业通过对传统医药等的开发，研究得到新的治疗成果，而取得巨大的经济利益。人类的各种古老传统，在现代科技迅猛发展的今天，仍然是人类生活中的重要组成部分，是人类千百年智慧成果的象征，是人类文明之路继续前行的源泉和动力。但是，人们在开发、利用各种优秀文化传统，享用其现代成果之时，却似乎遗忘了对文化传统本身的保护、延续，以至于其在社会现代化的过程中越来越少，直至某一日，人类会发现传统已成为历史，只是博物馆、教科书的陈列和叙述，而不是社会生活中灵动的精神和文化。

因而，从20世纪70年代起，文化遗产保护的有志之士便开始关注传统文化，而后逐渐开始对民间文艺、传统知识的关注和保护。2003年，联合国教科文组织将此类传统智慧定义为非物质文化遗产，通过了《保护非物质文化遗产公约》。在世界范围内开展的抢救和保护非物质文化遗产的活动，是人类为保护自己的精神家园而开展的一项伟大的文化传承工程。我国于2004年批准加入了《保护非物质文化遗产公约》，2005年3月国务院办公厅印发了《关于加强我国非物质文化遗产保护工作的意见》，同年12月，国务院颁布了《关于加强文化遗产保护的通知》，决定从2006年起，每年6月的第二个星期六为我国的“文化遗产日”，并逐步开展非物质文化遗产的宣传活动。2006年，我国公布了第一批国家级非物质文化遗产名录。如今，非物质文化遗产保护已得到全社会的广泛响应，保护意识逐渐深入人心。

非物质文化遗产是活态的文化，是人类世代相传的智力活动成果，其不同于历史纪念性的文物等。所以，在保护过程中人类更多地采用灵活的、便于传承的方式加以保护，如制作音像制品、进行教学传承等。非物质文化遗产随之显露出适于市场化的商业价值。但是，由于一些非物质文化遗产发源地偏安一隅、信息闭塞，不能很好地认识到该遗产的商业价值，一些非物质文化遗产被发达地区、外来族群抢先开发、利用，创造出丰厚的经济利润，而发源地却从中获益较少。随着社会的发展，越来越多的个人、组织、国家开始注意到该现象，认为此种无偿拿走非物质文化遗产去营利的行为是对发源地的极不公平。随后，部分发展中国家开始追求知识产权法对非物质文化遗产的保护。世界知识产权组织亦开始了对民间文艺、传统知识的知识产权保护探讨。我国政府也意识到法律保护非物质文化遗产的重要性。2011年，第十一届全国人民代表大会常务委员会第十九次会议通过了《非物质文化遗产法》，加强非物质文化遗产保护、保存工作，部分省市也已出台地方非物质文化遗产保护条例。法律界人士积极推动我国非物质文化遗产的知识产权保护，实践中已有相关案例。通过知识产权保护非物质文化遗产，在促进非物质文化遗产的延续和传承，发扬我国5000多年的传统精神的同时，还可以发挥非物质文化遗产的经济价值，缩小我国与西方发达国家在知识产权竞争中的差距，提高我国的整体实力。

非物质文化遗产源于人类千百年的文明历史，深深植根于各民族、各地域中，是该民族、地域的身份、文化象征，是培养民族、地域文化认同感的宝贵资源，是促进人类文化多样性发展、推动人类文明前进的重要力量。为寻找非物质文化遗产的最优保护路径，使保护工作更加合理化、有效化、法制化，法律人有必要重视和加强非物质文化遗产基本理论以及法律框架下保护机制的研究、探索。非物质文化遗产是什么？它的法律界定及构成要件又是什么？它具有怎样的特征？法律对于非物质文化遗产保护的理念是如何发展的？知识产权制度具有怎样的扩展性？与非物质文化遗产保护具有什么样的契合点和法律依据？目前知识产权保护非物质文化遗产的现状如何？现行法律框架下怎么样能最完善地保护非物质文化遗产？又如何推动知识产权与非物质文化遗产保护更和谐地结合？这些都是非物质文化遗产知识产权保护问题研究中迫切需要厘清的问题。

正是在这样的背景下，本书从法律的角度，系统地阐述了非物质文化遗产的法律界定及保护宗旨，分析了非物质文化遗产知识产权保护的合理性，并探讨了现有知识产权对于非物质文化遗产及其发源地利益保护的模式和作用。在此基础上，结合知识产权制度本身的特性，提出了建立针对非物质文化遗产保护的专门知识产权理念及模式建构，为解决非物质文化遗产的抢救、保护及传承提供了法律思路。本书所作的探索和尝试希望有助于对非物质文化遗产保护的进一步思考，非物质文化遗产开发的有效探索以及知识产权制度本身的审视、反思和发展。

目录 CONTENTS

引　言
生存与毁灭

在全球经济一体化和社会生活现代化的大潮中，传统文化特别是非物质文化遗产受到了社会化大生产和外来文化的强势冲击，正在迅速变异或消亡。人类在肯定和享受文明进步的同时，需要关注非物质文化遗产受到的严重冲击和破坏现象，关注非物质文化遗产的生存和延续。

随着历史的变迁，一些民俗风情已经发生严重变异，大量传统工艺已无人通晓，许多传统文化的传承已经断脉，非物质文化遗产生存环境堪忧。以我国南京为例，南京地区原有的一些传统文化失传或消失。相当一部分人民离开发源地，身处城市后不可避免地受到城市文明和外来文化的影响，传统观念中非常重视的祭祀、庆典、祈祷、娱乐活动，现在不少人认为其已经失去了存在的意义和价值，从而与之相关的古老技艺也没有了传人。[①]

一些非物质文化遗产偏安一隅，分散、存留或流传于偏远地区。随着经济的发展，发源地的规划、开发由于缺乏对非物质文

---

① 陈燕、喻学才：《关于南京非物质文化遗产的保护与经营刍议》，载《东南大学学报（哲学社会科学版）》2006年第S2期。

化遗产重要性的认识，缺乏相关法律法规的约束、有效方式的管理、必要经费的支持以及信息不通畅等多种原因，非物质文化遗产的生存环境在经济大潮中愈加脆弱，流失愈演愈烈。比如，现在各城市实施的城市改造，可能会把老城孕育的小吃、手工艺等独特文化一起“改造”掉。由于非物质文化遗产的地域性，失去了原有的环境，非物质文化遗产将难以生存、传承。非物质文化遗产的传承乏人，濒临灭绝。非物质文化遗产大多属于独门绝技或一个地域、民族的独有文化，需要口传心授，往往因人而存、人亡而亡。但目前掌握一定传统技艺的艺人已为数不多，且大多年事已高，他们掌握的传统技艺随时都有消失的可能。并且由于非物质文化遗产现行开发模式的缺陷性，不能适应市场经济的规模化生产，一些艺人生活困难。究其原因，非物质文化遗产的日渐消失，一方面，由于非物质文化遗产的保护意识淡薄，民众缺乏普遍的自觉性。目前，大部分民众不知非物质文化遗产为何物，更不用提对其的保护方式了。非物质文化遗产的宣传力度不足，只有一部分艺术研究专业人士了解，以至于其演变为一种高端文化，而不知其本为大众文化，需要大众了解才能传播、发扬。并且非物质文化遗产的活态性和不可再生性使其保护难度加大，对非物质文化遗产的日常化保护更为重要。另一方面，非物质文化遗产的价值没有得到适当的理解和足够重视。非物质文化遗产源于古老的生活，含有相当的传统成分，易被人误解为落后文化、封建残余，而殊不知其具有的重要价值和作用。

非物质文化遗产是人类重要的文化记忆，是民族、地域发展的独特记录，是人类生存和发展的动力、源泉。第一，非物质文化遗产是人类历史发展的重要见证。非物质文化遗产是人类世世代代延续下来的文化，它反映了人类各个阶段不同的世界观、不同的生活状态、不同的文化内涵，是珍贵的文化资源，是人类了解自身、借鉴历史的有效工具，是人类继续创造、革新的重要源泉。第二，非物质文化遗产是各民族、地域文明的结晶，是连接民族、地域情感的纽带，是民族、地域自我认同的基础。非物质文化遗产中往往蕴含着各民族、地域独特的文化形态和文化个性，成为民族、地域亲和力、凝聚力的重要源泉。非物质文化遗产作为传统文化的重要组成部分，是各个民族、地域千百年社会生活的产物，是民族、地域特有精神和智慧的融合。第三，非物质文化遗产代表着民族、地域的文化身份，饱含着各民族、地区特有的精神价值、思维方式、想象力和文化艺术。透过丰富多彩的非物质文化遗产，可以直接观察到各地区、民族的世界观、生活观、审美情趣和艺术创造力，可以深入了解民众的集体心态和行为模式，可以从中研究其艺术价值和历史价值，弘扬先进文化、丰富大众文化生活。第四，非物质文化遗产包括语言的多元化、艺术形式的自由表达等，与物质文化遗产共同承载着社会的文明，是文化多样性的体现和可靠保障。非物质文化遗产的存在是各民族、地域不同文化存在的基础，只有在保有各民族不同的文化特点的前提下，全球文化多样性才能发展，才能不断交流推动人类的发展。同时，非物质文化遗产还是人类重要的经济资源，丰富的商业价值可以促进人类的和平发展。因此，在现代社会的巨大文化变革中，非物质文化遗产应该得到足够的重视、保护和开发。

第一章

非物质文化遗产的法律界定

第一节　非物质文化遗产的概念

一、非物质文化遗产概念的提出

随着非物质文化遗产宣传的广泛开展和保护意识的不断加强，“非物质文化遗产”目前已成为一个家喻户晓的词汇。但是，作为一个学术概念，即使在较早提出“非物质文化遗产”词语的联合国教科文组织的词语库里，非物质文化遗产也是一个非常新的术语。[①]

1982年，联合国教科文组织设立以“非物质遗产”（Nonphysical Heritage）命名的部门。随后在联合国教科文组织的《第二个中期计划（1984—1989）》时段，联合国教科文组织以“非物质的文化遗产”（Nonphysical Cultural Heritage）正式命名，而且还着手进行非物质文化遗产概念及保护的研究：“文化遗产总是被视为一个社会、一个民族或者一个国家最清楚地表明其独特精神的一

① 王文章主编：《非物质文化遗产概论》，文化艺术出版社2006年版，第2页。

种形式，它的定义包括文化遗产的‘物质’和‘非物质’两个方面。‘非物质的’文化遗产包括通过艺术、文学、语言、口头传说、手工艺、民间传说、神话、信仰、道德准则、习俗、礼仪和游戏等方式流传的标记和符号。”从第二个中期计划的第一个阶段（1984—1985）开始，联合国教科文组织把计划与预算文件中“保护文化遗产”项目更名为“保护物质遗产”项目，另外增设“保护非物质文化遗产”项目，二者共同构成“保护文化遗产”总项目。这一举措清晰地表明联合国教科文组织正式接纳了非物质文化遗产概念。[①]

1998年，联合国教科文组织155届执行局会议通过了“联合国教科文组织‘人类口头和非物质遗产代表作宣布计划’条例”，使用了“口头和非物质遗产”（Oral and Intangible Heritage）一词。“口头和非物质遗产”是指来自某一文化社区的全部创作，这些创作以传统为依据、由某一群体或一些个体所表达并被认为是符合社区期望的作为其文化和社会特性的表达形式；其准则和价值通过模仿或其他方式口头相传，它的形式包括语言、文学、音乐、舞蹈、游戏、神话、礼仪、习惯、手工艺、建筑术及其他艺术。随后“口头和非物质遗产”这一概念逐渐被广泛接纳。但后来人们发现这个概念并不周延，比如“古琴艺术”列入遗产名录，但古琴艺术却是通过物质的有形形式——“古琴”得以呈现的，于是西方社会开始使用日本用来指称“无形文化财”的对译术语“the Intangible Cultural Heritage”。Intangible一词的本义是

---

① 吕建昌、廖菲：《非物质文化遗产概念的国际认同——兼谈口头和非物质遗产的法律地位》，载《中国博物馆》2006年第1期。

"不可触摸的""难以形容的"，引申为"无形的"。"the Intangible Cultural Heritage"直译为"无形文化遗产"，着重指一种没有固定的空间形式，通过口传心授来表现的活态文化。

为加强口述传统和表达方式（包括作为非物质遗产的一种工具的语言）、表演艺术、社会实践、礼仪和节日活动、关于自然和宇宙的知识和实践以及有关传统工艺的专门技能的保护，2003年联合国教科文组织颁布《保护非物质文化遗产公约》，该公约使用了"the Intangible Cultural Heritage"这一概念，我国官方译本将其称为"非物质文化遗产"。我国国务院及国务院办公厅等印发的文件中，也使用着"非物质文化遗产"的概念。并且，随着社会传播的影响，"非物质文化遗产"这一词语目前在中文语境中已经基本定型为一个约定俗成的概念，并已得到广泛使用。

二、非物质文化遗产的概念界定

（一）概念理解

科学界定非物质文化遗产的概念是研究非物质文化遗产法律保护的起点。非物质文化遗产是指在特定的社区世代相传的、作为该社区的文化和社会特性的组成部分的智力活动成果。非物质文化遗产是文化遗产的下位概念。文化遗产的概念源于西方。1969年这一概念写入美国《国家环境政策法》中，其认为自然环境的保护固然重要，但人文环境也应该视为生活环境的一个重要组成部分。每位国民都应该树立起保护人类共同文化遗产的观念，共同保护国家的重要历史遗产、文化遗产和民族遗产。随后，联合国教科文组织大会第17届会议于1972年通过了《保护世界文化和自然遗产公约》，“文化遗产”的字眼迅速传播开来，文化遗产的理念得到广泛的普及和弘扬。但是在该公约规定中，仅将文物、建筑群、遗址三类列入文化遗产的内容，显然该定义主要是指物质文化遗产。事实上文化遗产的概念应是指人类社会所承袭的前人创造的一切优秀文化及文化的产物。[①]有形的物质文化遗产和无形的非物质文化遗产才能构成文化遗产的完整范畴。物质文化遗产是指时代流传的、具备典型意义和独特或重要的历史文化、科教审美等价值的物质实体，包括民居、建造、碑刻、设施、工具、器械、器皿、服饰等物质实体，其注重对实物的保护；而非物质文化遗产包括口承文学、生产技术、人生仪式、节日庆典、民间信仰、技艺技能等世代相传的智力活动成果，但不包括物质实体。非物质文化遗产重点强调的并不是这些物质层面的载体和呈现形式，而是蕴藏在这些物化形式背后的精湛的技艺、独到的思维方式、丰富的精神蕴藏等非物质形态的内容，更加强调的是知识成果和精神层面的意义和价值。

自非物质文化遗产概念提出到确定的30年间，联合国教科文组织更改过多次概念，使用过诸如“民间创作”“民间文化”“民俗”“口头和非物质遗产”等多个概念。这表明非物质文化遗产问题本身的复杂性及理解的困难性，同时也表明非物质文化遗产的实践性，随着非物质文化遗产保护工作的展开，新的问题和认识的出现就会修正原有的看法，这在联合国公开发布的相应文件中概念确定的多番改变可以看出。[②]目前，我国对非物质文化遗产概

---

① 苑利：《文化遗产与文化遗产学解读》，载《江西社会科学》2005年第3期。

② 管育鹰：《知识产权视野中的民间文艺保护》，法律出版社2006年版。

念的理解，是指各族人民世代相传并视为其文化遗产组成部分的各种传统文化表现形式，以及与传统文化表现形式相关的实物和场所。但同时学术界也从不同的方面丰富和深化了对非物质文化遗产概念的认识。

民俗研究中，非物质文化遗产概念方面的认识尚未统一。部分学者在《保护非物质文化遗产公约》定义的基础上进行深化、提炼。乌丙安教授认为我国非物质文化遗产概念的定义应该着重从非物质性和可操作性角度进行理解。并且从语义上非物质文化遗产概念可以理解为"精神文化遗产"，但是只有思想观念在通过特定的世世代代传承的表现形式或形态展现时才能归为非物质文化遗产。[①]有学者则认为非物质文化应该包括两个大类，一类是形态文化，另一类是具有鲜明民族和地域特色的行为文化，以民俗的形式出现。[②]高丙中教授赞同《保护非物质文化遗产公约》中对非物质文化遗产概念的界定，同时还认为非物质文化遗产是作为整合性概念而提出的。在此前的一段时间里，民间文学、民间风俗、民间信仰、民间医疗、民间工艺、民间舞蹈、民间音乐、民间戏剧等是作为相对独立的对象而进行调查研究的，而非物质文化遗产概念的出现则将它们都整合起来，并且形成一个社会实践和学术活动的新领域。[③]同时，也有民俗学者

① 乌丙安：《非物质文化遗产的界定和认定的若干理论与实践问题》，载《河南教育学院学报（哲学社会科学版）》2007年第1期。

② 时吉光、喻学才：《我国近年来非物质文化遗产保护研究综述》，载《长沙大学学报》2006年第1期。

③ 高丙中：《非物质文化遗产：作为整合性的学术概念的成型》，载《河南社会科学》2007年第2期。

对《保护非物质文化遗产公约》中非物质文化遗产的定义提出了一定质疑，认为该定义忽视了概念本身的精确性，非物质文化遗产的概念应当充分体现其非物质性的文化内涵，即人类社会所传承下来的前人所创造的，并被后代继承的体现人类特性的一切优秀文化和财富。[①]

随着非物质文化遗产保护工作的展开，法学领域也开始了对非物质文化遗产保护的研究。关于非物质文化遗产的概念，法学界从法律保护的角度对《保护非物质文化遗产公约》中非物质文化遗产的概念定义进行了一定的分析。费安玲教授认为《保护非物质文化遗产公约》中非物质文化遗产的定义并非一个科学的定义，其易产生将该文化遗产与物质截然分开的误解。虽然非物质文化遗产的表达旨在强调其所包含的文化内涵及信息，但是不意味着其可以完全脱离物质表现形式。非物质文化遗产是借助或不借助物质媒介所表现的世代传承的特定民族的文化信息。[②]李顺德教授认为关于非物质文化遗产的定义较多，各名称和定义之间相互关联但同时也较为混乱，同法学的严谨精神不相一致。《保护非物质文化遗产公约》中关于非物质文化遗产的定义主要采用列举方式，对非物质文化遗产的客体进行概括，使其内容更确定和详细，但同时这种列举方式也存在片面性和不完备性。[③]

---

① 张春丽、李星明：《非物质文化遗产概念研究述论》，载《中华文化论坛》2007年第2期。

② 费安玲：《非物质文化遗产法律保护的基本思考》，载《江西社会科学》2006年第5期。

③ 李顺德：《非物质文化遗产的法律界定及知识产权保护》，载《江西社会科学》2006年第5期。

（二）《保护非物质文化遗产公约》关于非物质文化遗产概念的界定

《保护非物质文化遗产公约》第2条规定，“非物质文化遗产”，指被各社区、群体，有时是个人，视为其文化遗产组成部分的各种社会实践、观念表述、表现形式、知识、技能以及相关的工具、实物、手工艺品和文化场所。笔者认为，根据《保护非物质文化遗产公约》的上述规定，可能导致一种认识就是非物质文化遗产不仅包括作为智力成果的“社会实践、观念表述、表现形式、知识、技能”，而且包括作为物质实体的“相关的工具、实物、手工艺品和文化场所”。但后者是该公约在对给物质文化遗产概念界定时明确提及的。因而，非物质文化遗产的概念界定不包括“工具、实物、手工艺品和文化场所”，非物质文化遗产是一种智力活动成果，在概念界定时应区别于它的载体和表现工具。非物质文化遗产是指在特定的社区世代相传的、作为该社区的文化和社会特性的组成部分的智力活动成果。

《保护非物质文化遗产公约》的概念规定，是基于非物质文化遗产与物质文化遗产和自然遗产之间的内在相互依存关系的考虑而对物质实体给予保护，[①]但不能因此得出“相关的工具、实物、手工艺品和文化场所等物质实体是非物质文化遗产”的不当结论。首先，非物质文化遗产是一种世代相传的智力活动成果，不包括任何物质实体，但许多非物质文化遗产是以物质实体为载体的。很多非物质文化遗产的存在需要借助于物质实体，比如民族的图

---

① 参见联合国《保护非物质文化遗产公约》序言。

腾等，有的非物质文化遗产是仅以单本的形式存在，比如一张仅存的书写于羊皮上的无人开启的秘方，若此羊皮灭失则非物质文化遗产（秘方）灭失，因此，《保护非物质文化遗产公约》将此承载和记录非物质文化遗产的物质实体纳入保护范围。其次，许多非物质文化遗产是以物质实体为表现工具的，比如无古琴就无古琴艺术，古琴是物质实体，不属于非物质文化遗产，而古琴艺术为非物质文化遗产。再次，有的非物质文化遗产需要在一定的文化场所表演和表现，比如特定的民族祭祀活动需要的山谷等“圣地”，这些文化场所是此类非物质文化遗产得以再现的唯一空间，因此该公约将物质载体和表现形式纳入保护范围。最后，非物质文化遗产和物质文化遗产有着内在的相互依存关系，与之相关的“工具、实物、手工艺品和文化场所”的灭失可直接导致非物质文化遗产的灭失，因此，《保护非物质文化遗产公约》将与非物质文化遗产密切相关的“工具、实物、手工艺品和文化场所”纳入保护范围。需要说明的是，纳入该公约保护范围的并非都是非物质文化遗产。《保护非物质文化遗产公约》将物质实体纳入保护范围的目的在于，尽管这些物质实体有的可以受到物质文化遗产和自然遗产保护法律的保护，但更多的可能是因不能满足物质文化遗产和自然遗产的保护标准而得不到保护，若此公约也将其拒之门外，则这些实物很可能因得不到重视和保护而灭失。物质实体的灭失则可能导致非物质文化遗产的灭失。该公约的这种规定，仅仅是一个保护范围的确定问题。《保护非物质文化遗产公约》为保护非物质文化遗产而设，但不能说明保护范围内的一切对象都是非物质文化遗产，如同保护大熊猫就要保护竹林，但不能因为保护了竹林就把竹子当作熊猫。该公约虽然将物质实体纳入保护范围，但不能因此就把物质实体当作非物质文化遗产。《保护非物质文化遗产公约》本身并不认为“工具、实物、手工艺品和文化场所”等物质实体是非物质文化遗产。根据该公约的上下文联系可以得出这个结论。该公约在对非物质文化遗产的概念进行界定之后，紧接着对非物质文化遗产进行了列举，目的在于进一步明确界定非物质文化遗产概念的内涵与外延，避免歧义，因此列举并无物质实体。《保护非物质文化遗产公约》第2条第2项规定，“非物质文化遗产”包括以下方面：（1）口头传统和表现形式，包括作为非物质文化遗产媒介的语言；（2）表演艺术；（3）社会实践、仪式、节庆活动；（4）有关自然界和宇宙的知识和实践；（5）传统手工艺。

上述定义的列举，为封闭式列举，并未采取《建立世界知识产权组织公约》第2条第8项用一个兜底条款概括知识产权的范围的开放式列举方式①，因为许多新型权利随着技术创新可以不断涌现，而非物质文化遗产却是一种只能发现而不能创造、不可再生的文化资源，因此《保护非物质文化遗产公约》采用囊括一切非物质文化遗产的封闭式列举的方式来界定其外延是可行的。而该公约列举的种类并无“工具、实物、手工艺品和文化场所”等物质实体。

我国现行法也持相同主张。2005年3月国务院办公厅颁布了

---

①《建立世界知识产权组织公约》第2条第8项规定，“知识产权”包括：关于文学、艺术和科学作品的权利；关于表演艺术家的演出、录音和广播的权利；关于人们努力在一切领域的发明的权利；关于科学发现的权利；关于工业品式样的权利；关于商标、服务商标、厂商名称和标记的权利；关于制止不正当竞争的权利；以及在工业、科学、文学或艺术领域里一切其他来自知识活动的权利。

《关于加强我国非物质文化遗产保护工作的意见》，该意见的附件对非物质文化遗产作了界定，与《保护非物质文化遗产公约》保持了一致，仅在概念外延方面增加了相关的文化空间部分。非物质文化遗产的范围包括：（1）口头传统，包括作为文化载体的语言；（2）传统表演艺术；（3）民俗活动、礼仪、节庆；（4）有关自然界和宇宙的民间传统知识和实践；（5）传统手工艺技能；（6）与上述表现形式相关的文化空间。需要注意的是，非物质文化遗产中的“文化空间”是指定期举行传统文化活动或集中展现传统文化表现形式的场所，兼具空间性和时间性。它不能与以前命名的“剪纸之乡”“文化生态保护区”等概念相混淆。文化空间亦不同于遗址、文化场所等概念。遗址的概念从文化遗址的角度来讲是指有形物质文化遗存被发现的地点，主要包括纪念性建筑和废墟。场所一般理解为只是一个建筑场所或空间场所。文化场所是指为传播文化、提倡精神文明的场所，目前主要包括图书馆、博物馆等，更为广义一点还包括网吧等娱乐场所。而文化空间是每年固定周期性地在固定场所举办具有规模的民间传统综合文化活动，兼具空间性和时间性。例如，多米尼加梅拉镇孔果圣灵兄弟会文化空间、爱沙尼亚基努文化空间、俄罗斯塞梅斯基文化空间、乌兹别克斯坦博逊地区文化空间、几内亚索索·巴拉文化空间等，它们都是在一个相对独特的古老地区，有一个独特文化传承的文化群体，用他们的信仰和独有的合唱、舞蹈、神圣乐器演奏主持他们的神圣的宗教节目，形成自己的文化空间。[①]在该意见颁布后，

① 乌丙安：《非物质文化遗产的界定和认定的若干理论与实践问题》，载《河南教育学院学报（哲学社会科学版）》2007年第1期。

《国务院关于公布第一批国家级非物质文化遗产名录的通知》（国发〔2006〕18号）中的《第一批国家级非物质文化遗产名录》，将非物质文化遗产分为十类，分别为民间文学、民间音乐、民间舞蹈、传统戏剧、曲艺、杂技与竞技、民间美术、传统手工技艺、传统医药、民俗，其基本也是沿用《保护非物质文化遗产公约》的概念，只是将其细化成类。

2011年，我国公布了《非物质文化遗产法》，其中第2条规定："本法所称非物质文化遗产，是指各族人民世代相传并视为其文化遗产组成部分的各种传统文化表现形式，以及与传统文化表现形式相关的实物和场所。包括：（一）传统口头文学以及作为其载体的语言；（二）传统美术、书法、音乐、舞蹈、戏剧、曲艺和杂技；（三）传统技艺、医药和历法；（四）传统礼仪、节庆等民俗；（五）传统体育和游艺；（六）其他非物质文化遗产。属于非物质文化遗产组成部分的实物和场所，凡属文物的，适用《中华人民共和国文物保护法》的有关规定。"至此，非物质文化遗产有了明确的法律界定。

第二节　非物质文化遗产与相关概念之比较

一、民间文学艺术

民间文学和民间艺术合称"民间文学艺术"（expression of folklore）。最初的民间文学艺术概念，包括传统部族的全部文化产物和文化结晶，涵盖传统部族在长期的历史过程中所创造的全部精神成果。非洲知识产权组织于1977年通过的《班吉协定》即在这种意义上使用"民间文学艺术"这一概念。该组织用Folklore来指代传统部族全部文化产品和文化结晶。按照《班吉协定》的界定，Folklore是指一切由非洲的部族团体所创作的、构成非洲文化遗产基础的、代代相传的文学、艺术、科学、宗教、技术等领域的传统表现形式与作品。其主要包括如下项目：一是口头或书面形式的文学作品；二是艺术风格、艺术产品（舞蹈、音乐等）、以手工或者其他方式制作的造型艺术品、装饰品、建筑艺术风格等；三是宗教传统仪式；四是传统教育的形式、传统体育、游戏、民间习俗等；五是科学知识及作品（传统医药品及诊疗知识等）；六是技术知识及作品（冶金、纺织、农业等技术知识）。[①]国家层面上，澳大利亚也用民间文学艺术来指传统部族的文化产物和结晶。在澳大利亚法上，民间文学艺术包括了所有文化财富的表现形式，如歌曲、美术、习俗、传统医药知识等。[②]1982年2月，联合国教科文组织在巴黎召开的关于保护民间文学艺术专家委员会会议上就对"民间文学艺术"作了如下规定："民间文学艺术表现形式"是指包含了传统艺术遗产的特殊因素，由国家中的一个群体或由一些个人发展和保持并反映了该群体传统艺术追求的产品。民间文学艺术可以分为以下类别：（1）言语表达，如民间传说、诗歌、谜语等；（2）音乐表达，如民间歌曲和器乐；（3）形体表达，如民间舞蹈、表演以及以艺术形式体现的宗教仪式等；（4）有形表达或并入物品的表达，如绘画、雕塑、

① 非洲知识产权组织1977年《班吉协定》附件7第46条。

②［澳大利亚］卡迈尔·普里：《民间文学艺术表现形式的保存与维护》，高凌翰译，载《版权公报（中文版）》1998年第4期。

雕刻、瓷器、竹编、微雕、织品、地毯、服装、音乐器具和建筑样式等。[①]

笔者认为，从概念界定上可知，民间文学艺术与非物质文化遗产有极大的相似点，因此符合非物质文化遗产构成要件的民间文学艺术应是非物质文化遗产。由于民间文学艺术在许多国家的语境中带有“贬义”，因而逐步被联合国制定的相关法律文件所抛弃。在我国文化领域中，长期以来使用的是“民族文化”“传统文化”等多种相似概念，但在签订《保护非物质文化遗产公约》之后，逐步采用了“非物质文化遗产”这一概念。

二、传统知识

“传统知识”这一概念来源于世界知识产权组织（WIPO）。随着社会发展、科技的不断创新，WIPO逐渐认识到传统部族在产业领域内大量的技术性知识和经验保护的重要性，因而提出并使用了“传统知识”这一概念。WIPO秘书处指出，传统知识是指以传统为基础的文学、艺术和科学著作；表演；发明；科学发现；外观设计；标志；名称和象征符；未揭示的信息和所有其他来源于工业、科学、文学艺术领域内的智力活动所产生的基于传统的革新和创造。[②]所谓“基于传统”，是指某种知识体系、创造、创新和文化表达方式，通常是代代相传，为某个特定民族或其居住地域所固有，并且随着环境变化而不断演进。传统知识的涵盖

① ［西班牙］德利娅·利普希克：《著作权与邻接权》，中国对外翻译出版公司、联合国教科文组织2000年版，第68页。

② WIPO，“Traditional Knowledge—Operational Terms and Definitions”，WIPO/GRTKF/IC/3/9，May20，2002.

范围十分广泛，包括农业知识、科学知识、技术知识、生态知识、医药知识（包括药品和治疗方法）、有关生物多样性的知识、语言元素（如名称、地理标志和符号），以及其他未固定的文化财产，当然包括民间文学艺术（音乐、舞蹈、歌曲、手工艺品、设计、传说和艺术品等形式）。[①]笔者认为这是广义的传统知识概念。从外延上看，广义的传统知识不仅包括农业知识、科学知识、技术知识、生态知识、医药知识（包括药品和治疗方法）等知识技能，还包括有关生物多样性的知识——遗传资源以及民间文学艺术。而非物质文化遗产则不包括遗传资源。根据《生物多样性公约》第2条规定，遗传资源是指具有实际或潜在价值的遗传材料。其中遗传材料是指来自植物、动物、微生物或其他来源的任何含有遗传功能单位的材料。遗传资源是动物、植物和人等生而有之的细胞、DNA等，是人、动植物由于各种不同的生存环境而潜移默化的生理变化，而不是一个社区文化代表的智力成果。因而其不应当归于非物质文化遗产范围内。狭义的传统知识主要是指民间文学艺术表达以外的传统知识，包括遗传资源。[②]最为狭义的传统知识既不包括民间文学艺术，也不包括遗传资源。

三、民间文化遗产

和非物质文化遗产最为接近的概念是民间文化遗产。民间文化是人类文化的重要组成部分。“民间文化遗产”的概念早已被我

---

① 一些其他信息、财产和物质，如墓地、语言、精神信仰和人体遗骸，由于不是工业、科学、文学或艺术领域内智力活动的成果，被排除在上述“传统知识”的范畴外。

② 齐爱民主编：《现代知识产权法学》，苏州大学出版社2005年版，第499页。

国文化界接受并广泛应用，1989年联合国教科文组织通过了《保护民间创作建议案》，该建议案中的“民间创作”，也可以翻译为“民间文化”。建议案认为民间创作是“来自某一文化社区的全部创作，这些创作以传统为依据，由某一群体或一些个体所表达并被认为是符合社区期望的作为其文化和社会特性的表达形式”。民间文化包括民俗文化、民间文学和民间艺术三大范畴。人类文化可以分为上层文化和下层文化两部分（也有学者将其分为上中下三部分），上层文化是士人文化、典籍文化，是阳春白雪的文化；下层文化则是大众的、民间的文化，是下里巴人的文化。无论是士人文化还是民间文化均可以构成非物质文化遗产。上层的士人文化（如皇室宗庙的祭祀典礼、皇室祭祀所演奏的音乐等），主要是通过官方创造和保留下来的文化遗产，通常是在官方主导下，动用了民间的智慧、技艺创造出来，但一般不允许在民间使用和流传，只是在宫廷或者上层这些特定的范围内运用，并在官方指定的团体内传承。如果它们符合非物质文化遗产构成要件，就构成非物质文化遗产，反之则不构成。比如，以特定民族残存的以活人为祭祀的礼仪因违反人权性要件而不能成为非物质文化遗产。民间文化也是如此，其概念极其广泛，囊括的种类十分复杂，符合非物质文化遗产构成要件的民间文化构成非物质文化遗产，反之则不构成。

四、民俗

民俗是指一个国家或民族中广大人民所创造、享用和传承的生活文化，以物质生产风俗、物质生活风俗、社会组织风俗、岁时节日风俗、人生礼仪、民间信仰、民间语言、民间游戏娱乐等方面为主要内容。我国国务院公布的《第一批国家级非物质文化遗产名录》将民俗列为非物质文化遗产的一类，和民间文学、民间音乐、民间舞蹈、传统戏剧、曲艺、杂技与竞技、民间美术、传统手工技艺、传统医药并列。在民俗学视野中，非物质文化遗产和民俗也是有差别的。民俗是自下而上进入价值认同规范的，而非物质文化遗产是以整个民族文化代言人的身份出现，是自上而下认定的，是在全体人类大视野下肯定的价值评判。[①]同《保护非物质文化遗产公约》中非物质文化遗产的概念相比，民俗是一个客观的概念范畴，并不包含人类的价值评判因素，人类发展至今的所有风俗习惯，科学的与非科学的都属于民俗。而非物质文化遗产是一个带有鲜明价值评判因素的概念，根据《保护非物质文化遗产公约》的规定，非物质文化遗产应符合现有的国际人权文件，并能促进各社区、群体和个人之间相互尊重的需要和顺应可持续发展。也就是说，并非所有民俗都是非物质文化遗产，只有符合非物质文化遗产构成要件的民俗才是非物质文化遗产。这是民俗和非物质文化遗产在法学领域的差异。

第三节　非物质文化遗产的特征

非物质文化遗产是人类的特殊文化遗产。其种类繁多、丰富多样，不同的非物质文化遗产特点则各有不同，但作为整体性的文化遗产类型，非物质文化遗产具有以下基本特征。

---

① 卫才华：《非物质文化遗产与民俗学》，载《山西师大学报（社会科学版）》2006年第4期。

一、活态性

非物质文化遗产不同于其他文化遗产类型的重要一点在于其是一种活态文化。非物质文化遗产具有相对稳定的一面，否则作为一个概念无法进入法律领域。某一种非物质文化遗产形成后，其只流传于与文化底蕴、社会环境等相同或者相似的地区，并伴有其特定的舞蹈、音乐或者礼仪而逐渐发展、传承。例如，格萨尔史诗就主要以口传文学（民间文学）的形式传承，而未演变为戏曲、舞蹈等主要形式。这是其稳定性的表现。但是相较于稳定性而言，在非物质文化遗产的口头传说和表述及其语言、表演艺术、社会风俗、礼仪、节庆以及传统工艺技能等形式中，活态性表现更为突出，与物质文化遗产等类型有着明显的不同。

第一，非物质文化遗产生存方式上具有活态性。非物质文化遗产的表现、传承更多的需要语言或行为，是一个完全动态的过程。在表演过程中具有相当的互动性，表演者和观众的相互交流可以影响非物质文化遗产每一次的表演，并不具有传统意义上的固定形式。非物质文化遗产的传承是在彼此交流中进行的，是继承与变异、一致与差异相伴而行的。而物质文化遗产的存活方式主要为保存、保留，需要固定形式，不具有动态性。

第二，非物质文化遗产在文化内涵、价值表现和传承上的动态性。非物质文化遗产文化内涵和价值基本上是通过人的活动表现并传达给观众的，有的需要借助于行动才能展示出来，有的需要通过某种高超、精湛的技艺才能被创造和传承下来。如音乐、舞蹈等表演艺术是动态的过程，器物、器具的制作技艺也是在动态过程中得以表现的。人类通过研究、挖掘、探索等方式获得物质文化遗产的文化内涵和价值的认知，然后以不同形式传递给受众。因此物质文化遗产文化内涵和价值的认识往往受到时代的局限，受到当时的认识能力、学术水平及科技发展所提供认知技术手段等的局限。

第三，非物质文化遗产在演示过程中具有活态性。非物质文化遗产的演示过程需要传承人，既然需要人那么意味着非物质文化遗产具有能动性，这也造就了非物质文化遗产的活态性。非物质文化遗产的表演人在不同时期、不同地域、不同场次或场景的表述、表演和技能操作上根据不同的氛围有所发挥，都是一种新的创造。并且就同一种非物质文化遗产，不同的表演者从不同的角度、用不同的方法来演示或者使用也会得到不同的样态。

第四，非物质文化遗产受历史和社会的变迁影响，在思想文化观念的改变中变异和创新。具体而言，非物质文化作为民族、地区文化，它的存在必须依赖于民族、地域的实际生活，人群的实际参与，从而根据生活的改变在参与中不断发展，是一种发展的活动。如果离开实际的生活、人群的参与，非物质文化遗产的生命便无法延续。一切现存的非物质文化遗产都是在与自然、现实、历史的互动中，不断地生长、变异和创新，在永不停息的运动之中得到永恒。

总之，非物质文化遗产的存活方式、特定表现形式、演示过程以及变化的发展造就了非物质文化遗产的活态性特征，成为非物质文化遗产的本然形态和生命线。

二、独特性

作为文化表达形式而存在的非物质文化遗产，一般表现为礼仪、习俗等，体现了特定民族、国家或地域内的人民的独特的创造力，这些都具有各自的独特性、唯一性和不可再生性，主要表现为：

第一，非物质文化遗产具有独特的存在方式。非物质文化遗产是一定时代、环境、文化和时代精神的产物，与当时的社会生活有着千丝万缕的联系。它产生于当时独特的社会生活环境，代表着当时独有的文化信仰和生活方式。非物质文化遗产本身是抽象的、无形的，不占有一定空间，其存在是以物质实体作为载体得以表现而认识和利用并加以传承的。非物质文化遗产反映了祖先的生产生活与心路历程，凝聚了祖先的智慧和力量，本身的抽象性亦可以融合现实生活，真实写照人民生活。物质文化遗产虽也是一定历史、时代、环境的产物，但其生成后就固定了，占有一定空间，代表一段历史，不可改变也不能改变，否则就无法表现其纪念价值。

第二，非物质文化遗产具有独特的审美价值。虽然艺术特征并不是文化遗产的必备条件，但文化遗产当然包含了文化性、艺术性。非物质文化遗产展示了一个民族、地区的生活风貌、情趣和艺术创造力。浑厚悠扬的蒙古族马头琴音乐，活泼欢快、载歌载舞的北方唢呐艺术，闪展腾挪、刚柔相济的吴桥杂技等都是艺术的精品。同时它们体现出来的思想、情感、意识、价值观等也都独具地方、民族特色，其他地域或民族难以生成和模仿。例如，龙舞艺术充分体现了我国历史、文化特色，其他国家无以模仿。它既是我国民间舞蹈中特有的一种艺术样式，也是民间流行的一种表达感情的手段，包含了我国独有的审美艺术。龙舞艺术用于日常庆祝、庆丰收、庆胜利，或用于节日庆贺、贺新年等。同时龙舞又是一种图腾信仰的表现、一种象征的符号，充满了丰富的意义，是中国人特有的祈福和祝福的方式，体现着中华民族传统精神。

第三，非物质文化遗产的独特性还包括独一无二的创造力。非物质文化遗产中蕴含了特定民族、地域的独特的智慧和宝贵的精神财富，是人类得以延续的命脉和源泉。非物质文化遗产承载着丰富、独特的民族、地域历史、文化记忆。如果失去了这些记忆，就会失去自身的特性和人类继续发展的动力。保护非物质文化遗产也就是保护了独特的文化基因、文化传统。

三、多元性

时代、地域、民族生活环境的不同，造就了不同的文化信仰和生活方式。为使该民族、地域生活、文化延续而不断地传承、发展，最终形成当地特有的非物质文化遗产。它代表了各个时代、不同地域的文化特点，并在传承的过程中不断融合后时代或周边地域、民族的文化，是每个时代、地域人类生活的重要组成部分。非物质文化遗产融合了当地群体各个时代不同的文明成果，融合了各类智慧的结晶，从而形成了多元性。并且，非物质文化遗产依靠传承人而延续，因此不同风格、素养的非物质文化遗产传承人也在潜移默化中促进了非物质文化遗产多元性、多样性的形成。如戏曲艺术中，不同派系里具有代表性的表演艺术家常常以他个人的气质、修养和独到的艺术丰富自身的戏曲表演，经过发展，各个派系的表演逐渐形成自己的风格、特色，戏曲艺术呈现百花齐放的多元、繁荣景象。

非物质文化遗产的多元性主要表现在以下几个方面。

第一，形态上的多元性。这是整体而言的，《保护非物质文化遗产公约》规定，非物质文化遗产包括以下方面：口头传统和表现形式，表演艺术，社会实践、仪式、节庆活动，有关自然界和宇宙的知识和实践，传统手工艺。由此可以看出，非物质文化遗产在同一时期或不同时期、不同地域表现出来的形态各不相同。同样，同一种非物质文化遗产在不同历史时期、不同地域的存在形态也是有区别的，如宋代影戏、明清影戏与当下影戏都是有很大区别的，即使是当下皮影戏中华县皮影、唐山皮影和陆丰皮影也各有不同的形态。

第二，构成因素上的多元性。从个体上看，一种非物质文化遗产往往是各种表现形式的融合，包含了多种构成元素，是一个综合的体现。还是以戏曲艺术为例，我们都知道作为非物质文化遗产的戏曲艺术蕴含了文学、舞蹈、音乐、美术等多种表现形式。藏戏艺术，它是我国较为古老的民族剧种之一，至今仍流传于西藏、四川和青海等地。藏戏艺术通过民族歌舞、民族说唱等多元性的表演形式来表现故事内容，离开了其中的任何一种表演形式都会削弱其完整性和艺术魅力。

第三，功能上的多元性。非物质文化遗产往往具有认识、欣赏、历史、娱乐、消遣、教育、科学等多种作用。[①]例如女娲祭典，女娲文化树立了大同理想、济世思想，千百年的流传，使得这样的思想融入中华民族的精神中，具有广泛的影响。非物质文化遗产所蕴含的道德感召力和道德说教也对后世产生了极大的、积极的影响，促进了整个中华民族的精神认同感。并且，正是由于非

① 王文章主编：《非物质文化遗产概论》，文化艺术出版社2006年版，第65页。

物质文化遗产的多元性，才使得人类文化千姿百态、丰富多彩，表现出世界各地、各民族不同的文化内涵，形成文化间的相互碰撞，促进文化呈多样性发展。

总之，多元性是非物质文化遗产的重要特征，联合国教科文组织制定《保护非物质文化遗产公约》的宗旨就是建立在非物质文化遗产具有多元性的基础之上，保护不同国家、民族、地区文化的多样性共存。文化多样性是人类文化可持续发展的源泉。

四、传承性

非物质文化遗产是一种在历史长河中流传下来的文化，发祥年代久远，在特定社区世世代代相传，直至今天。非物质文化遗产与物质文化遗产在传承中都具有一定的共性，表现在：一方面，二者都具有可传性，即具有人类集体、群体或个体认同的文化价值而被传承。当人类前代文化遗留因价值认同而被后代集体、群体或个体享用、保护和继承的时候，这个文化遗留就具有了可传性。另一方面，二者都在一定程度上保持了遗产的稳定性。它们都是在继承的基础上进行传承的，遗产的质的规定性并不随传承而被随意改变，即使是变化性较强的非物质文化遗产在传承过程中仍保持着质的稳定性。[①]

但是，非物质文化遗产在传承性上更有着自己的特殊表现。非物质文化遗产的传承主要依靠世代不间断相传而保留下来，必须持续传承才能延续它的存在。而物质文化遗产并不要求不间断流传，只要物质实体没有灭失，物质文化遗产的传承即不会中断。

---

① 宋俊华：《非物质文化遗产特征刍议》，载《江西社会科学》2006年第1期。

并且在大部分非物质文化遗产的不间断传承过程中，传承人的选择和确定也区别于物质文化遗产，它主要取决于被选择者与传承人的亲密关系以及非物质文化遗产的保密性。这就决定了非物质文化遗产的民族、家族烙印。而且，非物质文化遗产的传承是抽象的、无形的，往往是口传心授，通过语言的教育、亲自的示范传授等方式使这些技能、技艺、技巧由前辈流传至下一代。传承过程表现为一种人与人的精神交流，观念、思想、心理的碰撞。著名民歌《龙船调》就是由湖北利川民间的一种小调改编而来，通过师徒的传、帮、带和民间的传承而发展起来的。此为传承方式上的特殊性。同时非物质文化遗产传承的特殊性还表现为对传承人的要求。非物质文化遗产的传承人需要了解非物质文化遗产的来源、背景，熟练掌握其专门的知识和技术。与此同时，传承人还是非物质文化遗产延续的创造者，如木偶戏传承内容包括选木、雕刻、操纵、演唱、伴奏等技艺及其道具，所以木偶戏的传承人就不仅是木偶道具的保管员，还应该是能够制作和表演木偶戏的创造者，根据生活环境、方式的变化，结合文化背景、专门的木偶戏知识和技能，延续木偶戏的发展。

《保护非物质文化遗产公约》第2条规定，非物质文化遗产世代相传，在各社区和群体适应周围环境以及与自然和历史的互动中，被不断地再创造，为这些社区和群体提供认同感和持续感，从而增强对文化多样性和人类创造力的尊重。非物质文化遗产的传承鼓励变化，因为创新是非物质文化遗产的生命。昆曲历经几百年的传承，尽管仍保有其昆山腔特征，却是在不断变化的，由最初的民间清曲小唱，至明嘉靖、隆庆年间，魏良辅等改革形成的委婉细腻、流丽悠长的“水磨调”，到明万历年间流播到各地形成了众多流派，再后来传入北京形成明天启初至清康熙末的100多年的蓬勃发展期，最后形成了独特的戏曲表演体系。[①]同样，流传至今的剪纸等技艺和其他一些民俗，都在传承中蕴含着变化、在变化中被继续传承。

五、地域性

非物质文化遗产的产生与传承都是在一定的地域完成的，与该地域环境息息相关。地域独特的自然生态环境、文化传统、宗教、信仰、生产、生活水平以及日常生活习惯、习俗都从各个方面决定了非物质文化遗产的特点和传承。非物质文化遗产依赖于一定的环境，因环境而生，因环境而传，因环境而变，因环境而衰。例如，泸州老窖酒如果没有当地窖池中独特的微生物群发酵酿制就会失去其特有的营养及醇香口感，酒的酿制技艺亦无法传承、发扬。这样一种环境依赖性即为非物质文化遗产的地域性。申报世界非物质文化遗产代表作的条件之一即为要求这一文化必须扎根于一个地方的传统文化历史中，能够作为一种手段来体现一个地区的文化特质和价值，对社会团体起到促进作用。这体现了非物质文化遗产地域性这一重要特征。倘若不顾及此特征，在保护过程中舍弃对地域性的发掘和保护，无异于使鱼儿离开了水，遗产也不再具有其灵性，那么所谓的保护也就流于形式了。[②]

非物质文化遗产大多源自民间，存在于民间，有其特定的文化渊源。而这些文化渊源与其所在的地方、环境有着内在的固有

① 宋俊华：《非物质文化遗产特征刍议》，载《江西社会科学》2006年第1期。

② 张博：《非物质文化遗产的文化空间保护》，载《青海社会科学》2007年第1期。

联系。非物质文化遗产一旦脱离了当地环境，其真实性可能受到损害。非物质文化遗产是发源地人民现实生活以及精神世界的重要部分，是发源地世代相传的风俗习惯，规范着当地人民的生活，慰藉着他们的心灵，甚至是他们赖以生存的工具。因此，在非物质文化遗产的保护过程中，发源地具有充分的积极性，并且基于发源地对自身非物质文化遗产的了解，能够采取有效的保护方式和探索弘扬的方法。充分发挥发源地人民的热情和作用，能够保障非物质文化遗产的正确有效保护。非物质文化遗产的地域性从一定程度上也表明了发源地人民对该非物质文化遗产享有权利的正当性。在非物质文化遗产的保护中，产生和传承非物质文化遗产的地区的人们是非物质文化遗产的权利主体。

在非物质文化遗产的保护中，如果不重视地域性，极有可能造成非物质文化遗产的歪曲、商业开发非物质文化遗产的滥用。近年来，随着非物质文化遗产热的兴起，部分商业开发者不顾及非物质文化遗产的地域性，使这些非物质文化遗产脱离了其本有的生存环境，将遗产强行移植并商业化。在商业开发的初期，该非物质文化遗产可能维持表面的繁荣，但实际上由于其原有的地域文化、环境已经遭到了破坏，难以恢复。如同移植到北方的柑橘，表面为橘，实则为味道苦涩的枳，已完全变味。对于强行移植非物质文化遗产、不尊重其固有地域性的开发、利用，有学者表示："现在有一些国家的文化遗产，保护政策无法对其进行有效保护，原因很多。比如过于强调短期目标，比如将文化作为促进旅游的手段，而这样往往会使得文化保护过于简单化，并脱离原有的社会根源。当发生这种情况时，非物质文化遗产就被简化为一种微缩景观，失去了它的真实性。”[1]非物质文化遗产形成和发扬于一定的人文环境和自然环境，与孕育它的民族、地域生长成一个文化综合体。非物质文化遗产是发源地的产物，代表了发源地特色，产生和传承必须依赖于发源地环境。许多非物质文化遗产一旦离开它本有的生存环境，可能受到难以估计的损失。茅台酒酿制技艺脱离了当地的环境，亦就不能酿制茅台酒了。因而在保护方式上，应当保有非物质文化遗产的地域性特点，推动非物质文化遗产的本土化开发，保持非物质文化遗产本身的灵性，弘扬非物质文化遗产，带动发源地、传承地的经济建设和发展。

六、集体性

非物质文化遗产的集体性是指非物质文化遗产往往不是一个或若干个自然人或者某个团体的创造物，相反它是一个民族的众多成员演绎而成的。非物质文化遗产是创造并传承自民族在长期奋斗中凝聚成的特有的民族精神和地域心理，集中体现为共同的信仰和核心的价值观。它是一个民族或地区历史上创造的文化的代表，负载着一个民族或地区的价值取向，影响着一个民族或地区的生活方式，拢聚着一个民族或地区自我认同的凝聚力。它代表的是整个民族或地域的精神而不仅是个人的，并以一定的居住地、民族或国家为单位，在这样的范围内流传、延续和传播。非物质文化遗产的集体性主要表现在三个方面。

第一，创造、产生上的集体性。非物质文化遗产的产生从来不是一个人或者仅靠一个家族就能够完全创造和完成的，通

① 震刚：《各国学者共论保护非物质文化遗产》，载《法制日报》2005年1月28日。

常是以一定的居住地、民族和国家为单位的，不单是一种个人行为。也许最初是由某个人的偶然的个体行为引发的，但在其创造、完善和传承过程中，主要是集体智慧和集体创造的产物，吸收和积累了许多人的聪明才智、经验、创造力、技艺。例如，京剧艺术最早表现为徽剧，后四大家进京，虽自有派别，但各自的特点相互交流、相互融合而形成了现在的国粹京剧。非物质文化遗产在创造上是集体融合的结晶，仅凭个人是无法完成的，创造上的集体性表现为非物质文化遗产产生中的集合性，其集合了发源地人民生活、情趣和个性的表现方式，并且大多集合了音乐、美术、文学等艺术门类而形成。

第二，传承上的集体性。非物质文化遗产是一个民族或地区独特文化长久的酝酿和积淀，在烦琐而漫长的文化传承过程中，必然牵连着烦冗的传承载体和庞大的传承群体。例如礼俗仪式、岁时节令、社稷庙会类的非物质文化遗产，一般属于群体记忆或民间记忆，是以群体传承、族群传承而构成传承链，才得以传承的。非物质文化遗产的传承仅靠个人之力是不能完成的。

第三，保护上的集体性。非物质文化遗产是一个文化的整体，是民族、地区、国家整体精神的体现。所以其保护是一种集体的、民族的责任。非物质文化遗产的消失，是一个民族或地区传统文化的消失，这意味着自己区别于其他民族或群体的精神和身份感的消失。非物质文化遗产的保护不仅是传承者的责任，同时还需要发挥集体性，需要各方面的支持、努力。有学者认为：“非物质文化遗产受到传统的传承者、政府法规和商业活动的共同制约。在努力保护非物质文化遗产时必须考虑到各方面因素，不能单方面强调传承者的作用，而不仔细检视地方和国家政府的政策法规以及商业作用。”①

第四节　非物质文化遗产的构成

一、非物质文化遗产的性质与蒙昧文化

非物质文化遗产是指在特定的社区世代相传的、作为该社区的文化和社会特性的组成部分的智力活动成果。保护非物质文化遗产的目的是保护人类历史上所创造的文明成果，而从目前归入非物质文化遗产保护的项目看，其中包含有神话、图腾崇拜等项目。那么如何甄别人类历史所留下的各种文明，如何确定非物质文化遗产呢？在确定非物质文化遗产构成要件之前需要判断非物质文化遗产的性质，才能明白非物质文化遗产所代表的文化精华是什么，才能明确非物质文化遗产的构成要件，确定非物质文化遗产。

从已确定为非物质文化遗产的各类文化来看，可以分为三种情况。

第一，对如语言、戏曲等的非物质文化遗产的定性。这些非物质文化遗产反映了积极向上又富有创造力的民族精神、科学的探索精神和人民群众的智慧，其性质当然是积极的，具有相当价值的。这些非物质文化遗产当然是人类文明的精华，是优秀的文化遗产。

① 震刚：《各国学者共论保护非物质文化遗产》，载《法制日报》2005年1月28日。

第二，对涉及图腾崇拜和传说等非物质文化遗产的定性。事实上，在各民族、地域的发展过程中，基本都有反映该民族、地域信仰的神话，关于宇宙的创造、产生、演变的猜想，民族、地域的图腾崇拜和先民传说，为特定目的而使用的巫术等。这些在各民族、地域的日常生活中都扮演了重要的角色，在塑造当地人民的信仰、世界观、价值观方面也都有着极为重要的作用。但是，现在一些人受错误观念的影响，把我们现今的文明视为最先进和最合理的文明，而把神话、传说、图腾崇拜等古老的文化形态都看作非科学、反科学、伪科学和封建迷信。实际上，涉及图腾崇拜和传说等非物质文化遗产是发源地人民根据他们生动活泼的日常生活展开的想象和憧憬，是发源地人民生活的组成部分，不能简单地划入封建迷信范畴。我们不排除有些文化形态是人类的臆想，没有科学的依据，但其中部分想象是发源地人民根据生活的经验总结得出的，包含着科学的道理。因此，在判断这类非物质文化遗产的性质时，应该指出其积极性与消极性并存的特点，并进行科学而适当的区分、鉴别和评价。对于那些以目前的认知水平难以评价的文化遗产，也应该先保护起来，留待以后进行正确的评价。一些具有独特本质的文化、风俗，即便表达一种唯心主义的愿望理想，也不妨作为记录先人认识事物的一种方式，作为一种文化现象，或许也是有益的。何况寄寓人类思想、情感的形式是复杂的，作为亿万个体的人的思想情感构成的精神世界应该是异彩纷呈的，我们不应该以现代科学水平而否定曾经古老原始的生活或生存方法。[①]

---

① 王文章主编：《非物质文化遗产概论》，文化艺术出版社2006年版，第70—71页。

第三，涉及对一些宗教等的定性。宗教具有一定的虚幻性，但其有较大的群众基础，具有一定的道德教化和情感慰藉作用，我们应该科学理性地判定其性质，肯定其积极方面，改善其消极方面。

由此可知，非物质文化遗产在漫长的历史传承中，以包容的态度吸纳了不同时代、不同阶层、不同地域、不同文化素养的创作主体和传承主体的价值观、人生观，直接或间接地反映着人间的或非人间的形形色色的事物和人物，其中不免浸透着种种信仰和巫术等神秘文化。正如列宁所说，属于每一个民族的文化中的民主主义的文化成分，所反映的是不同时期人民的世界观。但是，就非物质文化遗产的性质而言，非物质文化遗产并非蒙昧文化。根据《辞海》解释，蒙昧是指昏昧，知识未开化。蒙昧文化即指昏昧的、反理性的文化。而非物质文化遗产是民族、地域文化之根，是支撑和凝聚全民族不间断向前迈进的民族、地域文化精神之所在。非物质文化遗产能够在如此漫长的历史进程中历经许许多多的劫难而不衰，而且在流传过程中因不断吸收新的因素、扬弃过时的因素而产生更新，在民族或群体中获得生存和继续传承下去的活力，它自身就包含着存在和发展的合理性。[①] 我国在撰写向联合国教科文组织申报古琴艺术“人类口头和非物质遗产代表作”的文本时，首先阐明认定古琴艺术为“代表作”，是从对古琴艺术具有的“历史、发展，以及社会性、象征性和文化性的功能”方面进行的考量。由此可见，非物质文化遗产不单是指现代科学水平认为最行之有效的方式，它也是一

---

① 刘锡诚:《非物质文化遗产的文化性质问题》，载《西北民族研究》2005年第1期。

种历史的沉淀、保留，是一种珍贵的人类发展见证，是具有重要价值的文化资本，是人类智慧和文明的结晶，富有相当的创造性和积极性，对社会的全面、协调、可持续发展具有重要意义。以上分析区别了非物质文化遗产与蒙昧文化，明确了非物质文化遗产的性质，在正本清源的基础上为确定非物质文化遗产的构成要件提供前提条件。

二、非物质文化遗产的构成要件

在广博的各民族、地域优秀文化中选择、确定非物质文化遗产须与非物质文化遗产的性质相一致。目前关于非物质文化遗产的评选标准、构成要件并无坚实的理论基础，仅在“联合国教科文组织‘人类口头和非物质遗产代表作宣布计划’条例”评选标准中提及文化标准和组织标准，文化标准主要是指非物质文化遗产的特殊的价值，而组织标准主要表现为各国对非物质文化遗产采取的保护措施的规划。我国《国家级非物质文化遗产代表作申报评定暂行办法》第6条中亦有相应规定。笔者认为，作为一个法学概念的非物质文化遗产应由以下四个要件构成。

第一，文化利益性要件。文化利益性要件是指非物质文化遗产必须满足从历史、艺术、人种学、社会学、人类学、语言学或文学角度来看具有特殊的文化价值的标准，并能产生一定的利益。保护非物质文化遗产也是为了促进文化的多样性，促进人类的多样性发展。且非物质文化遗产就其本质是文化，是某一个民族、社区的历史发展见证，是该民族、社区人民智慧的结晶，应当具有相当的创造性和积极性，能够代表人类的文化特色。非物质文化遗产承载的是一个民族的特殊的文化利益，这种文化利益可以是具有经济性的利益，也可以是精神性的利益。正因如此，有学者认为非物质文化遗产是指借助或不借助物质媒介所表现的世代传承的特定民族的文化信息利益。[①]因此文化利益性要件是构成非物质文化遗产的重要条件。上述两个文件在评审标准中也强调了这一点。就价值的多少而言，并无任何公约或者立法文件作出量化规定，但是“联合国教科文组织‘人类口头和非物质遗产代表作宣布计划’条例”将此称为“特殊的价值”，并指出其评价标准为：（1）其是否有作为人类创作天才代表作的特殊价值。（2）其是否扎根于有关社区的文化传统和文化史。（3）其是否具有确认各民族和有关文化社区特性之手段的作用，其是否具有灵感和文化间交流之源泉以及使各民族和各社区关系接近的重要作用，其目前对有关社区是否有文化和社会影响。（4）其是否杰出地运用了专门技能，是否发挥了技术才能。（5）其是否具有作为一种活的文化传统之唯一见证的价值。（6）其是否因缺乏保护和保存手段，或迅速变革的进程，或因城市化，或因文化适应而有消失的危险。我国《国家级非物质文化遗产代表作申报评定暂行办法》中的具体评审标准包括：（1）具有展现中华民族文化创造力的杰出价值。（2）扎根于相关社区的文化传统，世代相传，具有鲜明的地方特色。（3）具有促进中华民族文化认同、增强社会凝聚力、增进民族团结和社会稳定的作用，是文化交流的重要纽带。（4）出色地运用传统工艺和技能，体现出高超的水平。（5）具有见证中华民族活的文化传统的独特价值。（6）对维系中华民族的文化

① 费安玲：《非物质文化遗产法律保护的基本思考》，载《江西社会科学》2006年第5期。

传承具有重要意义，同时因社会变革或缺乏保护措施而面临消失的危险。

第二，人权要件。人权要件是指非物质文化遗产必须符合人权保护目的，并能够促进民族间或者团体间或者个人间相互尊重的标准。联合国教科文组织在使用“非物质文化遗产”概念之前曾使用过“民间文学艺术”，但在1999年酝酿起草新的保护文件时，“非物质文化遗产”概念替代了“民间文学艺术”，这正是基于“民间文学艺术”在许多国家的语境中带有贬义，不符合相互尊重的人权发展和保护。由此，在《保护非物质文化遗产公约》中明确规定“只考虑符合现有的国际人权文件，各社区、群体和个人之间相互尊重的需要和顺应可持续发展的非物质文化遗产”，因为非物质文化遗产的功能在于“为这些社区和群体提供认同感和持续感，从而增强对文化多样性和人类创造力的尊重”。因此，非物质文化遗产应该是健康的、符合人权标准的优秀民族文化。人类的发展是从懵懂到科学、愚昧到文明的一个过程，即便是经过历史的沉淀，在民族或社区中也必然存留着蒙昧思想，它们也具有非物质文化遗产所包含的独特性、活态性、传承性等特点，但其是落后的甚至有害的，不利于人类的前进和发展，因而基于人权要件中相互尊重和促进可持续发展的要求，其不应归入非物质文化遗产。人权要件是关于非物质文化遗产的内在规定性的尺度要件，该要件以人权为标准将特定的人类文化现象进行了区分，只有符合人权要件的才有可能构成非物质文化遗产。

第三，非物质性要件。非物质性要件是指非物质文化遗产是一种非物质的存在，是特定的智力活动成果，是人类既有精神成果的重要组成部分。非物质文化遗产为一种智力成果，是抽象的文化思维，体现的是一种文化价值，它的存在与人们的观念息息相关，且随着人们观念的变化而变化，如技能、表演技艺、习俗、信仰、知识、仪式等。非物质文化遗产是无形的，是一种不占空间的信息，但其往往以实在的物质为载体。在很多情况下，物质实体是非物质文化遗产的载体，但却不是非物质文化遗产本身，比如昆曲是非物质文化遗产，但记载昆曲曲谱的书籍不是非物质文化遗产。有学者认为，非物质文化遗产主要是一种口承文化。[①]但非物质性和口头性不同。口头性主要是指以口头形式存在，并以口头形式传承，其主要是和书面形式相区别的。而口头和书面都是非物质文化遗产的体现形式，不是非物质文化遗产的本质要件。尽管许多非物质文化遗产以口头方式存在和传承，但也有许多非物质文化遗产确以书面形式存在和传承。非物质性要件使非物质文化遗产与物质文化遗产和自然遗产区别开来。物质文化遗产和自然遗产都符合人类的发展要求，但正是基于非物质文化遗产的非物质要件，其主要关注的是精神、技艺和创造等非物质形态的因素，才将非物质文化遗产从中划分出来，进行专门的保护。

第四，继承性要件。继承性要件是指非物质文化遗产是一种前人创造的、世代相传的智力活动成果。“遗产”一词古已有之，意思是指“死者留下来的财产”。这个词历经沧海桑田之后内涵由原来的“死者留下来的财产”发展成为“祖先留给人类的共同的文化财富”。可见遗产是前人创造而保留至今的。非物质文化遗产之所以成为文化遗产，是因为它可以帮助人类还原历史，是

① 钟敬文：《民间文学述要》，载《北京师范大学学报（社会科学版）》1984年第5期。

在历史长河中积淀形成的独特的认识，对于人类的发展具有重大意义。它并非当下文化的产物，而是在漫长的历史过程中形成的，包含着丰富的政治、经济、社会、历史、文化信息，是前人结合当时背景所创造的智力成果，并且在传承过程中，又积累了历代传承者的智慧、技艺和创造力，是历史积淀的产物，而非现代人创造的智力成果。例如，曾经成功地申报世界人类口头和非物质遗产代表作的中国古琴艺术，就以其积淀的深厚的文化、历史、情感等信息而著称。古琴是世界上最古老的弹拨乐器之一，有3000多年的悠久历史。[①]在日本《文化财保护法》对无形文化财的定义中，也明确指出所谓“无形文化财”，是指“那些具有较高历史价值与艺术价值的传统戏剧、音乐、工艺技术及其他无形文化载体”。由此可见，继承历史是非物质文化遗产的主要特点之一。但是同时也应当注意传统和现代是相互转换的，在非物质文化遗产形成之时，它也是当时的“现代”，而现代的智力成果也可能变为将来的非物质文化遗产。继承性要件是区别现代和传统的关键，使非物质文化遗产和现代智力成果区别开来。

非物质文化遗产的继承性要件还包括非物质文化遗产的可传承性。非物质文化遗产是世代相传，长久流传下来的文化瑰宝。非物质文化遗产具有活态性的特点，其生存需要人类的参与、展现，才能表现出非物质文化遗产的特质。如果非物质文化遗产丧失可传承性，仅保留其载体，而不能通过人的活动继承、发扬，那么非物质文化遗产就不能展现其活态的特点，仅能表现为物质文化遗产的保留，展现出的是物质文化遗产的纪念价值。如同人

① 王文章主编：《非物质文化遗产概论》，文化艺术出版社2006年版，第69页。

类文明历史中出现过的各种语言。目前，全球消失的语言种类越来越多，语言是一种非物质文化遗产，但当语言再没有人能说会写，不能作为人类沟通的工具，不能留给后代子孙时，世上仅存的就只是语言的一种文本或者声音的记录了。该种非物质文化遗产就此消失，留下的仅是作为物质文化遗产的记录，作为文物成为人类曾经历史的见证。

第二章

非物质文化遗产保护的理念与宗旨

第一节 非物质文化遗产保护的理念

和其他任何事物的发展规律一样，非物质文化遗产的保护理念也呈现出一个随着时间推移和社会发展而逐步演变的过程。非物质文化遗产是重要的文化资源和社会财富，人类已经以服饰、工业产品和药品等的形式从非物质文化遗产的开发中获取了巨大的经济利益。但是，人类未曾预料，在过去的几十年间，随着工业化、城市化进程的日渐推进以及经济全球化步伐的逐步加快，非物质文化遗产正以前所未有的速度消失。同时，经济的飞速发展又使得某些非物质文化遗产潜在的商业价值不断上升。各国政府逐渐意识到此问题的重要性和紧迫性，从而将更多的关注投向了诸如非物质文化遗产的灭绝危险、商业开发的利益分享等问题。与此同时，针对非物质文化遗产的开发和利用行为在发达地区及其利益集团的主导下展开。一方面，资金雄厚的商业团体、公司等开始大肆进行非物质文化遗产的商业开发行为，凭借其技术、管理优势以期对非物质文化遗产进行有效利用；另一方面，作为拥有极为丰富的非物质文化遗产的发源地不仅无法控制对非物质文化遗产的利用，而且无从分享因非物质文化遗产利用所获得的利益，对于非物质文化遗产的保护也就成为一种空谈。针对该现象，不同国家、非政府组织和民间团体开始了关于非物质文化遗产保护问题的探索。非物质文化遗产保护法律上的不确定性导致国家内部以及国际有关保护非物质文化遗产、商业化开发等问题矛盾重重，难以达成一致意见。因此，笔者认为有必要厘清非物质文化遗产法律保护理念的发展。

从非物质文化遗产概念的首次提出到《保护民间创作建议案》的通过，再到世界知识产权组织的知识产权与遗传资源、传统知识和民间文艺政府间委员会的成立，至2003年《保护非物质文化遗产公约》的通过，展现了非物质文化遗产保护理念发展和演变的轨迹。其间的每一个进展都是结合人类所面临的共同窘境，在不同利益集团调和下所取得的成果。既是基于世界上存在的非物质文化遗产资源正在明显急速消失的事实，也是基于发源地遭遇的在分享因非物质文化遗产利用所产生利益上的严重不公的抗争的结果。尽管面对如此严峻而似乎又不可能获得圆满解决的状况，但是为了谋求人类未来、长远的利益，在诸多国际组织和国家的协同努力下，非物质文化遗产保护开始了探索具有前瞻性、创新性、开拓性的一系列原则、规范之路。其中包括在对待非物质文化遗产的归属上从共同遗产原则发展到国家主权原则、在处理非物质文化遗产的利用和保护上从漠视发源地的贡献发展到公正合理分享非物质文化遗产的利用所产生的利益等。

一、“共同财产”保护理念

非物质文化遗产作为文化多样性的重要基础，具有广泛性及巨大的价值。在实现非物质文化遗产可持续利用的过程中，获取是必不可少的前提。在国际层面上，没有人反对保护非物质文化遗产，但长久以来，尤其是在非物质文化遗产保护的最初阶段，国际社会反对以赋予权利的方式保护非物质文化遗产。因为他们认为文化遗产是人类在过去的生活中产生、使用，经过历史汰洗留存到现在并且应该被传诸未来的一种共同财产。[①]1989年联合国教科文组织通过的《保护民间创作建议案》，是保护民间创作的重要法律文件，它保有“民间创作是人类的共同遗产”的理念。这是这一历史阶段国际社会关于非物质文化遗产属性的基本观念和主流声音。基于对人类共同财产的理解，任何人都不能对共同财产资源主张权利，其因此成为人人可得而用之的资源，这实际上就暗含了发达国家、地区可以自由获取非物质文化遗产的可能性。正是这种看似提升非物质文化遗产地位的煽动性口号，实则是国际社会以往关于非物质文化遗产是处于公有领域而可以无偿获取和使用的法律观念的具体表现。尽管非物质文化遗产正被逐渐视为一种有价值的知识来源，但西方知识产权法总体上仍视其为一种处于“公共领域”，可被任何人免费使用的资源。尤其在传统知识领域，在一些情况下，不同形式的传统知识已被研究者和商业企业以知识产权形式盗用享受，却未对这些知识的创造者或拥有者给予任何补偿。[②]在遗传资源保护探索的初期，由于遗传资源所有者

① 彭岚嘉：《物质文化遗产与非物质文化遗产的关系》，载《西北师大学报（社会科学版）》2006年第6期。

② ［阿根廷］卡洛斯·M.柯莱亚：《传统知识与知识产权》，载国家知识产权局条法司编：《专利法研究（2003）》，知识产权出版社2003年版。

和开发者并不重合，基本格局是发展中国家拥有丰富的生物遗传资源却无力开发利用，发达国家拥有资金、技术优势却不一定有丰富的遗传资源。因此，发达国家要求遗传资源为人类共同财产。结果是发展中国家无偿提供了宝贵的遗传资源及相关传统知识，发达国家利用这些无偿的遗传资源和其雄厚的资金、技术实力进行研究与开发工作，获得技术成果并寻求相关知识产权保护，进行商业开发和利用，从而获得丰厚的利润回报。而发展中国家从中获益甚少，甚至还要付出高昂的代价去购买利用这些遗传资源所开发的产品，出现了西方国家疯狂的“生物海盗”现象。可见，将非物质文化遗产等信息资源作为人类共同财产保护理念具有缺陷性。因此，发展中国家及一些原住民团体反对将非物质文化遗产等信息资源视为人类的共同财产，根据非物质文化遗产保护理论与实践的不断磨合，认为应当强调对非物质文化遗产在国家层面上的主权原则。

二、国家主权保护理念

“国家主权”是国际法的一个基本原则，它意味着独立国家对它们的领土享有永久主权。非物质文化遗产的国家主权保护理念是随着非物质文化遗产共同财产保护理论实践中应用的缺陷而逐渐提出和发展的。《保护非物质文化遗产公约》第1条第2项规定，尊重有关社区、群体和个人的非物质文化遗产。这表明在对待非物质文化遗产的归属上开始了从共同遗产原则向国家主权原则的转变。同时《保护和促进文化表现形式多样性公约》确立的立法指导原则部分也明确规定，根据《联合国宪章》和国际法原则，各国拥有在其境内采取保护和促进文化表现形式多样性措施和政策的主权。因此，非物质文化遗产应当服从于国家主权，各国有权利设定给予或者允许本国非物质文化遗产开发的条件，有权制定有关法律制度，建立保护非物质文化遗产的权利机制，实现国家主权原则。并且基于国家主权保护理念，国家对于非物质文化遗产的保护在形成相关权利控制体系的同时也应成立相应的义务、责任、管理主体。这样可以促进对非物质文化遗产保护的监督，从而有效推动非物质文化遗产的开发和保护。

但在倡导非物质文化遗产国家主权保护的同时，也须认可文化多样性是人类“共同关心”的议题，非物质文化遗产是人类文明发展的促进源泉。“共同关心”意味着对这样一种议题共同承担责任，即它是以对整个国际社会具有极端重要性为基础。在保护非物质文化遗产国家利益的同时，也应注意非物质文化遗产的国家主权，并非一个绝对权利。《保护非物质文化遗产公约》中明确了保护人类非物质文化遗产是普遍的意愿和共同关心的事项，国际社会应当本着互助合作的精神与本公约缔约国一起为保护非物质文化遗产作出贡献。[①]在非物质文化遗产的国家保护方式上存在危及人类共同利益时，国际社会应当发挥其保护作用，防止类似于物质文化遗产中阿富汗巴米扬佛像被炸毁的事件发生。

三、开放式保护理念

非物质文化遗产的保护是由物质文化遗产引发的，但是其保

①《保护非物质文化遗产公约》序言。

护方式不同于物质文化遗产。《保护非物质文化遗产公约》中规定，“保护”指确保非物质文化遗产生命力的各种措施，包括这种遗产各个方面的确认、立档、研究、保存、保护、宣传、弘扬、传承（特别是通过正规和非正规教育）和振兴。非物质文化遗产具有实际的或潜在的巨大经济价值。在逐渐增多的技术和产业领域，非物质文化遗产能够对经济发展提供新的增长点，同时也能为非物质文化遗产本身增强生命力，提供传承的动力，但相应地也产生了一定的负面作用。因此，非物质文化遗产的保护方式上有两种不同的保护观点。

为了产业化或商业化而保护非物质文化遗产的目的未必就能达到非物质文化遗产本身所需要的传承性。相反，也许还会造成对非物质文化遗产的破坏，歪曲了其原有的发展道路。在《保护非物质文化遗产公约》中，对非物质文化遗产的保护方式主要确定为静态的保护方式，主张通过传统的教育、保存、立档等方式促进非物质文化遗产的传承和发扬。此类反对非物质文化遗产开放式保护的观点是基于害怕商业开发给非物质文化遗产本身带来的破坏，实际上这是一种误解的观点。

非物质文化遗产的开放式开发是在基于非物质文化遗产本身的文化、经济价值的基础上进行的，并不是为了“发财”而将其生搬硬套。现在开放式保护处于探索阶段，管理方式等的不完善性可能造成非物质文化遗产的损害，但我们不能因此而否定此种保护理念的发展，而是应该在理论和实践中不断完善保护方式，促进非物质文化遗产的有效保护。否定开放式保护的观点在实践中的运用受到了质疑——云南民族文化传习馆的建立与关闭。1993年，著名作曲家田丰为保护原生态云南民族文化，在昆明附近的安宁县（现为安宁市）聚集了一批能歌善舞的青年男女，营造了一个理想中保护民族文化遗产与非物质文化遗产的封闭小区。为保持民歌、民舞等非物质文化遗产的原汁原味，这些非物质文化遗产传承者身着地道的民族服饰，不接触电视传媒，过着日出而耕、日落而息的传统生活。但是由于人为和刻意的长期封闭，以及资金的日渐匮乏，使得传习馆陷入困境中，最终宣告失败。传习馆模式的失败表明非物质文化遗产的保护不能仅依靠封闭的方式，为求完整保留原有文化就忽略生活时代的变化。非物质文化遗产是活态的，具有生命力的，其需要与社会、人们的生活方式相结合而传承、发展。并且经济基础的缺乏是该传习馆失败的重要原因之一，可见如果一种文化不能对经济的发展产生相应的推动作用，甚至都“不能养活自己”，那么它注定是会处于一种被动局面中的，因此闭门造车的方式对非物质文化遗产的保护是不完整的，不能增强其自身的生命力，这样的保护也只是杯水车薪而已。

另一种观点认为，在知识经济社会中，应当开发性地保护非物质文化遗产，防止其被盗用和滥用，并且让其产生应有的经济效益，增强其自身的生命力，促进年轻一代对非物质文化遗产的学习和传承。[①]实践中该观点已逐渐被认可。同样是基于对云南传统民族文化的保护，著名舞蹈艺术家杨丽萍的歌舞作品《云南映象》通过市场化的运作展现云南丰富的非物质文化遗产，取得了巨大成功。《云南映象》使用当地人进行原生态的

---

① 刘茜：《试用科学发展观认识非物质文化遗产保护与旅游发展》，载《西北民族研究》2005年第2期。

表演，完整地表现了云南民族文化特点，做到了原汁原味，震撼了世人。该演出成功地释放了云南文化的能量，当然也包括经济能量，取得了较好的经济效益。同时保留了非物质文化遗产的传统精华本质，增强了当地人对其文化的认同感，是对云南传统民族文化一次成功的传播和弘扬。实践证明，非物质文化遗产的保护应该运用开放性的方式，并且结合知识产权对其提供全方位的保护。

四、知识产权保护理念

世界知识产权组织于2000年成立了知识产权与遗传资源、传统知识和民间文艺政府间委员会，希望通过知识产权的保护促进非物质文化遗产的延续和发展。非物质文化遗产的知识产权保护理念是随着其开放式保护即通过商业开发和利用而生的。在非物质文化遗产的开发和利用中伴随而生的商业利益如果没有合理的机制进行规制和分配，那必然影响发源地利益，最终也就不能有效地保护非物质文化遗产。因而非物质文化遗产知识产权保护的理念正在逐渐得到推广。非物质文化遗产的知识产权保护理念主要是指通过知识产权法律制度为非物质文化遗产的开发和利用进行控制和制约，并就相关利益成果提供合理的分配制度。目前，非物质文化遗产的知识产权保护理念已开始应用于实践。安第斯组织《知识产权共同规范》第26条规定，如果申请专利的产品或方法使用了成员国传统知识或是基于其上发展而来，申请人必须提供来源地许可使用证明文件。印度2002年修改的专利法规定，相关知识产权申请、确认时公开其使用的传统知识，以便审查部门判断该知识产权与传统知识的关系，该关系构成是否授予知识产权或者撤销的理由。1998年欧盟《关于生物技术发明的法律保护指令》中对生物材料的保护方式规定，知识产权申请或者认定申请时公开其使用的非物质文化遗产，以便审查部门判断该知识产权与非物质文化遗产的关系，但该关系并不构成是否授予专利或专利撤销的理由。建立相应的数据库以防止非物质文化遗产被错误地授予知识产权等。[①]

通过现行知识产权制度防止非物质文化遗产的盗用和滥用，同时还可以促进非物质文化遗产经济价值的发挥，保证发源地的权利。例如，通过“云南映象”商标的申请，打造品牌，为云南非物质文化遗产的发展打开了一扇窗，让更多的人认识、了解云南歌舞、文化内涵和生活习惯。同时也为云南经济的发展打开了一扇窗，推动了云南旅游事业的发展，基础设施的改善和经济水平的提高。但是现行知识产权保护理念应用于实践时也具有一定的局限性，主要表现为：知识产权申请中提供证明文件或披露来源的不易操作性；公开传统知识成果来源实际上为非物质文化遗产的收集者提供了非常便利的条件，增加了非物质文化遗产滥用的可能性；非物质文化遗产发源地的利益保护的制度缺失等。

因此，随着非物质文化遗产保护理论和实践的深入探索，人们发现现行的知识产权不能使非物质文化遗产得到完善的保护。通过知识产权使非物质文化遗产得以开发，但其发源地没有得到相应的利益分配。因此，有学者提出了以责任理论和财产权理论

---

① 孙雷：《论传统知识的保护方式——消极还是积极》，载国家知识产权局条法司编：《专利法研究（2005）》，知识产权出版社2006年版。

为基础的积极保护。责任理论认为：许多非物质文化遗产已经进入公有领域，在实践中无论是政府部门还是群体组织都很难对非物质文化遗产进行有效的控制。表面上看，对来源群体进行一定的补偿可以防止他人无偿地使用非物质文化遗产，保证非物质文化遗产不被无偿使用，是一种比较妥当可行的保护方式。财产权理论的支撑点在于：在权利主体的利益没有被满足的情况下，非物质文化遗产的潜在使用者是不可能被允许使用非物质文化遗产的。在这种情况下，非物质文化遗产持有者的利益就能够得到充分的保护和尊重。[①]基于上述理论，结合非物质文化遗产的特点，对非物质文化遗产的保护提出了知识产权制度下专门的保护方案。有人将其称为社区知识产权，认为它可以运用在关税及贸易总协定中，是对知识产权保护所需要的自成一类的知识产权保护形式，其包含有托管、利益分享等制度。目前，该理论还处于初步的探索阶段，多借鉴于遗传资源的相关保护方式。

以上非物质文化遗产保护理念的探索虽多处于起步阶段，理论思考还不成熟，但其代表的是对非物质文化遗产重要性的认识以及保护理念的加强，能够为非物质文化遗产的利用、可持续发展提供思路。

第二节　非物质文化遗产保护的宗旨

从非物质文化遗产概念的历史渊源可以看出，非物质文化

① 孙雷：《浅析传统知识的保护方式》，载郑成思主编：《知识产权文丛》（第13卷），中国方正出版社2006年版，第324—325页。

遗产的保护是随着物质文化遗产的保护的深入而提出的。联合国教科文组织于1972年通过的《保护世界文化和自然遗产公约》正式启动世界文化遗产保护工程。《保护世界文化和自然遗产公约》规定，考虑到任何文化或自然遗产的坏变或消失对全世界各国遗产枯竭的有害影响，鉴于威胁这类遗产的新危险的规模和严重性，整个国际社会有责任通过集体性援助来参与保护这类遗产。

非物质文化遗产与物质文化遗产都是人类文明成果的一部分，具有一定的联系性，因而在保护目的上具有相似性，都是为了人类文明成果的保留、延续。但同时二者也具有鲜明的区别。

第一，二者的属性不同。物质文化遗产多为经典性和具有代表性的文物，实质上属于物的范畴，仅仅通过实体文物的外壳而渗透其文化内涵。而非物质文化遗产仅是以物为载体，本质上表现为一种信息，而通过物化融于现实生活，表达人类的情感和价值。

第二，二者的展示方式不同。物质文化遗产自身是静态的物，大多只需要适当的陈列，由文物本身展示历史，当代人类不能去参与、改造，仅是一种恢复，否则将是一种破坏行为。而非物质文化遗产具有活态性，需要传承人思想、行为的加入才得以表达，展示其内涵。通过人类的积极参与，才能使其不断地发展和弘扬。

第三，二者的社会作用不同。由于物质文化遗产与非物质文化遗产在属性、展示方式上的不同，因而对社会、人民的作用是不同的。物质文化遗产主要是为保存、展出以及恢复历史而存在，人类保护物质文化遗产是为了体现它的纪念意义，展现人类的文明发展史。而非物质文化遗产在保存、展出人类历史的同时还具有一定的现实意义。无论是戏曲艺术表达或者是技术、知识，都能够在现实中不断地创新和改进，它是人类文明的创作源泉，实现文化多样性的保障，通过多种文化的发展、交流促进人类文明的百花齐放，推动文化资源的可持续性发展。

第四，二者的情感表达不同。物质文化遗产是静态的物，它没有思想、没有期望、不带有任何观点，其不具有情感的表达，只是一种历史的证明、曾经的标志。而非物质文化遗产则更多的需要以情感为基础，它是一种活着的文化，具有丰富的情感表达，同曾经的历史联系紧密，同时也和现实的文化息息相关，具有更深的文化认同感。无论在其传承或者欣赏的过程中，都能够促进民族情感的联系。

由于非物质文化遗产与物质文化遗产的上述不同点，非物质文化遗产的保护目的主要包括以下几个方面。

一、保存遗产

全球一体化及社会改革进程，虽然为各群体之间开展新的沟通与对话创造了条件，但也使得相当一部分非物质文化遗产面临损坏、消失和破坏的严重威胁，甚至有的非物质文化遗产已经灭绝。地区性军事冲突、民族融合、交通的开发、网络化、工业化、农业区缩减、移民和环境恶化等都对非物质文化遗产构成了威胁。就我国而言，改革开放以来文化方面的变化是巨大的。文化观念、价值认同、娱乐方式、欣赏习惯、语言词汇、服装服饰等都发生或者继续发生着变化，以致一些传统的、民族的、地域的非物质文化遗产快速衰落。如满族语言的使用者在目前除部分学者外，只剩下关东农村不多的老者了。有学者甚至认为，世界上的现存的语言中的90%将在未来100年中消失或面临消失。[①]为避免此类情形继续发生，应尽可能地抢救、保存、维护和促进非物质文化遗产的生存和发展。

非物质文化遗产的保护，是基于保存这些知识成果的重要性。因而，非物质文化遗产保护的首要目的是保存非物质文化遗产，保留人类世代的精神文明成果，减缓非物质文化遗产人为消失的速度。“联合国教科文组织‘人类口头和非物质遗产代表作宣布计划’条例”中明确规定此项目旨在鼓励各国政府、各非政府组织和各地方社区开展鉴别、保护和利用其口头和非物质遗产的活动，因为这种遗产是各国人民集体记忆的保管者，只有它能够确保文化特性永存。可见，只有将非物质文化遗产保存、保留，才能在此基础上发展、创新，推动人类文明的进步。

从整个人类社会的角度来看，非物质文化遗产的保护是对不同文化形式和价值的尊重，能够促进人类社会的健康与平衡；从各民族、地域的角度来看，非物质文化遗产体现了他们内在的精神和灵魂，对其加以保护就是保护他们的历史、记忆和情感，否则他们的存在就没有根基，如同无源之水、无本之木一样。并且非物质文化遗产具有唯一性，不可再生性，一旦丧失就是永久性失去，复原几乎是徒劳的。因此，如果现在非物质文化遗产不能够生存，被现代经济大潮所淹没，那么其再难恢复，所体现的文化价值、历史作用、情感根基也就随之灰飞烟灭了。

---

① ［阿根廷］卡洛斯·M.柯莱亚：《传统知识与知识产权》，载国家知识产权局条法司编：《专利法研究（2003）》，知识产权出版社2003年版。

二、发展文化多样性

所谓“文化多样性”，指的是不同文化群体或社群用以表达自己，并在社群内部及之间传承的多种方式。2001年联合国教科文组织通过《世界文化多样性宣言》，提出了文化多样性与生物多样性同样重要，指出文化多样性构成了人类群体所具有的独特性和多样性，是人类文化和人类本身可持续生存和发展的重要条件。文化多样性是人类文明交流、革新和创作的源泉。文化多样性所要求的不同文化之间的多元关系，成为各种文化之间的张力结构赖以保持的可靠保障，而不同文化之间的张力关系恰恰为人类文化的存在和发展提供了不竭的动力。[①]因而，多样性的文化是人类的共同财产，也是人类能够应付各种复杂情况、迎接各种挑战的力量和智慧的源泉。文化多样性是人类应对挑战的重要知识来源。一种文化要想在不利于自身存在的情况下获得生存的机会和可能性，就只有通过吸收其他文化的优势元素取长补短，迎接挑战，积极地适应环境，方可获得新生。世界各个文化主体所创造的不同类型的文化，可以储存好的和有用的做事方法，储存这方面的知识和经验。[②]瑞士哲学家霍伦斯坦说：“我们效仿一种模式或根据指导去行动，要比我们独立地、创造性发展出某些东西要容易些。因此，如果我们在自己的文化和历史中陷入困境，明

---

① 何中华：《从生物多样性到文化多样性》，载《东岳论丛》1999年第4期；刘冬雪：《文化全球化与文化多样性》，载《社会科学辑刊》2003年第1期。

② 联合国教科文组织编：《世界文化报告：文化创新与市场（1998）》，关世杰等译，北京大学出版社2003年版，第3页。

智的办法是把目光投向外来传统。”[①]文化多样性的存在为“社会的更新和适应性变化”提供了丰富的资源。[②]文化多样性是维护民族、地域生存和延续，人类生存和发展的重要条件。传统部族、社区作为一个独特的文化实体或政治单位，传统社区、部族文化对维护其可持续生存和发展是一个必要条件。并且文化多样性的保护是在现代社会中获得并保持独立的民族、地域群体身份、抗拒强势文化吞并或从属群体的文化同化主义模式的重要手段。正是因为不同民族、地域文化的相互补充，才可能使人类文明可持续发展。而且文化多样性的各种产出和资源是特定文化主体在特定历史时期、特定地理区域创造出来的，从而使之具有不可复制性。文化的消失，造成文化间不能相辅相成，就可能将一种文化扩大化，伴随着的也是该种文化缺陷的扩大化，从而导致整个人类社会的发展陷入危机。[③]因此，文化多样性的保护是必要的。根据《世界文化多样性宣言》的表述，文化多样性的表现途径既包括人类文化遗产通过文化表达得以表现、彰显及传承的多样方式，也包括利用各种手段和技术进行的艺术创作、制作、散播、发行及欣赏的多种模式。而非物质文化遗产的多元性正彰显了文化的多样性，非物质文化遗产的保护是促进文化多样性的重要方面。《保护非物质文化遗产公约》强调了非物质文化遗产的重要性及其对保护文化多样性的作用。非物质文化遗产的保护不仅是自我身份

---

① [瑞士]E.霍伦斯坦：《人类同等性和文化多样性》，张敦敏译，载《哲学译丛》1999年第3期。

② [美]P. K.博克：《多元文化与社会进步》，余兴安、彭振云、童奇志译，辽宁人民出版社1988年版，第149页。

③ 严永和：《论传统知识的知识产权保护》，法律出版社2006年版，第64—65页。

权的关键构成部分和传统民族、地域居住者继续生存下去的条件，还是人类文化遗产的核心要件。

三、发挥非物质文化遗产的生命力，促进传统文化的回归

非物质文化遗产保护在国际上主要表现为对文化尊重和文化多样性表达的促进，而在国家的层面上，笔者认为更多地体现为是对自身传统文化的尊重和回归。非物质文化遗产保护是经济发展到一定程度后，民族、地域文化面对外来文化侵蚀的一次自省和对自身文化价值的再发现，是传统文化的回归和守护，是民族、地域通过文化保护而实现民族、地域精神延续的一种方式，是世界各国由经济竞争走向文化与价值理念竞争，进而演变为共同体在全球化形势下争夺文化话语权的竞争，是文化弱势群体在文化上争取话语权和非主流文化向主流文化争取生存空间的“战争”。

非物质文化遗产的濒危与经济发展紧密联系在一起。随着全球化的加快，经济发展不仅改变了个人和集体的生活方式，还在一定程度上影响了文化的发展。在全球经济交流的同时，外来的强势文化随着经济的交流不断向外蔓延，对本土文化进行渗透。如改革开放后，欧美可乐文化蜂拥而至，对我国茶文化造成了巨大的冲击，尤其是青年一代，对茶文化知之甚少。这种文化的消失，会使民族、地域文化出现断层，传统文化价值贬值，进而使民族、地区文化失去其应有的话语权。外来文化扩张将给本土文化的生存和发展带来巨大的威胁。非物质文化遗产的消失会影响民族、本土文化自我身份的确认和建立，同时还会损害传统文化的完整性、真实性。全球经济一体化的过程

中，极有可能会使传统地域、民族的文化权利受到损害，民族、地域独特精神的传承受到影响。因而在此背景下，为防止民族、地域精神和特性的变异，发生文化同质现象，应该自觉地强调民族、地域精神的延续与传承。文化的同一趋势会中断各民族、地域独具特色的精神的延续和传承，会造成民族、地域的内在气质和独特性的流失，从而影响民族、地域文化中的本土基因获得新的生命力，使得文化逐渐失真而最后消失，造成该民族、地域年轻一代出现精神的荒漠而葬送掉自身的前途和命运。因此，每一个民族、地域都需要而且必然有着其独有的特征，并应该将其成功传承、延续。

非物质文化遗产深深蕴藏着发源地的文化基因、精神特质。尤其在长期的生产劳动、生活实践中形成并经世代相传，其中沉淀着民族、地域的思想精髓、文化理念，包含了民族、地域的价值观念、心理结构、气质情感等群体意识、群体精神。也许其中一些非物质文化遗产已不再有当初的辉煌，但它们仍然是民族、地域发展的历史文化见证，是民族、地域精神情感的活态遗产。非物质文化遗产的保护可以提升非物质文化遗产的形象，促进对非物质文化遗产资源的尊重。不同于物质遗产的延续，民族精神、人文精神是一种无形的事物，是在社会文化、民族精神的环境和氛围下，通过后天的教育、研习以及相互交往、世代相传的方式来继承并发展的。我们知道，古埃及文明留下了金字塔等令人叹为观止的历史遗迹，但古埃及文明中断了。有位艺术评论家在埃及访问时，曾在金字塔前对一位埃及画家说，从你的作品中看不到与传统的联系。埃及画家说，因为这里的历史与我们没有关系。今天人们除了可以看到那静止的昔日辉煌外，已看不到活态的遗产了。[①]由此，我们可以看出，仅有物质遗产不能保证延续民族、地域的历史文明。传统文明的延续应该是物质文化遗产与非物质文化遗产的共同承续。而较物质文化遗产，对非物质文化遗产的保护、研习、发展可以更有力地唤醒人民对民族精神的传承意识。非物质文化遗产的活态性具有成为传承民族、地域精神的更为合适的载体和形式。非物质文化遗产作为传递和保存人类文化的生动存在，能够有效地将民族精神传递到每一代人、每一个人身上，从而保有各民族崇高的民族精神。

四、促进非物质文化遗产的开发利用，实现文化资源的可持续利用

自20世纪70年代罗马俱乐部针对“人类困境”问题提出“零增长”论以后，越来越多的人开始关注全球范围内的长期发展问题。世界自然保护联盟（IUCN）于1980年发表的《世界自然保护大纲》中提出“可持续发展”的概念及相关战略，强调人类利用对生物圈的管理，使生物圈既能满足当代人的最大持续利益，又能保护其满足后代人需求与欲望的能力。可持续发展概念正式形成于1987年世界环境与发展委员会的著名报告《我们共同的未来》，报告中明确定义了可持续发展概念，即可持续发展是既满足当代人的需要，又不对后代人满足其需要的能力构成危害的发展。可持续发展概念自其提出以来多用于环境、生态领域，但随着社会的发展，2001年联合国教科文组织通过的《世界文化多样

---

① 重庆市非物质文化遗产保护中心编：《重庆市非物质文化遗产保护工作资料选编》，第2页。

性宣言》提出文化多样性是和生物多样性一样重要的观念。可持续发展概念逐渐引入文化资源领域，涉及的范围扩大。目前可持续发展可认为是经济、社会、环境、资源与文化的相互依存与永久发展。文化资源的可持续发展需要国际上不同种族、不同国家以及国家内部的不同民族、不同地域、不同宗教信仰、不同教育程度、不同生活习惯的人们树立真正的平等与相互尊重的意识，既要相互学习、相互借鉴，又要相互欣赏、相互辅助，实现人文环境下的和谐、长久发展。但同时也要明确文化资源的可持续发展应该在承认文化资源也像自然资源一样，有着自然产生、发展、成熟、消亡的循环过程。文化资源的可持续发展既不是人为地用所谓的主流文化加速非主流或传统文化的消亡，也不是刻意用当代人的判断去复原那些已经消亡的文化，更不能用当代的审美观去粉饰甚至歪曲文化资源的本来面目，应当以长久发展、继承的方式按照其自身的发展规律去演变。

非物质文化遗产是文化资源的重要组成部分。通过非物质文化遗产的保护可以实现文化资源的可持续发展。文化资源的可持续发展是非物质文化遗产保护的重要目的。合理开发、利用非物质文化遗产有利于非物质文化遗产的传承，使各群体尤其是发源地能够积极适应现代社会发展。防止非物质文化遗产的灭失和不当占有，保障传承人的相应补偿是促进非物质文化遗产更为广泛使用的必要条件。在此基础上，建立发源地与开发利用者的信任，使发源地愿意提供非物质文化遗产并有效发展、改进，更有利于保护非物质文化遗产，使非物质文化遗产的价值得到最大化发挥，实现文化资源的可持续性发展。目前，非物质文化遗产的可持续开发方式处于初步探索阶段，存在一定的问题。一方面存在对非物质文化遗产滥用或掠夺式的粗暴使用，另一方面对非物质文化遗产的保护有相当一部分陷入商业化的误区。为防止对非物质文化遗产的非法利用或不当保护，必须提倡对非物质文化遗产进行合理有度的开发和使用。特别需要注意的是，对非物质文化遗产的保护不能停留在静态，更不能简单地将其封闭起来。事实上在当前市场经济潮流的冲击下，也不可能将非物质文化遗产封闭，应当通过合理的方式进行适当的开发和利用，在动态的过程中保护非物质文化遗产。非物质文化遗产可持续发展的过程中，实现文化资源的可持续利用，还可以增强发源地民族、地域的竞争优势，在现代社会中保有自身的位置，促进整个人类社会的和谐与发展。

五、确认非物质文化遗产发源地权利

保护非物质文化遗产也是为公平保护发源地权利。由于目前法律、管理体制的不完善，非物质文化遗产所产生的价值没有得到充分的承认和补偿。因此，保护非物质文化遗产可以促使社会对于非物质文化遗产价值的承认，保障发源地权利和利益。

目前，一些非物质文化遗产发源地没能得到合理补偿，公司、企业等没有对他们收集的非物质文化遗产信息支付相应费用，也没有给予发源地任何后续的补偿或是相关利益分享。因此非物质文化遗产的保护也应将确认发源地权利和利益作为保护目的之一，约束、限制商业机构对非物质文化遗产的无偿使用，肯定非物质文化遗产的价值，从而推动非物质文化遗产的发展。

第三章

知识产权保护模式合理性论证

第一节　知识产权保护模式之必要性

随着社会的发展，国际社会一致认为有必要对非物质文化遗产提供某种形式的保护，但对保护概念有多种理解。一些人按照知识产权理解这个概念，认为保护主要意味着排除第三方的未经授权的使用。另一些人则将这种保护看作一种防止非物质文化遗产被不当利用的工具，预防不当使用非物质文化遗产给发源地及社会生活、文化带来负面影响。关于给予何种法律保护，是否以知识产权为基础，以及如果用知识产权保护，什么是合适的保护的理念及方式等方面存在严重分歧。美国一贯主张的非物质文化遗产保护途径为“合同”途径，反对国际层面的立法，更反对在TRIPS（《与贸易有关的知识产权协定》）框架内处理该问题。绝大多数发展中国家支持建立非物质文化遗产法律保护的国际立法模式，为非物质文化遗产的保护设计具有可操作性的权利制度，并积极筹划准备将非物质文化遗产的保护纳入TRIPS之中。目前国际社会已经开始利用知识产权制度保护非物质文化遗产，然而赞成用知识产权制度保护非物质文化遗产的理论认识尚不够明晰，这些不清晰的认识限制了知识产权制度作用的发挥。笔者主张，以知识产权制度保护非物质文化遗产不仅具有必要性，而且具有可行性，详述如下。

一、知识产权保护模式有利于文化的传承

虽然当代全球文化受经济一体化的影响呈现融合的势头，但其发展的目标应是多元化而非一元化，一元化的结局必然是思想认识的僵化，其恶果将表现为思维保守和无创新性，最后导致整个人类经济文化的衰退。在文化领域，纵容文化多样性的消失，是对人类自身文明和发展的不负责任。事实证明，只有那些拥有自己特殊“基因”的本土文化才具有无可取代的价值，能够在世界文化发展中占有一席之地。[①]民族的也是世界的，人们更愿意接触具有独特风格和文化底蕴的产品。

非物质文化遗产是某一地区或社区含有独特风格和文化底蕴的智力成果，是一个民族、社区独有的文化记忆，是促进文化多样性的重要方面。但是，随着全球经济一体化和强势文化的侵入，非物质文化遗产的生存受到威胁，传承受到影响。在很多发源地，非物质文化遗产仍保留在老一辈传承人手中，年轻一代因受到外来文化以及信息不畅通的影响，否认非物质文化遗产的价值，认为其是愚昧、落后的表现，不愿接受、学习，从而影响非物质文化遗产的传承和发扬。知识产权的保护则可以使社会正视非物质文化遗产的价值，建立发源地自我身份的确认，提升非物质文化遗产的自我表达。

---

① 管育鹰：《知识产权视野中的民间文艺保护》，法律出版社2006年版，第38页。

近年来的文化综艺节目中，“原生态”唱腔越来越吸引观众，带有浓郁民族风味的歌曲更受欢迎。[①]通过以著作权的方式保护此类山歌、唱腔，正视非物质文化遗产的宝贵价值，为非物质文化遗产打开了信息交流通道，普及非物质文化遗产知识，提高年轻一代对传统文化的兴趣，促进非物质文化遗产的传承和发扬。同时，由于非物质文化遗产本身的特殊性，其保护的对象、手段和方式与物质文化遗产明显不同，非物质文化遗产的传承、保护更强调活态的传承和保护。这种保护就不能是静态的隔离，而需要以发展的眼光，促进非物质文化遗产的传承和发扬。现有的促进非物质文化遗产传承、保护的方式主要是一些比较初级、有限的保留方式，包括举办教育、培训等方式，运用文字、图片、录音等现代科技手段进行记录、保存。对于抢救而言，这些方式能够发挥短暂作用，但要长久地、可持续地传承、发展非物质文化遗产，还需要结合其他方式，否则就实现不了真正的传承和保护。因此，非物质文化遗产的传承和保护关键在于唤醒发源地对自己文化的保护意识，自觉地传承和保护。同时还应该保护非物质文化遗产的生存发展空间，使之融于日常的生产、生活和工作中，相互交融，传承发展。

物质决定精神，经济决定文化，第一性决定第二性。文化是精神性的、第二性的；经济才是物质性的、第一性的。文化的生存与发展需要经济的支撑。文化类型之间的竞争也体现了经济实力的竞争。非物质文化遗产的延续和传承，需要主流社会承认非物质文化遗产的存在方式，促进发源地对自己文化身

---

① 苏新：《〈吉祥三宝〉为何流行？》，载《人民日报》2006年2月3日，第1版。

份的认同。同时，更需要为非物质文化遗产的生存提供和创造适当的经济条件。从现有情形来看，本土文化无法抵抗来自强势文化未来漫长时间的同化和融合压力。仅依靠现有政府的积极支持如财政资助等保留非物质文化遗产，促进本土文化繁荣是无法实现的。如果一种文化都不能孕育适量的物质财富和经济财富以支撑该文化本身，该种文化将失去与其他文化竞争的基本条件和起码的文化尊严。因此，确认发源地对非物质文化遗产的知识产权，实现传统社区对传统文化所享有的权利，对于保证该社区、民族及其文化的继续生存、维持自己的文化特征和文化尊严是至关重要的。[①]

传统部族认为，作为文化生存和延续的手段，他们必须对其文化表达形式和文化载体享有控制权。[②]现代社会应尊重民族、地域对自身文化的权利要求。知识产权对非物质文化遗产的保护可以确认发源地、传承人对其非物质文化遗产的权利，防止他人对非物质文化遗产的不正当利用，破坏非物质文化遗产的原有特征，保障对非物质文化遗产的生存和正常延续。非物质文化遗产是一种活态性的文化，不仅是记录、确认就能保存下来的，知识产权可以在保留非物质文化遗产特性的情况下，促进该非物质文化遗产不被歪曲、保有原味的传承和发扬。

二、知识产权保护模式有利于发源地经济的发展

非物质文化遗产不仅是地域、民族重要的文化记忆，同时也

---

① 严永和：《论传统知识的知识产权保护》，法律出版社2006年版，第82页。

② 严永和：《论传统知识的知识产权保护》，法律出版社2006年版，第82页。

是一种珍贵的经济资源，可以创造出巨大的经济利益，推动社会的前进。但提及非物质文化遗产的经济价值，会有人把它等同于唯利是图，非物质文化遗产的商业开发仅为巨大的利益目的，造成非物质文化遗产的变异，因此反对非物质文化遗产的商业化、产业化。经济利益的驱动可能使非物质文化遗产变为一种谋生工具，脱离了其原有的环境，丧失其应有的文化底蕴，变得不再是原有的宝贵资源。但是笔者认为，非物质文化遗产的商业化、产业化是历史发展不可避免的潮流。在贵州六枝梭戛生态博物馆成立之初，就引发了对民俗的保护与开发、封闭与开放之悖论的争论：有人提出为了保存“原生态”的民俗，不要让“长角苗”人读书，不要在村里引入自来水，不要给客人兜售工艺品等问题。[①]追求美好生活和享受现代文明是人类不容剥夺的自由与权利，没有任何对价或补偿措施就要求非物质文化遗产发源地人民牺牲其可能通过非物质文化遗产合理开发获取的经济利益是不合理的，事实证明也是不可行的。

非物质文化遗产的保护其实不仅是保持原有民族、地域文化的传统特色，它还可以也应该为发源地、传承者带来相应的经济效益。按照我国非物质文化遗产保护工作必须坚持“保护为主、抢救第一、合理利用、传承发展”的基本方针，根据原文化部《关于支持和促进文化产业发展的若干意见》中“社会主义文化产业要求把社会效益放在首位，努力通过市场实现文化产品和文化服务的经济价值”的有关精神，近年来，我国将具有鲜明地域特色、浓烈民族气息的民俗活动等非物质文化遗产进行了认真的摸

① 管育鹰：《知识产权视野中的民间文艺保护》，法律出版社2006年版，第40页。

底、整理、分析和论证，采取了切合我国实际的有效措施，在确保非物质文化遗产资源有效保护的基础上，引导、帮助和扶持有产业潜能的非物质文化遗产项目作为文化产业项目进行了实践，推动了非物质文化遗产资源的研究开发和文化产业的发展。以四川为例，其民间行业组织、协会以各种传统节日和岁时节令为契机，通过举办“武侯祠成都大庙会”“中国国际美食旅游节”等商贸活动，组织民间艺人进行传统手工艺、绝技展演，彰显了四川省的优秀传统文化，又赢得了良好的经济效益。可见非物质文化遗产的经济开发对非物质文化遗产发源地经济发展的重要性。

目前，各种各样的文化产业已经成为许多地区经济发展的新亮点。我国也逐渐开始关注文化产业对国民经济增长的贡献，从政策到法律等各方面的研究探讨日渐增多，而文化产业的发展与知识产权制度息息相关。有学者认为：“从本质上讲，文化产业是以版权产业为核心的提供精神产品的生产和服务的产业。狭义的文化产业，就是指版权产业，包括出版发行业、新闻业、广播影视业、网络服务业、广告业、计算机软件业、信息及数据服务业等。广义的文化产业，除了版权产业外，还包括艺术创作业、艺术品制作业、演出业、娱乐业、文物业、教育业、体育业、旅游业等。文化产业的核心是版权产业。”[①] 事实上，非物质文化遗产常常成为现代产业的创新之源，成为经济增长的有力引擎。当今的许多产业都是利用传统文化，在其基础上创新发展而来的，并通过知识产权得到保护。

近年来，我国关于非物质文化遗产经济价值开发的讨论逐渐

① 李顺德：《文化产业与知识产权》，载《中国经贸导刊》2002年第8期。

增多。在全球化和商品化的社会里，一切具有独特价值并为人类所需的信息都可以成为市场交易的标的，我国丰富的非物质文化遗产的价值也应当被充分地认识和挖掘出来。事实上，一些非物质文化遗产发源地及传承人已经认识到这一点，开始利用知识产权相关制度对该非物质文化遗产进行开发、保护，使之转化为经济利益，改善当地人民的生活水平，推动当地经济、社会的发展。比如重庆市铜梁地区通过注册“铜梁火龙”商标，发展其特有的火龙舞艺术，并带动了服装、旅游等相关行业的发展，提高了当地人民的收入；民俗旅游带动民间工艺品销售已开始成为一些少数民族地区人民收入的主要来源。由此可以看出，如果害怕知识产权开发非物质文化遗产的经济性可能带来的非物质文化遗产的异化，而放弃非物质文化遗产的知识产权开发式保护，非物质文化遗产的保护更可能陷入停滞的境地，损害非物质文化遗产发源地及传承人的利益，不利于非物质文化遗产的保护，最终加速非物质文化遗产的流失。

三、知识产权保护模式有利于实现社会发展过程中的利益平衡

知识产权制度的设计理念最初源于激励创新，由此，法律规定权利人对自己的智力成果享有专有性权利，并赋予其物质和精神上的鼓励。同时，知识产权制度还有另一同等重要的理念，即平衡与创新成果相关的各主体之间的利益关系并最终追求全人类科技文化的可持续发展。这一理念的达成，不仅在于这一制度在创设之初就设定了信息公开、权利穷竭、保护期等用以平衡权利人、使用者和社会公众之间的利益关系的内部机制，还在于它像

任何制度一样要不可避免地被放在一个更为广阔的外部体制中探讨其合理性。总的来说，根据目前的发展态势，进一步扩大有关专利权人私权的一个印证，也是将知识产权放进一个更为广大的范围内考量其正义性而对其作出的一个调节。[①]目前，有关议题的讨论主要集中在如何保证有关专利保护例外的扩大不被滥用、在保证专利持有人的利益和维护公众健康方面进行平衡的具体操作方法等技术细节方面。[②]又如，有学者从知识产权与人权的关系考察，指出了现有知识产权制度存在的问题：建立与本国文化传统的实践与复兴相一致的知识产权制度，这是人权公约所主张的“文化生活权利”的重要实现途径。可见知识产权的利益均衡理念在得到逐步的扩大和发展。[③]

随着社会的发展，科技的不断提高，非物质文化遗产的经济价值逐渐被发掘、认可，对其的商业开发和科技应用也越来越多，同时产生了巨大的经济效益。但是，非物质文化遗产发源地、传承人对经济利益的分享却是少之又少，甚至是没有的。如《花木兰》的例子，木兰女扮男装、替父从军、英勇凯旋的故事在我国家喻户晓，美国著名的迪士尼电影公司将它制作成动画片在全球上映，获得巨额票房收益，除此之外还有难以计数的衍生产品收益，如图书、音像制品、玩具等。而我国作为木兰从军故事的发源地却未能从中得到任何收益。又如瑜伽运动在印度已有数千年

① 管育鹰：《知识产权视野中的民间文艺保护》，法律出版社2006年版，第51—52页。

② 潘金娥：《坎昆会议与WTO新一轮（多哈回合）谈判》，载《世界经济年鉴》（2003/2004卷），第448—452页。

③ 管育鹰：《知识产权视野中的民间文艺保护》，法律出版社2006年版，第53页。

之久的历史，如今风行全球，但一些西方国家的瑜伽教师和健身教练却把数百个瑜伽的姿势和练习技巧注册为个人专利或者商标，发源地印度的权利却被忽视。因此，为保护这项印度国粹，印度已经将古代瑜伽经典中记录的1500种姿势储存在一家数字图书馆里，世界各地的专利审批机构将可以进行查询。[①]印度政府对非物质文化遗产采取的保护和补救措施主要是建立尽量完整的传统非物质文化遗产数据库，利用知识产权法律制度中的权利无效宣告程序阻止他人对非物质文化遗产的不当利用。

随着保护意识的不断提高，非物质文化遗产发源地在受到侵害时越来越多地诉求于知识产权，以保护自己的正当权利。实践中非物质文化遗产知识产权的保护已有应用。理论探索上，引用被业界尊称为“中国知识产权第一人”的郑成思先生的一段话，阐述知识产权对于非物质文化遗产保护的必要性：目前，中国在知识产权、特别是“自主知识产权”的拥有及利用上，从总体看不占优势。这主要是因为发明专利、驰名商标、软件与视听作品等的版权主要掌握在少数发达国家手中。而要增强我们的地位、至少使我们避免处于过于劣势的地位，我们有两条路可走：一是力争在国际上降低现有专利、商标、版权的知识产权保护水平；二是力争把中国占优势而国际上还不保护（或者多数国家尚不保护）的有关客体纳入国际知识产权保护的范围，以及提高那些现有知识产权制度仅仅给予弱保护而中国占优势的某些客体的保护水平。走第一条路十分困难。从1967年到1970年伯尔尼公约的修订过程看，从世界贸易组织《与贸易有关的知识产权协定》形成

① 管育鹰：《知识产权视野中的民间文艺保护》，法律出版社2006年版，第55页。

的历史看，走第一条路几乎是不可能的。就第二条路来说，至少在三个方面我们可以做必要的争取工作：1.强化地理标志的保护，对此，多哈会议已将其列为世界贸易组织下一次多边谈判的议题；2.把“生物多样化”纳入知识产权保护；3.把“传统知识”纳入知识产权保护。[①]由此可以看出，利用知识产权保护非物质文化遗产，可以科以开发者法律义务，确保非物质文化遗产的发源地、传承人获得一个公平和相当的利益分配，实现利益的均衡。

第二节　知识产权保护模式之可行性

有一种观点反对利用现行的知识产权制度保护非物质文化遗产，理由如下：第一，利用现代知识产权保护会把非物质文化遗产和利益直接挂钩，从而破坏产生和管理这种知识的社会基础，将最终导致这些非物质文化遗产及其社区的颠覆和毁灭；第二，非物质文化遗产是一个社区的共同财产，代代相传，而现有的知识产权法会将它私有化——这有可能给后代生活和生产中使用这种知识造成法律障碍；第三，西方知识产权概念与传统社区的实践和文化不相容，而且价值取向上不一致。[②]有学者认为知识产权法很重要的目的在于将知识转换为适于市场的商品，而不是在于按照最适合知识本身的方式来保护。这个目的必然切分传统知识，使之成为能被知识产权法保护的可鉴别和可管理的碎片。而

① 郑成思：《传统知识与两类知识产权的保护》，载《知识产权》2002年第4期。

②［阿根廷］卡洛斯·M.柯莱亚：《传统知识与知识产权》，载国家知识产权局条法司编：《专利法研究（2003）》，知识产权出版社2003年版。

非物质文化遗产的本质是具有整体性和协调作用。[①]知识产权的切割式保护不能与非物质文化遗产的本质相适应。

笔者认为，以上反对观点不能成立，逐一评析如下。

第一，保护非物质文化遗产的基本价值目标之一是公平。不利用知识产权机制保护非物质文化遗产，在目前的经济和法律体制内，非物质文化遗产的价值不能得到充分的承认和补偿。保护非物质文化遗产就是要改变这种不公平和不公正的关系，而不是破坏产生和管理这种知识的社会基础。

第二，非物质文化遗产是一个社区的共同财产，但不是所有人的共同财产，也不是人类的共同财产，更不允许打着人类共同财产的旗号进行巧取豪夺。有人对现有的知识产权法会将它私有化的担忧实乃杞人之忧，就像著作权法产生之初，有人认为著作权法将会带来思想的垄断一样。利用知识产权法保护非物质文化遗产不可能给后代生活和生产中正当使用这种知识造成任何法律障碍。

第三，知识产权可以带来一些收益以维持那些本来可能会被放弃的非物质文化遗产，这有利于非物质文化遗产的传承和发扬。通过知识产权制度对社区的知识授予法律上承认的权利将会提高这种知识的形象并有助于在拥有该知识的社区内外形成对这种知识的尊重。[②]从方法论上看，我们应该量体裁衣，而不是削足适履。非物质文化遗产的知识产权保护具有可行性，虽

① 孙祥壮：《传统知识的世界保护及对我国的启示》，载《知识产权文丛》（第9卷），中国方正出版社2003年版，第193页。

② ［阿根廷］卡洛斯·M.柯莱亚：《传统知识与知识产权》，载国家知识产权局条法司编：《专利法研究（2003）》，知识产权出版社2003年版。

然现代知识产权法在保护非物质文化遗产方面还不是完全的严丝合缝，但那只能得到知识产权法需要发展和完善的结论，而不是非物质文化遗产不应得到知识产权保护的结论。

一、非物质文化遗产的本质是信息

非物质文化遗产和知识产权客体的本质一致。从某种程度上讲，客体决定保护模式。非物质文化遗产的保护模式，取决于非物质文化遗产自身的法律属性。首先，笔者通过与民法上的物比较分析知识产权客体的特性。物和知识产权是民法领域关于民事法律关系客体的一组基础概念。罗马法上关于物的分类有很多标准，对后世影响最大也最具争议的就是有体物和无体物的划分。古罗马法学家盖尤斯认为，有体物是具有物质属性并且是可以凭借人的感官而触及的物，如土地、房屋、牛、马等；无体物则是指没有物质属性、是法律拟制的“物”，即权利。这些被称为“物”的权利是一些财产权利，比如债权和用益权等。[①]罗马法划分有体物和无体物的基本目的之一是将无体物排除在物权客体之外，而以有体物为基石设计出物权法律制度。[②]罗马法以来的物必有体的观念深刻地影响了大陆法系的物权立法。《德国民法典》第90条明确规定：“本法所称之物为有体物。”日本新民法上的物专指有体物，即以占有空间面积为标准的物。[③]而知识产权是一种无

① 周枏：《罗马法原论》（上册），商务印书馆1994年版，第28页。

②［意］彼德罗·彭梵得：《罗马法教科书》，黄风译，中国政法大学出版社1992年版，第185页。

③［日］富井政章：《民法原论》（第一卷），陈海瀛、陈海超译，中国政法大学出版社2003年版，第188页。

形财产权，从本质上讲，知识产权法所保护的是某些特定的信息产品，知识产权是就某些特定信息所享有的财产权。知识产权就是让信息的创造者对有关信息拥有某种财产权，并通过这种财产控制信息的传播和他人对信息的使用，从而收回创造的成本和获得一定的利润。[①]知识产权的客体是人类的智力创造成果，也称为“创新性智力成果”，即运用人脑独具的思维创造能力所产生的结果，是人脑这种物质的自身运动及其与客观世界相互作用的“痕迹”，本质上属于信息。郑成思先生认为，专利是新技术信息，商标是用以说明商品来源的信息。作品是作者意欲向人们表达自己的某种思想和感情信息。而在TRIPS协议中商业秘密被称为“未公开披露的信息”。[②]那么，知识产权的客体自然就具有共享性，即同一条信息可以被不同时间的人反复使用，而不会有任何损耗。并且信息的共享性也意味着同一信息在同一时间可以由多人控制、使用，而该信息的提供者并不失去其所提供的信息。同时，称为“创新性智力成果”的知识产权客体也当然具有创新性的特点。其需要利用信息的共享性创造出新的信息，否则，将不能成为知识产权的客体。

非物质文化遗产，是指各族人民世代相传并视为其文化遗产组成部分的各种传统文化表现形式，以及与传统文化表现形式相关的实物和场所。与物质文化遗产不同，虽然许多非物质文化遗产以有形物质为载体、表现形式，但非物质文化遗产和它的载体有着质的差别。就工艺品而言，古代匠人制作的工艺品属于物质

① 李明德：《美国知识产权法》，法律出版社2003年版，第7页。

② 郑成思：《知识产权——应用法学与基础理论》，人民出版社2005年版，第84页。

文化遗产，现代人制作的工艺品仅是一般意义上的产品，而现代人掌握的关于工艺品的某种传统制作工艺、技能则属于非物质文化遗产。从民法的客体理论看，物质文化遗产属于民法上物的范畴，对其保护应采取物权制度；而非物质文化遗产是无形的、抽象的，是人类脑力劳动的成果，其本质为信息，具有知识产权客体所应有的共享性，可以划归知识产权的客体范畴，对其保护应采知识产权制度。但同时也需要注意，非物质文化遗产作为信息不完全具有知识产权客体所需要的创新性，非物质文化遗产多为历经多年传承而来的信息。正是由于非物质文化遗产不能完全符合现代西方的知识产权保护的客体的构成要件，因此有学者认为只有当非物质文化遗产被合适的载体承载或以恰当的方式加以展现的时候，才可以作为严格意义上的知识产权法的客体而受保护；在更多的时候，它则是作为公共文化领域的特殊部分而受《保护非物质文化遗产公约》和各国国际专门立法的保护。[①]此种观点未认真斟酌知识产权法和该公约以及保护非物质文化遗产的国内专门法之间的关系，知识产权制度本身是一个发展的制度，非物质文化遗产的出现，在一定程度上讲，的确是超越了知识产权，但知识产权也会在此背景下实现自身的超越，发展出新的适于保护非物质文化遗产的法律制度。

目前国际社会已经开始承认遗传资源的知识产权保护。遗传资源领域知识产权保护的成功利用可以为非物质文化遗产的知识产权保护提供借鉴。从生物多样性的保护上看，其保护的对象就

① 李宗辉：《非物质文化遗产的法律保护——以知识产权法为中心的思考》，载《知识产权》2005年第6期。

是来自遗传资源中的具有实际或潜在价值的遗传信息。知识产权，作为一种从信息中获得奖励的方式，在因生物多样性的利用而产生的大量问题中发挥着自身的作用。它可以影响利益产生与分配的方式，是利益产生与分配的法律基础。

在遗传资源领域，知识产权是调整遗传资源获取和利益分享中利益相关者之间关系的一种重要法律机制。遗传资源的提供者和利用者等利益相关者达成有关知识产权的各种安排来实现利益分享。遗传资源领域的知识产权保护在为非物质文化遗产知识产权保护提供借鉴的同时，非物质文化遗产的知识产权保护亦成为发展趋势。有报告指出，在知识产权保护和土著及本土社区知识的保护之间存在紧张关系（例如未经知识持有人同意被社区之外的人使用其知识，并且没有公平补偿），这要求对现存的知识产权制度进行修改、改变和补充。[①]世界知识产权组织也在逐步将非物质文化遗产纳入知识产权保护范围，于2000年成立了知识产权与遗传资源、传统知识和民间文艺政府间委员会，开始探索民间文艺、传统知识的知识产权保护方式。这些理论和制度规定同样可适用于阐释非物质文化遗产知识产权保护的正当性并解决实践中产生的相关问题。

二、非物质文化遗产的经济价值性

非物质文化遗产不仅是一个民族、地区特有的文化资源，也是一种珍贵的经济资源，这就为非物质文化遗产的知识产权保护

---

① ［阿根廷］卡洛斯·M.柯莱亚：《传统知识与知识产权》，载国家知识产权局条法司编：《专利法研究（2003）》，知识产权出版社2003年版。

提供了可行性。非物质文化遗产涉及范围广泛，其产业化保护极有可能孵化出国民经济中一些新兴的行业和部门，带动如美术、会展、旅游、出版等相关产业的发展，产生多重效益，为经济发展创造出新的经济增长点，形成科学、合理的产业结构，推动经济的整体发展。

非物质文化遗产有着可循环使用、无污染的经济特征，可以促成节约型、环保型的经济发展模式。并且，非物质文化遗产内容丰富、包罗万象，涉及民间歌曲、技艺等多方面，其所包含的绚丽多彩的民族服饰文化、丰富多彩的民间歌舞等均可成为现代经济市场中蕴含巨大商业价值的商品。例如，东北的鄂伦春人，他们很早就广泛使用桦皮桶、桦皮盒、桦皮碗等造型美观、做工精巧的桦树皮器具，创造了独具特色的桦树皮文化。但是由于鄂伦春人走出深山结束狩猎后，大量工业生产的日用品进入鄂伦春人的家庭和日常生活，桦树皮工具很少在生活中派上用场，桦树皮文化面临消失。而一些鄂伦春美术家通过利用鄂伦春民间传说创作了桦皮镶嵌画，使桦树皮制作技术得以延续。[①]在此基础上通过对知识产权的保护，以市场经济的手段开发非物质文化遗产，培育知识品牌，提高知名度，增加竞争优势，改善发源地基础设施的建设，提高当地人民的生活水平。可见，在市场经济社会，唯有通过知识经济、产业化发展的介入，才可能使非物质文化遗产合理利用、开发而继续保持其生命力，发挥其经济价值，而不至于变为博物馆中真正意义的遗产。

作为知识产权的客体在具有信息共享性的同时还需具有有用

① 王文章主编：《非物质文化遗产概论》，文化艺术出版社2006年版，第126页。

性和稀缺性。非物质文化遗产的经济价值性符合作为知识产权客体所需具备的有用性条件，能够满足人类发展的需要，是人类最重要的利益源泉之一。并且目前非物质文化遗产的保存不均，发展中国家保存较多，而发达国家、地区则灭失较多，在非物质文化遗产的利用上会造成利益冲突，因而其也符合稀缺性条件。

非物质文化遗产是一个地区或者民族特有的资源，可以通过优势品牌的构建，培植品牌资源，营造品牌环境，突出浓厚的地域特色，从而宣传和发扬该非物质文化遗产，如四川的青神竹编、绵竹年画等都是成功打造品牌的案例。但是我们同时应该注意到品牌的营造并不只是宣传就能做到的，如通过知识产权中商标方面的保护更能为品牌的建立、品牌的保障提供有利的条件。前文提及的重庆铜梁火龙舞就是其中一例，通过商标的注册，符合铜梁火龙舞艺术本身的活态性特点，打造“铜梁火龙”这一品牌，带动了龙舞技艺的改进及相关服装、配饰的发展，成功将铜梁火龙舞转换为经济价值巨大的商品，推动了铜梁火龙舞的延续和发展。并且，知识产权中的商标权可以为非物质文化遗产提供持久的保护。事实上，非物质文化遗产的知识产权保护的可行性在实践中已得到一定程度的证明。除以上铜梁火龙的实例外，我国的中草药以及蜡染、酿酒等传统工艺也在逐步寻求知识产权的保护制度，通过专利保护或是商业秘密保护，积极应对其他市场主体的不正当竞争，保证自身优势。其中北京的“同仁堂”，广州的“潘高寿”，重庆的“桐君阁”等都已开始驰名商标和品牌的申请、认定。而商标法中规定人用药品必须使用注册商标，未经注册不得在市场上销售，在一定程度上也有助于我国传统医药知识产权保护的推行。

三、知识产权制度的开放性

利用知识产权保护非物质文化遗产，首先应发展知识产权。根据非物质文化遗产的特性，对现有知识产权制度的某些内容或者某些内容的某些方面加以修改和调整是必要的。现有的知识产权制度在保护非物质文化遗产方面，有着诸多的局限。比如非物质文化遗产产生的时间难以确定，缺乏文献记录，而权利主体不明确，保护期限要求长等问题都和知识产权的保护理念并不十分吻合。对这些局限的克服过程，也是知识产权制度自身的发展过程，笔者将这个过程称为知识产权的超越。

随着社会的发展，无论是新的技术产生的还是新发现的一切来自知识活动的成果，均应赋予知识产权，获得知识产权制度的保护。目前，国际社会已经开始了利用知识产权制度保护非物质文化遗产的有益尝试。据WIPO的抽样调查，美国、法国、日本、瑞士、俄罗斯、新西兰和澳大利亚等国认为现行知识产权制度原则上适用保护非物质文化遗产。欧盟及其成员国也认为，应当鼓励非物质文化遗产的传承人充分利用现行知识产权制度保护其权利。当然，更多的国家只是利用现有知识产权制度保护非物质文化遗产的某些方面，因为用现有知识产权制度来保护所有形式的非物质文化遗产还有困难。

知识产权制度是不断发展和创新的开放性制度，从非物质文化遗产的本质以及保护的目的和手段出发，在已有知识产权制度的基础上探讨适合于保护非物质文化遗产的新的制度和机制是可行的。《建立世界知识产权组织公约》第2条规定，知识产权包括在工业、科学、文学或艺术领域内由于智力活动而产生的一切其他权利。虽然该公约没有直接或者明确将“非物质文化遗产”列为保护对象，但令人鼓舞的是它提供了一个开放性的知识产权概念。而正是这个开放性的概念，可以将非物质文化遗产的保护涵盖其中。

第四章
知识产权保护现状与反思

第一节 国外非物质文化遗产知识产权保护现状

一、国际组织非物质文化遗产保护的现状

非物质文化遗产涉及文化、技艺等诸多方面的问题，联合国教科文组织、世界知识产权组织等国际机构从不同角度对非物质文化遗产的保护和开发进行了探讨。

（一）联合国教科文组织

联合国教科文组织对非物质文化遗产的关注是一个渐进的过程，在保护自然遗产和文化遗产的过程中，逐渐认识到非物质文化遗产在整个遗产保护中的重要性和特殊性，进而将其提上日程，并在世界范围内大力开展非物质文化遗产的保护活动。

1982年，联合国教科文组织和世界知识产权组织审议并通过了《保护民间文学艺术表达免被滥用国内立法示范法》，标志着以知识产权保护非物质文化遗产意识的开始。1987年，联合国教科文组织正式把非物质文化遗产确定为保护对象，之后逐渐把这

一决策细化，并通过专门的立法明确了对非物质文化遗产的保护，即1989年通过的关于保护民间文化传统的建议书——《保护民间创作建议案》。该文件向人们指出：有大量属于文化特性和少数当地民族文化渊源的口头遗产正面临消失的危险。因此，急需告诫有关当局及这些遗产的拥有者，使他们知道这些遗产的重要价值，并知道怎样去保护它；建议要求各会员国采取法律手段和一切必要措施，对那些容易受到世界全球化影响的文学艺术遗产进行必要的鉴别、维护、传播、保护和宣传。该建议书在关于“民间创作的维护”一节中提到：民间创作属于精神创作活动，因此为其提供与精神产品的维护相类似的保护是十分必要的；“知识产权”是维护民间创作的措施之一。该文件中虽然没有使用“非物质文化遗产”一词，但从民间创作的内容界定看，其基本涵盖在非物质文化遗产的范围中。

1997年联合国教科文组织与世界知识产权组织先后合作举办了四个关于保护非物质文化遗产的地区磋商会议。在这四个地区磋商会议上，各国就民间文学艺术表现形式的利用等内容进行了磋商。这些会议除了集中讨论各国民间文学艺术形式的现状、法律保护和发展趋势外，还研究了如何利用现有知识产权体系保护民间文学艺术以及如何尝试利用1982年《保护民间文学艺术表达免被滥用国内立法示范法》所创设的知识产权“特殊权利”模式对民间文艺进行保护的问题。2001年，联合国教科文组织通过了《世界文化多样性宣言》，明确了文化多样性的重要性，为世界范围内非物质文化遗产的保护奠定了良好的基础。2003年10月17日，联合国教科文组织通过了《保护非物质文化遗产公约》，界定了非物质文化遗产的概念及其所包括的范围，并且还公布了非物质文化遗产申报书编写指南，完善了非物质文化遗产的国际立法，为联合国各成员国提供了可供操作的申报细则。联合国教科文组织为非物质文化遗产的保护厘清了道路，它主要注重通过确认、立档、研究、保存、保护、宣扬、传承等手段保护非物质文化遗产，促进政府对非物质文化遗产的重视，但是在一定程度上忽略了非物质文化遗产本身的促进作用。这些工作为以民间文艺为主要表现方式的非物质文化遗产的国际保护提供了一个更广大的平台。

（二）世界知识产权组织

世界知识产权组织（WIPO）对于非物质文化遗产侧重于通过知识产权制度进行保护，协商在知识产权制度内寻找最优保护途径，并且WIPO不同于联合国教科文组织对于概念的鉴定，其文件中基本采用民间文艺、传统知识的概念。

文学艺术独特的价值被现代社会剽窃和不当利用，使得其受到严重破坏而引起WIPO对于非物质文化遗产的关注。1976年，WIPO与联合国教科文组织共同制定了突尼斯版权示范法。这使得非洲诸国相继在本国版权法内建立起民间文学艺术的保护机制。1977年非洲知识产权组织通过《班吉协定》，区域性的国际保护协定也逐步开始建立。

在《生物多样性公约》掀起遗传资源保护的浪潮之际，作为专门性的知识产权国际组织，WIPO又开始致力于传统知识的保护。2000年，WIPO成立了知识产权与遗产资源、传统知识和民间文艺政府间委员会，自成立以来已召开多次会议，商讨和研究传统知识及相关主题的知识产权保护问题。WIPO阐述了其在国家层面为保护传统知识所采取的步骤，大体上同意在知识产权问题下探讨传统知识的法律保护。但美国等对制定国际规则解决民间文艺、传统知识的保护还有异议，WIPO的成员目前还未形成具有法律约束力的文件。但为促进建立一种保护专门法律制度，WIPO在分析传统知识特征的基础上，对这一专门制度框架提出了保护目标、客体、权利主体等八个基本要素。[①]

（三）WTO和TRIPS理事会

世界贸易组织（WTO）在1994年通过《与贸易有关的知识产权协定》（TRIPS）。由于非物质文化遗产在人类文化多样性保持及可持续发展中的重要作用，2001年WTO在多哈宣言中列举了保护《与贸易有关的知识产权协定》与传统知识、民间文艺保护的关系等一系列谈判议题，标志着非物质文化遗产保护问题开始列入WTO的工作日程。此后，TRIPS理事会开始成为讨论知识产权与传统知识和生物多样性保护的另一重要论坛。

WTO内部成员就非物质文化遗产的保护方式暂未达成一致。一些发展中国家认为《与贸易有关的知识产权协定》中非物质文化遗产的保护方式应该与《生物多样性公约》一致。虽然在《与贸易有关的知识产权协定》中已有相关保护条款，[②]但就保护范围[③]

---

① 严永和：《论传统知识的知识产权保护》，法律出版社2006年版，第100页。

②《与贸易有关的知识产权协定》第29条有关于公开的规定，要求专利申请人以足够清楚与完整的方式披露其发明。

③《与贸易有关的知识产权协定》第27条规定，成员还可以将下列各项排除于可获专利之外：……（b）除微生物之外的动、植物，以及生产动、植物的主要是生物的方法；生产动、植物的非生物的方法及微生物方法除外。

等仍须进一步协商。发达国家就传统知识保护的可能性和权利没有争议，但仍有国家反对在TRIPS框架内解决传统知识的保护问题，而是另外通过提供合同方式解决。

（四）东盟组织

东盟各成员国的非物质文化遗产拥有量较大，是世界上民间文艺、传统知识等存量较为丰富的区域。随着经济的发展，东盟各国已意识到知识产权在未来经济发展中的重要作用，以及自己在现代知识产权上的劣势。同时，它们也认识到本区域内非物质文化遗产资源的丰富性和巨大的市场潜力。因此，东盟各国在国际知识产权制度对非物质文化遗产保护缺失的情况下，开始逐渐探索、形成区域内非物质文化遗产的知识产权保护体系。

1995年东盟通过了关于知识产权合作框架协定，这是世界上形式较完善的区域性贸易组织的知识产权合作协定，其宗旨是加强东盟国家在知识产权领域内的合作，增强东盟国家间的凝聚力。该框架协定对于提升东盟国家的知识产权保护水平起到了很大的促进作用。同时，此框架协定为构建区域内非物质文化遗产知识产权保护体系奠定了法律基础。①

此后，东盟于2000年制定了《关于获取生物和遗传资源的东盟框架协定（草案）》。该草案中明确提及传统知识，将其界定为土著和地方社区的与任何生物和遗产资源或其任何部分的用途、特性、价值和方法相关的知识、创新和做法。协定中要求其成员

① 陈宗波：《东盟传统知识保护的法律政策研究》，载《广西师范大学学报（哲学社会科学版）》2006年第2期。

国设立传统知识国家管理当局，建立地区委员会，其成员由国家主管当局的代表组成，在某些情况下，还可以要求其他有关的利益关系方参加。该草案规定了取得传统知识前必须经过主管当局的事先知情同意，建立知情同意原则。要求必须填报申请书，主要内容包括申请人身份、当地合作人的情况披露、土著和地方社区或其他有关利害关系方参与事先知情同意等情况，并且制定了当地社区参与有关获取和惠益分享协定的条款，形成了传统知识的获取和惠益分享协议。东盟此草案在传统知识界定、主管部门设立、事先知情同意、利益分享以及知识产权等问题上形成了明确、全面并具有可操作性的规定。但是该草案主要涉及对遗传资源等的保护，没有涵盖非物质文化遗产的各个方面，因而不能完善保护非物质文化遗产。但是东盟各国已经意识到非物质文化遗产等传统智力成果的重要性，提出了相应的保护标准，对于知识产权保护商业开发中的非物质文化遗产具有相当重要的意义。

二、国家内部非物质文化遗产保护的现状

在国家层面上建立非物质文化遗产保护制度，开展非物质文化遗产知识产权保护的实践，积累经验，是非物质文化遗产保护的基础，也是将来建构有关国际保护规则的重要准备。目前，因非物质文化遗产资源稀少而反对给予非物质文化遗产以知识产权保护的美国也开始注重各非物质文化遗产发源地区域内的保护制度，并采纳相关经验。而一些非物质文化遗产丰富的发展中国家已出台不少相关法律，对非物质文化遗产的开发和保护进行了可贵的探索。

（一）发展中国家

1994年6月，巴西国民议会通过了《原住民社会条例》。这个条例的宗旨是保护和确保对原住民社会组织、习俗、语言、信仰、传统、领土权和财产权的尊重。该条例第18条至第29条讨论的是原住民的知识财产，其中对原住民利益重要的条款如下：（1）保持传统知识的秘密的权利；（2）拒绝他人接近传统知识的权利；（3）申请知识产权保护的权利，如果是集体的知识，将可用社会或社会的名称授予；（4）对接近、利用和申请传统知识，有事先知情同意的权利（以书面的形式）；（5）共同拥有研究所得的研究数据、专利和产品的权利；（6）社区对来自他们的知识的专利有使其无效的权利；（7）原住民社区的知识产权条款永远有效。①

菲律宾已初步形成了非物质文化遗产保护的法律体系。菲律宾1987年《宪法》第14章第17条规定，国家承认、尊重和保护少数民族保存、发展各自的文化、传统、风俗的权利。1995年，菲律宾发布第247号行政令，为科学、商业和其他目的开发生物与遗传资源、其副产品和衍生物确立了指南和建立了管理框架。1996年菲律宾又发布上述行政令的实施规则和条例。1997年菲律宾又通过了《原住民权利法》，承认、保护、促进原住民群体的文化权利。该法的第一章明确了政策目标，即国家承认、尊重并保护原住民的文化权利。其中，关于知识产权的规定出现在该法的第四章：社区或族群享有知识产权、传统知识权、自主发展科

---

①［美］达里尔·A.波塞、格雷厄姆·杜特费尔德：《超越知识产权——为原住民和当地社区争取传统资源权利》，许建初等译，云南科技出版社2003年版，第107页。

技文化权以及保护生物遗产资源权。原住民群体的知识产权包括开发和利用本群体的文化传统及习俗的权利。国家有义务保存、保护和发展原住民过去、现在和将来生产的文化产品，包括建筑物和遗址、手工艺品、设计、仪式、技术、视觉和表演艺术、文学及宗教性财产；任何人不得擅自、无偿地占有原住民的这些文化知识和宗教性财产。其中该法第34条赋予原住民充分的所有权以控制、保护自己的文化知识产权，比如文化产品制造权、遗传资源权、传统知识权利等。虽然其中没有写明“非物质文化遗产”的定义，但显然其所包括的元素基本被列入了非物质文化遗产受保护的范围。并且该法提出了知情原则，即“完全的事先知情同意”。保护原住民知识产权的具体措施包括：（1）规制研究者和研究机关的行为；（2）就研究的目的、计划和预期成果订立书面合同；（3）资料如果出版要注明出处；（4）为原住民群体提供研究成果复印件；（5）最重要的是与群体分享利用该研究成果产生的利益。[①]

墨西哥1996年著作权法专章规定了“公众文化”，其中包括了“公共艺术品和手工制品”的著作权保护问题，但仅限于精神性权利，即不受诋毁、注明出处等。1994年的巴拿马著作权法则认为传统文化表达（民间文艺）是巴拿马传统文化遗产的组成部分。巴拿马虽然没有在著作权法里将民间文艺明确列为保护客体，但此后又通过了专门的防止不正当利用民间文艺的法律，为原住民设立了特殊的集体权利保护制度。

---

① 管育鹰：《知识产权视野中的民间文艺保护》，法律出版社2006年版，第25页。

（二）英美等传统发达国家

发达国家中提倡非物质文化遗产知识产权保护的不多，它们一般认为非物质文化遗产处于公有领域。但随着社会的发展，对非物质文化遗产重要性认识的提高和其商业开发的日益加剧，它们也开始关注非物质文化遗产的保护。

英国版权法明文规定了国家如何对待那些尚未出版的、作者不明的但肯定来源于某地的匿名作品或民间文艺作品的保护问题。美国一贯主张非物质文化遗产以“合同”途径保护，并且反对国际层面的立法，反对在TRIPS框架中处理该问题。美国认为，在各国结合其域内的社区，建立其域内自己的保护制度，并且取得实施该保护的经验以及了解该保护对有关社区的效果之前，在国际层面制定一套全面、统一的法规以管理遗传资源、传统知识和民间文化的利用可能是不明智的选择。目前出台的知识产权法中都带有版权、专利权和商标这些旧知识产权法中的一些特点，主要是对创新的激励机制。作为旨在鼓励新表现形式和发明的前瞻性制度，知识产权的新类型仍具有这个原则，并且具有以下特点，如完成发明的日期、一个或多个发明人的身份、有限的保护期等内容。非物质文化遗产的保护制度从其定义上无法遵循上述原则，因而建立新型知识产权制度对保有者而言并非良策。非物质文化遗产发源地要保护其传统文化、知识，应当在其合适的国家背景下进行审视。①

---

①［阿根廷］卡洛斯·M.柯莱亚：《传统知识与知识产权》，载国家知识产权局条法司编：《专利法研究（2003）》，知识产权出版社2003年版。

澳大利亚在以商标法保护原住民利益方面表现得较为积极主动。澳大利亚注册统一的原住民认证标志以证明正宗的土著艺术品的尝试早在20世纪80年代就开始了。1999年末，澳大利亚产生了一个用于证明土著艺术品正宗来源的标志，该标志的目的在于：维护土著居民及托雷斯海峡岛民艺术的文化完整性、保障土著居民及托雷斯海峡岛民得到公平等价的回报、增加消费者对土著居民及托雷斯海峡岛民相关产品正宗来源的信心、增强土著艺术的多样性和丰富性并提高国内外对土著居民及托雷斯海峡岛民艺术的认识。并且其还注册了一系列证明商标并设置了适应土著民族习惯法的使用条件，被同意使用该商标的申请人一旦获准就必须遵守这些规则，比如要求使用标志的作品只能是那些旨在破译、描绘或反映传统居民的典礼、规范、习俗、故事、信仰及仪式，并按照习惯法由传统居民生产或同意生产的作品。这一标志对澳大利亚原住民艺术家、所属社区利益及当地的旅游开发有着巨大的保护和促进作用。

（三）欧盟

欧盟部分成员国在非物质文化遗产的保护上与美国有着一定的分歧，其不反对建立非物质文化遗产法律保护的国际模式，并且建议与WIPO和CBD（《生物多样性公约》）合作，考虑怎样和在何种程度上可把非物质文化遗产的保护纳入TRIPS中。目前欧洲大陆法系国家就非物质文化遗产的衍生产品进行了相关规定。比如1994年修改的《法国知识产权法典》中列举的“实用艺术品”，在实践中，实用艺术品就包括了以传统工艺制作的民间文艺制品。在欧盟（欧共体）的立法文件中也有相关规定，如《知识产权领域中的出租权、出借权及某些邻接权的指令》中赋予了“第一次”将表演固定下来的音像制品制作者专有性权利。因此，就非物质文化遗产中的民间文艺来说，无论其传承人是否被认定为同样享有专有性权利的“表演者”而受保护，至少首次将动态的表演过程录制并传播开来的人是符合这一指令保护条件，受到知识产权保护的。但是从欧盟对于非物质文化遗产知识产权保护的立法文件来看，欧盟对于非物质文化遗产多偏向于对利用者、开发者的保护，而忽略了非物质文化遗产发源地的知识产权保护。例如1996年的《关于数据库法律保护的指令》，根据其第7条第1款规定，我们可知如果数据库所采纳的内容是某类非物质文化遗产的话，制作该非物质文化遗产数据库的人可能就对数据库收集的非物质文化遗产的整体或其主要组成部分享有“特殊权利”。就非物质文化遗产的开发利用来说，适用数据库指令的根本目的是保护那些投资者，而无关于保护非物质文化遗产发源地或传承者的利益。[①]可见目前，对于发源地或传承人利益的保护仍是通过合同等方式协商达成而不是在知识产权体系内进行保护。

（四）日本、韩国等新兴工业国

日本、韩国等新兴工业国家的著作权法等对非物质文化遗产是否保护没有作出规定。如《日本著作权法》第10条第1款所列举的受该法保护的“著作物”中并没有与非物质文化遗产相关的措辞，可见非物质文化遗产暂未属于知识产权领域保护范围。不过，日本、韩国重视自身文化保存、发展，为在西方文化的冲击

① 管育鹰：《知识产权视野中的民间文艺保护》，法律出版社2006年版，第80页。

下保持自身民族性的发展，对以民间文艺为主要构成内容的“非物质文化财产”的保护相当重视，主要通过法律规定的行政手段来保护其无形文化遗产。1962年韩国政府通过了《文化财产保护法》，该部法律是为当代和子孙后代提供记录、保护和推进有形的和无形的文化财产的法律，特别强调对当地的民间传说而不只是对所谓的“高级文化”进行保护。一旦文化部门选择和批准了一项重要的文化财产，就要给它编号，把它列为下列名称之一：（1）有形的文化财产，是指具有很高历史价值的文化人工制品。（2）无形的文化财产，是指具有历史或艺术价值的文化表达形式，如戏剧、音乐、舞蹈、工艺和制造工艺。在这个条目下规定了人类活的珍宝制度。该制度包括三个方面，第一，传承人国家命名制度。国家级非物质文化遗产传承人通常被授予“重要文化财产保有者”或“人间国宝”称号，有着极高的社会地位，受到极大的尊重。第二，政府专项财政支持制度。韩国政府为重要文化财产保有者设立专项补贴，以维持正常生活和传递文化。第三，重要文化财产保有者的职责和义务制度。重要文化财产保有者应履行以下职责和义务，完成每年的国内外两次以上的公演任务；将技能或艺能传授给金字塔后两层的人员（“助教”“履休者”）；金字塔后两层的人员在保有者的带领下进行传统技能、艺能的研习，并在保有者不能承担义务或离世后继任。事实上，这种保护制度是为了确保非物质文化遗产能够得到保护、深入发展和流传下去。

日本、韩国等国家原则上未确定以知识产权法保护非物质文化遗产，但却一直没有放弃非物质文化遗产的保护工作，韩国在人类非物质文化遗产的申报中表现积极，甚至将发源于我国的端午节以“江陵端午祭”为名申报为该国文化遗产。[①]日本、韩国通过国家资助成功地增加了民众对国家文化遗产的极大兴趣，许多民众已经受到鼓励去复兴传统表演艺术，庆祝每年的民间节日已经很普遍，表演者都争着去赢得政府的承认和奖励。日本、韩国具有根深蒂固的文化认同感。虽然这种方式对于民族多样性丰富的国家不完全适合，但它已经唤醒了民众对当地传统的尊重，因而可以借鉴这种制度即通过对各民族文化的尊重来打造一个有民族认同感的国家。

第二节　我国非物质文化遗产知识产权保护现状

一、我国非物质文化遗产的保护工作

中华民族历来有保护非物质文化遗产的优良传统，从我国古代《诗经》的采集、整理、传承到20世纪初兴起的民族、民间、民俗文化的收集、保存，都是在丰富和延续中华文明的灵魂。20世纪50年代初期，国家就组织有关部门和专家对部分传统文化遗产进行了调查记录；之后采取措施，保护和扶持传统工艺美术行业生产，保护了一大批传统工艺品种，命名了200余名“工艺美术大师”。国家对传统戏曲剧种、剧目的挖掘和保护，对民间传统艺术、中医中药及少数民族医学的保护，大量的民间艺术博物馆的建立，都对非物质文化遗产的保护起到了重要作用。

20世纪80年代以来，原文化部、国家民委、中国文联共同发

① 张昊华：《民族的精神记忆不能丧失在我们手里》，载《中国青年报》2005年12月5日。

起被誉为“文化长城”的十部“中国民族民间文艺集成志书”的编纂，抢救、保存了大量的珍贵艺术资源。[①]2003年，中国民间文艺家协会启动实施国家重点文化建设项目“中国民间文化遗产抢救工程”。随着经济的发展，人们对精神文明愈加重视，而非物质文化遗产是活态的文化遗产，其存亡关系到人类文化是否可以传承并保持可持续性发展，因此为其制定恰当的保护措施在当代显得格外重要。2005年3月，国务院办公厅印发了《关于加强我国非物质文化遗产保护工作的意见》。该意见指出要充分认识我国非物质文化遗产保护工作的重要性和紧迫性，并确定了非物质文化遗产保护工作的目标、指导方针和工作原则。2005年12月，国务院印发了《关于加强文化遗产保护的通知》，决定从2006年起，每年6月的第二个星期六为我国的“文化遗产日”，还明确提出要积极推进非物质文化遗产保护。我国非物质文化遗产保护工作主要采取下列五项措施：第一，组织全国非物质文化遗产项目普查，在各省、自治区、直辖市及地、县级普查的基础上，基本摸清我国非物质文化遗产在当代的遗存状况；第二，在普查的基础上，通过制定评定标准并经过科学认定国家级和省、市、县级非物质文化遗产名录体系及四级保护制度；第三，抢救珍贵非物质文化遗产，加强非物质文化遗产的研究、认定、保存和传播；第四，建立科学有效的非物质文化遗产传承机制，在动态整体性保护中使非物质文化遗产焕发生机；第五，扩大宣传，提高全社会非物质文化遗产保护意识。

---

① 王文章主编：《非物质文化遗产概论》，文化艺术出版社2006年版，第189—194页。

二、我国非物质文化遗产保护的立法探索

随着社会的发展，我国越来越多的有识之士已认识到传承文化传统的重要性，并开始致力于非物质文化遗产这一传统文化的重要组成部分之法律保护与利用的研究。国家文化管理部门及其下属机构一直以来也没有放弃非物质文化遗产的保护。在非物质文化遗产丰富且独具特色的地区，非物质文化遗产的保护要求显得尤其迫切，对非物质文化遗产方面的研究成果也较为成熟，因此浙江、宁夏等省、自治区已出台了非物质文化遗产保护条例，另外也有些地区出台了自己的地方性保护政策。但是，目前研究内容达成一致的主要集中在保护的必要性和行政性管理措施等方面，比如建立和健全非物质文化遗产的普查机制、非物质文化遗产的重点保护和传承机制、非物质文化遗产的使用和开发机制、文化生态保护机制、非物质文化遗产的保障机制等。

1997年我国颁布了《传统工艺美术保护条例》，并于2013年进行了修订。2004年8月，我国加入了《保护非物质文化遗产公约》。《保护非物质文化遗产公约》要求缔约国采取法律措施，确保非物质文化遗产得到保护、弘扬和展示。原文化部在总结实践经验、广泛调查研究的基础上，起草了《中华人民共和国非物质文化遗产保护法（草案送审稿）》。原国务院法制办公室会同原文化部对送审稿进行反复研究、修改，形成了《中华人民共和国非物质文化遗产法（草案）》。2011年2月25日，第十一届全国人民代表大会常务委员会第十九次会议通过《中华人民共和国非物质文化遗产法》。这部法律被定位为行政法，在性质上与现行文物保护法相同，只是在保护对象上对前者做了补充。

非物质文化遗产既是传统保有人创造并保有的具体的文化表现方式，又是人类文化遗产的组成部分。国际上已有的法律保护经验既包括以公力介入的行政性保护措施，也包括通过法律赋予传统文化保有人某种民事性权利的私权保护方式。因此，基于国际保护经验的基础，笔者认为，非物质文化遗产的行政性保护与民事性保护不应当是冲突的而应是相辅相成的，这两种法律上的保护手段或途径并行不悖，二者都是保护非物质文化遗产必不可少的手段。行政性法律规范和调整的主要是政府有关部门在保护非物质文化遗产方面的职责或行为；民事法律或知识产权法律规范和调整的是围绕非物质文化遗产之利用而产生的与知识产权有关的民事法律关系。前者规范的是国家的行政保护行为，如对非物质文化遗产的普查、建档、研究、保存、传承、弘扬等，以及为实现这些保护行为而提供的财政、行政、技术等措施；后者提供的则是一种民事保护，即赋予并保障相关知识产权人的精神权利和财产权利的实现。[①]我国立法机关在制定相关法律规范时可以予以考虑。

三、我国非物质文化遗产知识产权保护的司法案例

我国司法实践中也已开始利用著作权等知识产权制度保护非物质文化遗产。“乌苏里船歌案”就是我国关于非物质文化遗产著作权保护实践中的著名案例。2000年9月16日，黑龙江省饶河县四排赫哲族乡人民政府以侵犯民间文学艺术作品著作权

---

① 朱兵：《我国非物质文化遗产的立法：背景、问题与思路》，2005年7月在“中国非物质文化遗产保护·苏州论坛”上的专题发言。

为由，将郭某、中央电视台、南宁市人民政府、北京北辰购物中心诉至北京市第二中级人民法院。[①]原告四排赫哲族乡人民政府认为，《乌苏里船歌》是从赫哲族民歌《想情郎》等改编而来，严重侵犯了赫哲族人的著作权，所以代表赫哲族人对郭某等提起诉讼；而郭某则认为《乌苏里船歌》是自己的创作歌曲。北京市第二中级人民法院最终认定：《想情郎》是一首世代流传在乌苏里江流域赫哲族的民间曲调，已无法考证该曲调的最初形成时间和创作人。与《想情郎》曲调相比，《乌苏里船歌》体现了极高的艺术创作水平，其作品整体的思想表达已发生了质的变化。郭某作为该作品的合作作者之一，享有《乌苏里船歌》音乐作品的著作权。但是《乌苏里船歌》曲调的作者在创作中吸收了《想情郎》等最具代表性的赫哲族传统民间曲调，《乌苏里船歌》主部即中部主题曲调与《想情郎》《狩猎的哥哥回来了》的曲调基本相同。因此，《乌苏里船歌》系在赫哲族民间曲调的基础上改编完成的作品。判决郭某、中央电视台承担注明出处、消除影响、停止侵权的民事责任。通过该案例可知我国在注重改编作品著作权保护的同时，开始注重原有非物质文化遗产母体创造者及保有人合法权益，通过司法实践为非物质文化遗产保有者提供精神权利的保护。

另一案例是，2005年底“泥人张”第四代传人张某，第五代传人张某岳以及张某岳任法人的北京泥人张艺术开发有限责任

---

① 北京市高级人民法院（2003）高民终字第246号民事判决书。臧小丽：《从〈乌苏里船歌〉案看中国民间文学著作权保护制度的完善》，载《湖北民族学院学报（哲学社会科学版）》2004年第2期。

公司以侵犯名称权及不正当竞争为由起诉“北京泥人张”第四代传人张某成和他任法人的北京泥人张博古陶艺厂、北京泥人张艺术品有限公司。原告张某表示，中国只有一个“泥人张”，就是天津的，起源于清朝道光年间天津民间艺人张明山，天津市高级人民法院20世纪90年代曾明确“泥人张”这一专有名称的权利主体为张明山后代中从事彩塑创作的人员和天津泥人张彩塑工作室，“北京泥人张”使用“泥人张”进行宣传和经营，构成不正当竞争。而被告张某成则认为，“北京泥人张”是北京土生土长的知名品牌，起源于清道光年间北京民间艺人张延庆，他是“北京泥人张”第四代传人，并且“北京泥人张”与天津“泥人张”从制造工艺、选料用材、外观特征、艺术风格上看，是完全不同的两种产品。“北京泥人张”是合理使用并未构成不正当竞争。北京市第二中级人民法院经调查后认为，根据天津市高级人民法院的判决以及原告提供的证据材料可以认定，“泥人张”作为知名彩塑的专有名称，其权利人为其创始人张明山后代中从事彩塑创作的人员和天津泥人张彩塑工作室。被告主张的“北京泥人张”的历史渊源和传承情况，仅有1987年（即北京泥人张博古陶艺厂建厂）后发表的宣传资料为证，事实依据不足。被告将“北京泥人张”作为产品名称、企业名称、域名使用和宣传的行为足以造成公众对“泥人张”彩塑艺术品的来源和制作人的混淆；被告关于“北京泥人张”历史渊源的宣传也足以造成公众对张明山后代传承人身份和“泥人张”品牌的误认。因此，法院认定被告的行为是对原告“泥人张”名称所享有的专有权的侵犯，根据《反不正当竞争法》判决被告承担停止使用的法律责任。从该案例中可知，对技艺等非物质文化遗产在司法实践中已经使用不正当竞争等知识产权兜底条款进行保护，在一些“老字号”，著名名称等不能得到《商标法》保护的情况下，通过《反不正当竞争法》可以防止非物质文化遗产在经济开发活动中被不正当使用而歪曲了其原有的特质，导致非物质文化遗产的流失。这是对非物质文化遗产的预防性保护。

从以上案例可以看出，随着经济的发展和保护意识的提高，我国非物质文化遗产传承人也开始在实践中寻求非物质文化遗产的积极保护，不仅通过反不正当竞争等防御性权利保护自身权利，也开始通过商标注册等知识产权制度主动确立非物质文化遗产发源地的权利，开发、利用非物质文化遗产。在现代化的深入和市场经济大潮的冲击下，非物质文化遗产面临着严峻的挑战。无论从文化传承还是从经济利益的角度考虑，非物质文化遗产的法律保护在当今的中国已成为迫切需要解决的问题。我国从政府到个人都应当开始加强对非物质文化遗产的认识及保护意识，并且逐渐从对非物质文化遗产的静态保护转移到对非物质文化遗产的动态保护方式上，对非物质文化遗产进行开发、利用，通过知识产权制度保护其应有的权利。以上非物质文化遗产保护的成功案例，是实践探索与知识产权理论的完美结合，可以为寻找非物质文化遗产保护的合理道路提供指导。

第五章

现行知识产权保护模式

非物质文化遗产，是指各族人民世代相传并视为其文化遗产组成部分的各种传统文化表现形式，以及与传统文化表现形式相关的实物和场所。根据不同的标准，非物质文化遗产可以划分为不同的种类，不同的种类由不同类型的知识产权法进行保护。知识产权部门法保护非物质文化的具体模式详述如下。

第一节　非物质文化遗产的著作权保护模式

一、著作权保护模式概述

非物质文化遗产的著作权保护已基本得到国际社会的认同。许多国家的著作权法、区域性著作权条约中明文规定保护民间文艺作品，包括1977年非洲知识产权组织《班吉协定》的参加国，此外还有突尼斯、阿尔及利亚、中非、刚果等一些国家；拉美各国中有智利、巴拿马、阿根廷、哥伦比亚等国家；亚洲有越南、印度尼西亚和斯里兰卡等国家；欧洲国家中英国著作权法也规定了民间文学艺术的保护。我国《著作权法》第6条规定了民间文学艺术作品的著作权保护。同时国内实践中对非物质文化遗产的著作权保护的案例也逐渐增多，如白秀娥剪纸案、黔中蜡染第一案等，从而形成了非物质文化遗产的著作权保护模式。

非物质文化遗产的著作权保护模式是指将非物质文化遗产作为著作权保护的客体，通过著作权的相关制度获得保护的方式。受著作权法保护的作品一般按照其创作表现形式进行分类，目前我国著作权法规定受保护的作品包括文字作品，口述作品，音乐、戏剧、曲艺、舞蹈、杂技艺术作品，美术、建筑作品，摄影作品，视听作品，工程设计图、产品设计图、地图、示意图等图形作品和模型作品，计算机软件等。

二、著作权保护模式下的制度建构

（一）权利主体

根据我国《著作权法》规定，著作权属于作者。地域、民族的非物质文化遗产最初也许是由确定的某一个人创作的，但随着历史的推进，它不断得到后人的修改、补充和完善，逐步体现出该地域、民族群体的审美情趣、风格特征、艺术造诣，因而也就成为该地域、民族的整体财富，所以作为非物质文化遗产的特征之一的“集体性”也就决定了享有非物质文化遗产著作权的作者是一个集体，是发源地的所有人民，除仅有传承人外一般不能确定为一个或几个具体的人。同时也表明了非物质文化遗产权利行使的不易操作性。那么以著作权保护非物质文化遗产，谁有资格代表非物质文化遗产发源地行使权利？综观世界各国，最常见的做法是以法律规范的形式授权具有管理职责的某一政府组织或者指定某一非官方组织、团体行使权利，代表该非物质文化遗产发源地主张非物质文化遗产作品的著作权。1967年的《伯尔尼公约》第15条第4款规定，对作者的身份不明但有充分理由假定该作者是本联盟某一成员国国民的未发表作品，该国法律有权指定主管当局代表该作者并据此维护和行使作者在本联盟各成员国内的权利。

非物质文化遗产是发源地人民的共同利益，其权利主体当然是当地的族群、人民。但由于群体的不确定性，不利于著作权的行使。因此，我国《非物质文化遗产法》规定了县级以上地方人民政府文化主管部门负责本行政区域内非物质文化遗产的保护、保存工作。

（二）权利内容

按照著作权的一般理论，著作权包括两方面的内容：人身权和财产权。前者包括发表权、署名权、修改权、保护作品完整权；后者包括复制权、发行权、出租权、展览权、表演权、放映权、广播权、信息网络传播权、摄制权、改编权、翻译权、汇编权等。非物质文化遗产与现行知识产权的保护对象相比，在诸多方面具有区别于一般文学艺术作品的特点。但在界定非物质文化遗产著作权保护权利内容时，人身权无疑应该被纳入。在前文提及的《乌苏里船歌》一案中，一审法院根据民法中的公平原则和著作权法中保护民间文艺作品的法律原则，判决郭某等人在使用音乐作品《乌苏里船歌》时，应客观地注明该歌曲曲调是源于赫哲族传统民间曲调改编的作品，表明我国在司法实践中已开始明确非物质文化遗产作品的署名权。

财产权方面，许多现有保护非物质文化遗产作品法律的国家，都授予权利主体“复制权”“翻译权”以及与之相应的“传播权”等。[①]但对于非物质文化遗产的改编权，目前争议较大。改编权，即改变作品，创作出具有独创性的新作品的权利。有学者认为不应授予非物质文化遗产改编权以便于非物质文化遗产的发展与传播。[②]也有学者认为，若授予改编权会比不需授权的改编更能保护著作权人的利益，也更能保护民间文学艺术的健康发展，故应授予著作权人以营利为目的的改编权。[③]笔者认为，应授予非物质文化遗产改编权。在原件作品是非物质文化遗产的情形下，由于存在非物质文化遗产属于“公有领域”的误区，创作者在对其进行演绎时，因根本无须取得任何人的同意，更无须支付任何报酬，极容易将自己的演绎行为看作完全自主的创作，而理所当然地认为拥有完整的权利。[④]改编权的授予，则可以提醒创作者对非物质文化遗产的尊重，保证非物质文化遗产的正常发展，防止他人对非物质文化遗产的任意改编、歪曲非物质文化遗产。同时还可以保护非物质文化遗产发源地的利益。

非物质文化遗产改编权的授予需注意改编作品与非物质文化遗产本身的划分，否则会影响非物质文化遗产的发展、传播。在认定作品为非物质文化遗产的本身或是改编作品时，主要是判定

---

① 臧小丽：《从〈乌苏里船歌〉案看中国民间文学著作权保护制度的完善》，载《湖北民族学院学报（哲学社会科学版）》2004年第2期。

② 郑成思：《民间文学艺术作品及我国对其保护方式的建议》，载郑成思主编：《知识产权研究》（第3卷），中国方正出版社1997年版，第95页。

③ 冀红梅：《民间文学艺术的著作权保护》，载《科技与法律》1998年第1期。

④ 管育鹰：《知识产权视野中的民间文艺保护》，法律出版社2006年版，第103页。

作品是否具有独创性，能否达到独立并可明显区别于非物质文化遗产的程度。2005年春节联欢晚会上，中国残疾人艺术团表演的舞蹈《千手观音》一鸣惊人，其优美的舞蹈与绚丽斑斓的梦幻色彩展示了中国人文的天地人和之美。但因《千手观音》，包括音乐、服饰等舞蹈相关细节已在北京市版权保护中心办理了版权登记，从而引起了相关的版权纠纷。有学者认为，作为一整套的舞蹈编排形式,《千手观音》无疑是受著作权保护的十分精彩的作品，他人不得以营利为目的侵害其著作权，但组成这一作品的某些动作的造型是来自敦煌莫高窟壁画所绘的千手千眼观音图像以及一些传统佛教的图画，这样的舞蹈动作独创性就有待考证，若要对这些细节主张单独的著作权似乎并不容易。笔者认同该观点，仅是对非物质文化遗产的整理、记录并不能认定为非物质文化遗产的改编作品，享有著作权。

在非物质文化遗产改编权的探讨中，还需注意一个问题。非物质文化遗产具有活态性，著作权所保护的非物质文化遗产更多为口头相传、无固定版本，不免零碎、混杂，而且一般散存于较为偏僻之地或是对现代化交流方式均不很熟悉甚至无法接触的族群之中，因此通过记录、整理将这些非物质文化遗产固定下来形成较完整版本的过程是长久的、艰苦的，并且具有相当的成本，尤其对那些濒临失传的非物质文化遗产，记录人的发掘整理工作是重要的。同时，记录人、整理者为保持非物质文化遗产的原貌，在记录、整理工作中基本不会加入自我创作，因而无法达到著作权保护的独创性要求，不能得到著作权保护。因此，发现人、整理人、记录人对其整理、记录的非物质文化遗产不享有著作权，但是其应该享有表明发现人、整理人、记录人姓名及获得相应报酬的权利。

（三）邻接权制度

邻接权是指与著作权有关的权利，即作品传播者所享有的专有权利。根据我国《著作权法》的规定，邻接权包括出版者权、表演者权、录音录像制作者权、广播组织权。著作权保护非物质文化遗产注重其静态性，主要通过将非物质文化遗产整理、记录形成文字保存。民间文学、民间音乐等通过著作权可以得到完整的保护，但是民间舞蹈、民间戏曲等仅保存文字作品并不能在保留非物质文化遗产活态本性的基础上加以保护和发扬。仅留下相关的文字只是在记录文化、历史的发展，不能直观地感受非物质文化遗产，促进其传承和发扬。

邻接权制度可以满足非物质文化遗产的活态性。以表演者权为例，表演者权是指表演者对其表演活动依法享有的权利。表演者权和表演权是两个独立的权利范畴，其设立旨在保护表演者就其表演活动所产生的合法权利和利益。目前，民间舞蹈、民间戏曲等非物质文化遗产的传承人多表现为该舞蹈或戏曲的表演者，大部分传承人仅是对非物质文化遗产原有风貌的展现，没有进行具有独创性的改变，以著作权保护这些传承人有时未免过于牵强。而表演者权正是针对表演者权利的保护。关于表演者，是指演员、演出单位或者其他表演文学、艺术作品的人。可见，法人或其他组织也可以成为表演者。因而作为非物质文化遗产权利主体的传承单位也可以作为表演者而受到保护，可以促进非物质文化遗产整体利益的发挥。

根据我国《著作权法》第39条第1款规定，表演者对其表演享有以下权利：1.表明表演者身份；2.保护表演形象不受歪曲；3.许可他人从现场直播和公开传送其现场表演，并获得报酬；4.许可他人录音录像，并获得报酬；5.许可他人复制、发行、出租录有其表演的录音录像制品，并获得报酬；6.许可他人通过信息网络向公众传播其表演，并获得报酬。因此，通过表演者权的保护，可以保障非物质文化遗产的特性，防止他人对其的歪曲和破坏。

目前，通过对民间音乐的录制形成录音录像作品获得经济利益，而原本创造、演绎这些民间音乐的发源地人民却没有得到任何收益的现象日益增多。例如，贵州省从对外宣传侗族大歌，提高侗族大歌知名度的目的和愿望出发，组织侗族大歌进行表演时，允许外来参观的、考察的私人或团体对侗族大歌表演全程录音、录像，特别是举办的一些大型的民族节日活动，如“侗族大歌节”等，更为一些私人摄录打开了方便之门，如果观众或游客们公开地进行全程录音录像，并将录音录像擅自销售，那么作为发源地的侗族人民将得不到补偿，付出了辛勤劳动的侗族大歌的表演者得到的仅仅是演出的劳务费而已，这在无形中造成了侗族大歌的流失。通过邻接权则可以保护发源地或传承人的正当权利和利益，推动非物质文化遗产经济利益的开发，带动发源地的发展。

（四）公共领域制度

依据现有著作权法的设计，属于公有领域者乃至保护期限已满的作品，亦即“公共财产”。但进入公共领域的作品，虽然作品本身不再受到著作权保护，但作品的真实性与完整性等著作人身权仍可能受到侵害，为保护此类著作应提供相应的预防和制裁的机制。公共领域制度，其设立可以满足相应的需求。有学者认为这项制度特别适合保护原住民族共同所有的文化利益，特别是对那些神圣图案提供保护。根据我国《著作权法》第22条规定，作者的署名权、修改权、保护作品完整权的保护期不受限制。在著作权进入公共领域后，其著作人身权仍受到永久性保护。笔者认为，非物质文化遗产具有源远流长的历史，且需要后续世代永久流传，而公共领域制度则可以满足非物质文化遗产的持续性，解决著作权对非物质文化遗产保护期限的限制，为非物质文化遗产发源地的利益提供永久性保护。

此外，与其相关的制度还包括公共领域付费制度和再次销售的利益分享制度。公共领域付费，即以营利为目的使用公共领域内的文学和音乐作品必须支付费用。换言之，虽不能确定作者为何人，但使用者也必须付费。非物质文化遗产发源地可以通过此项制度，获得相应经济利益以支持非物质文化遗产的保护和传承。国家对因保护期限等不能受到著作权保护的非物质文化遗产进行管制，可以促进非物质文化遗产的教育、普及和保护，同时也可以资助非物质文化遗产传承人，鼓励他们对非物质文化遗产的传承和发展。再次销售的利益分享制度，即作者可以从其原创作品首次销售之后的所有再次销售的获利中分得部分利益，该制度可以为非物质文化遗产开发后期成果提供完善保护。

三、著作权保护模式之得失评判

一方面，通过著作权模式保护非物质文化遗产可以激励非物质文化遗产发源地、传承人对民间文艺作品等非物质文化遗产的保护，推动非物质文化遗产的继续发展。我国是一个具有5000多年文明的统一的多民族国家，优秀的民间文学艺术作品含量之大，世所罕见，诸如梁祝传说、孟姜女哭长城的故事、刘三姐歌谣等，都充分展示了我国古代劳动人民的勤劳、勇敢和智慧，是我国宝贵的非物质文化遗产，不仅具有巨大的文学艺术价值，更是中华民族发展史的缩影。著作权保护模式可以推动对非物质文化遗产的普查工作，确定非物质文化遗产以图文、音像的形式将其保留，原汁原味地记录历史的发展，保留优秀的人类智力成果，避免因时代发展而割断了人类过去与现在的联系。

另一方面，以著作权保护非物质文化遗产可以禁止以合法形式掩盖其非法目的。目前，有人以采风为名，将发源地的非物质文化遗产作为自己的创造成果进行发表、取得利益，侵犯了非物质文化遗产发源地的权利。以著作权保护非物质文化遗产，确定发源地、传承人的权利，可以促进非物质文化遗产的合理传播、发扬。著作权保护模式注重对非物质文化遗产的静态保护，通过收集、记录、分类、编目等方式以文字、录音、录像、数字化多媒体等手段将非物质文化遗产建档、保存，以相关著作权制度对其进行保护。并且以著作权保护非物质文化遗产，还可以防止非物质文化遗产的不当专利化。在非物质文化遗产具有专利化的条件时，其保有者对于获得专利不感兴趣，也不希望他人就此获得专利时，可以将其当作著作出版，既可获得非物质文化遗产的著作权保护，还防止了他人对非物质文化遗产的不当利用。在美国，称为“防卫性出版”。①

非物质文化遗产著作权保护模式的建构可以在一定程度上

① [美] 达里尔·A.波塞、格雷厄姆·杜特费尔德：《超越知识产权——为原住民和当地社区争取传统资源权利》，许建初等译，云南科技出版社2003年版，第59页。

保护非物质文化遗产，但同时由于非物质文化遗产的固有特性，与现行著作权保护制度还是存在一定的冲突。

一方面，保护期限问题。非物质文化遗产的保护期限问题，是实现著作权保护模式所遇到的最大难题。因为非物质文化遗产是由特定的群体在历史长河中逐渐积累形成的智力成果，在相关群体依照传统生活方式生产与生活的前提下，这些文化成果都是处于不断发展、变化的过程中的，并且将长久地流传下去。根据《著作权法》的规定，著作权保护模式的保护期限是有限的。除作者的署名权、修改权、保护作品完整权的保护期限不受限制外，公民作品的其他权利的保护期限为作者终生及其死亡后50年，法人作品保护期为其作品首次发表后50年，而且作品自创作完成后50年内未发表的，著作权法不再保护。这意味着非物质文化遗产与著作权保护模式在保护期限问题上存在两点冲突。第一，许多非物质文化遗产将因年代久远而无法得到保护。非物质文化遗产多伴随地域、民族逐渐发展而来，故通常多已年代久远，难以考察确切创作的时间，就算可以查明创作时间，亦常已经超过著作权的保护期限。第二，可以得到保护的非物质文化遗产也只能得到一定期限的著作权保护，这就与非物质文化遗产的特性相违背。非物质文化遗产具有持续发展的特性，其仍在不断的发展中，因而一段时间的保护对其没有太大的意义。其是源远流长的历史，需要永久的保护。

另一方面，独创性问题。根据《著作权法》规定，著作必须由著作权人自己所创作。独创性要求受保护的著作不能抄袭其他的作品。独创性的程度虽没有专利法对发明、实用新型等的要求那么高，也不必达到前无古人那样完全独创的地步，而且即使与他人的作品雷同，若没有模仿或者盗用的关系，能够表现作者的个性以及独特性，即可认为具有原创性。然而大多数非物质文化遗产，虽然独具地方特色，但因其大多是源于世代相传，经长期的演变而成，其中每一代或都有些许更改以适应生活需要。其中不乏自我创作，但也有模仿和抄袭的部分，因此难以符合著作权独创性的要求。曾有相关案例，原被告双方先后设计了原住民手执双蛇的图案，而被告将该图案用于提袋、背包等的设计上，该图案是原住民服饰、陶壶上的一种常见图腾图案。最终法院判决，由于该图案是原住民的古老图腾，已不再具有独创性，因而判决被告没有侵权。虽然该案例不是直接保护非物质文化遗产，但从中我们可以推论，如果原住民要求对该图案享有著作权而防止他人对该图腾的不当利用，法院仍会以该图案已不具有独创性而否定原住民对该图案的权利。

可见，单以著作权保护非物质文化遗产不能提供一种完整的保护模式，因此，在非物质文化遗产的保护上，我们需要一种综合的保护方式。

第二节　非物质文化遗产的商标权保护模式

一、商标权保护模式概述

一直以来，非物质文化遗产的保护重在“静态保护”的著作权模式。但随着经济的加速发展，静态的保护不能完全满足非物质文化遗产的发展需要，因此出现了非物质文化遗产的商标权保护。重庆“铜梁火龙”注册商标的核准，开辟了商标权保护模式。

商标权保护模式是指将非物质文化遗产作为商品或服务，通过商标注册而获得保护的方式。商标权保护模式适用于商业开发中的一切非物质文化遗产的保护，尤其适用于保护发源地、土著社区特殊符号和标记。

商标是一种商业标识，是促进商品和服务国内外商业流通的基本要素。本土及土著社区的工匠、艺匠、技师、商贩，或代表他们或他们所属的团体（如合作社、同业协会等）所制造的产品和提供的服务可因商品商标和服务商标不同而被区别开来。[①]许多原住民的手工制品和艺术品可以直接注册商品商标，而很多类型的表演等可以通过注册服务商标，获得商标的保护。并且在商标权保护模式下，地理标志保护制度将与非物质文化遗产的保护紧密联系起来。鉴于非物质文化遗产的地域特征，其可以通过地理标志的标识区别于其他非物质文化遗产，同时保护自身发源地的经济利益，禁止他人在非来源于发源地的产品上使用该发源地名称。但是地理标志主要是防止非物质文化遗产的虚假使用，对于非物质文化遗产本身的技术和知识并没有直接的保护作用。

二、商标权保护模式下的制度建构

（一）申请人制度

对于注册商标申请人的资格，各国法律都具有一定的要求。在我国，商标注册申请人需要是自然人、法人或其他组织。非物质文化遗产多产生于民间，就其主体而言，具有集体性特征，

① ［阿根廷］卡洛斯·M.柯莱亚：《传统知识与知识产权》，载国家知识产权局条法司编：《专利法研究（2003）》，知识产权出版社2003年版。

主体应为遗产发源地的所有人民。保护非物质文化遗产的主要目的是保障其传承、延续。在商标权保护模式下，为利用相关商标保护制度，确认非物质文化遗产主体权利的行使代表显得尤为重要。

（二）注册商标制度

基于前文所提及的非物质文化遗产与地理标志的关系，在非物质文化遗产的商标权保护中，笔者认为在商标注册类型上可以类推适用我国商标法有关地理标志的规定，通过申请证明商标或集体商标予以注册。根据我国《商标法》第16条和《商标法实施条例》第6条的规定，申请人可就地理标志作为证明商标或者集体商标申请注册。地理标志是识别商品来源于某成员的地域或该地域中的某一地区或地点的标识，而该商品的特定质量、声誉或者其他特征主要源于该地理环境。在法国，政府部门会验证注册原产地名称的有效性，如果葡萄酒、奶酪和其他食品的生产者由于其产品独特的质量和原产地而闻名于世，那么这样的生产者就受到免予其他人制造相似假产品而损害其好名声的保护。但是由于受地理环境的天然影响，地理标志的保护大多还限于农业产品方面。

非物质文化遗产和地理标志在商标申请方面具有两个主要相似的特征：第一，非物质文化遗产和地理标志一样具有地域性，非物质文化遗产是某个地域的文化资源。地理标志是和地域紧密联系在一起的一种具有商业价值的标识，能够指明产品质量、品质的特定区域或来源地，明确了商品与地理来源之间的唯一对应关系。第二，在主体方面，一般情况下，非物质文化遗产和地理标志的主体都具有不特定性的特点。因此，在我国现行商标法没有关于非物质文化遗产的注册商标申请的情况下，可以类推适用地理标志的规定，作为证明商标或集体商标申请注册。

证明商标是指由对某种商品或者服务具有监督能力的组织所控制，而由该组织以外的单位或者个人使用于其商品或者服务，用以证明该商品或者服务的原产地、原料、制造方法、质量或者其他特定品质的标志。其主要用于证明商品或服务达到了某种特定标准，证明商标注册人对使用人提供的商品/服务有检测、评定及监督控制的责任。集体商标具有封闭性，只能由集体商标注册人的所属成员加以使用，并且该成员需达到一定的条件并履行一定的手续才能使用集体商标，也具有一定的品质证明功能。[①]因而对非物质文化遗产申请证明商标或者集体商标，一方面，可以表明非物质文化遗产来源及特定品质，保证非物质文化遗产在利用时不被歪曲、变形，并且能够有效地防止他人对该非物质文化遗产的仿冒、侵害，保护非物质文化遗产发源地人民开发非物质文化遗产的独占性的经济权利；另一方面，可以鼓励企业参与，发展当地经济，同时能够更好地协调非物质文化遗产发源地人民内部对该非物质文化遗产的利用关系，形成公平的利用观念，促进非物质文化遗产的发展。目前，已有许多非物质文化遗产发源地群体开始寻求证明商标、集体商标的注册，以保护非物质文化遗产。如澳大利亚的土著人艺术管理协会将其证明商标用在正宗的土著人艺术品上。

---

① 齐爱民主编：《现代知识产权法学》，苏州大学出版社2005年版，第342页。

（三）权利实施制度

注册人对非物质文化遗产的注册商标享有商标权，其有权使用、禁止、处分、续展该商标。商标注册后，有下列行为之一，均属于侵犯注册商标专用权的行为：（1）未经商标注册人的许可，在同一种商品上使用与其注册商标相同的商标的；（2）未经商标注册人的许可，在同一种商品上使用与其注册商标近似的商标，或者在类似商品上使用与其注册商标相同或者近似的商标，容易导致混淆的；（3）销售侵犯注册商标专用权的商品的；（4）伪造、擅自制造他人注册商标标识或者销售伪造、擅自制造的注册商标标识的；（5）未经商标注册人同意，更换其注册商标并将该更换商标的商品又投入市场的；（6）故意为侵犯他人商标专用权行为提供便利条件，帮助他人实施侵犯商标专用权行为的；（7）给他人的注册商标专用权造成其他损害的。非物质文化遗产商标权人在商标权遭受到侵害时，可通过要求停止侵害、排除妨碍、消除影响和赔偿损失等方式寻求救济，以保护非物质文化遗产。

2004年，北京同仁堂（集团）有限责任公司以商标侵权为由将温州的“叶同仁堂”告上浙江省高级人民法院。北京同仁堂中医药文化是我国传统医药领域著名的非物质文化遗产之一，北京同仁堂（集团）有限责任公司已将“同仁堂”注册为商标，并已被国家工商行政管理部门认定为中国驰名商标。北京同仁堂（集团）有限责任公司在民事诉状中指出，“同仁堂”作为国家认定的驰名商标，受到法律特别的保护。温州叶同仁堂大药房有限公司以“叶同仁堂”作为企业名称中的字号，实质上是以“同仁堂”

作为其企业字号名称的主要部分，对原告及原告享有的驰名商标造成严重的侵害与极大损失。因此，他们提起诉讼，请求温州"叶同仁堂"立即停止使用"同仁堂"作为其企业名称一部分的侵权行为。从该案例中可以看出，非物质文化遗产通过商标的申请、商标权利的行使得到保护，防止了传统文化所积聚的品牌效益被非法占用，而侵害权利人利益。

非物质文化遗产的注册商标类推适用地理标志的有关规定，即申请为证明商标或集体商标，因而商标权人在实施权利时有以下几个问题需要注意：第一，证明商标的商标权人不得在自己提供的商品上使用该证明商标，其主要是对注册商标进行管理。第二,一般来说，集体商标不得许可集体成员以外的人使用。集体商标注册人的集体成员，在履行该集体商标使用管理规则规定的手续后，才可以使用该集体商标。[①]第三，证明商标或集体商标的商标权人对该商标都有权许可他人使用，但该商标的使用人应为符合使用该地理标志条件的自然人、法人或者其他组织。[②]同时，许可人应当监督被许可人使用其注册商标的商品质量，被许可人也应当保证使用该注册商标的商品质量。

（四）在先权利保护与歧视性使用禁止

我国《商标法》第9条及第31条的规定中都提到了在先权利的问题，在先权利基本上是各类民事权利，即著作权、商标权、外观设计及实用新型专利权、商号权、姓名权、肖像权、

①《集体商标、证明商标注册和管理办法》第17条规定。

②《商标法实施条例》第4条规定。

隐私权[①]等。虽然我国暂无具体法律依据将非物质文化遗产归入商标法所指的“在先权利”，但是从长远来看，该规定是商业竞争领域内最恰当的保护非物质文化遗产及其表达的方式，因为无论是某一地区的具体非物质文化遗产的表达形式（歌舞、神话、美术等），还是以此闻名的某一族群的名称或某一文化的特定称谓本身，都毫无疑问属于该群体，也足以形成商标法所指的“在先权利”。[②]

在北京汇成公司诉北京牛栏山酒厂侵犯商标权纠纷一案中，汇成公司称：1994年其注册了“甑流”商标，用于自己生产的酒类产品上。而牛栏山酒厂在未经自己同意的情况下，将与“甑流”商标相同或相近的文字用在生产的白酒上，称为“牛栏山甑流酒”和“北京甑馏”，构成了对自己注册商标专用权的侵犯。而牛栏山酒厂辩称，甑流酒一般是指没有经过勾兑的原浆酒，是行业内高度白酒的通用名称，其使用属于商标的合理使用。法院认为，汇成公司作为“甑流”商标的注册人，其所享有的商标专用权应受法律保护，但同时指出我国商标法还规定，注册商标中含有的本商品的通用名称、图形、型号，或者直接表示商品的质量、主要原料、功能、用途、重量、数量及其他特点，或者含有地名，注册商标专用权人无权禁止他人正当使用。经查证，“甑桶蒸馏”是我国古已有之的酿造白酒的传统工艺，而采用该工艺酿造的白酒产品俗称“净流”。中国食品工业协会及我国众多省

① 吴汉东等著：《知识产权基本问题研究》，中国人民大学出版社2005年版，第536页。

② 管育鹰：《“刀郎”现象折射出的民间文艺保护问题》，载《中华商标》2005年第11期，第53页。

市的酿酒行业协会和白酒生产企业出具的证明材料证明，“甑流”又称“甑馏”“净流”“清流”，既指采用“甑桶蒸馏”的我国北方酿造未经勾兑、调味的高度纯粮白酒的传统工艺，也是采用该工艺酿造的未经勾兑、调味的高度纯粮白酒的通用名称或俗称。法院最终认为，牛栏山酒厂作为白酒生产企业，将“甑馏”及“甑流”与其企业字号“牛栏山”组合，作为其生产的未经勾兑、调味的高度纯粮白酒商品的名称使用，应属于对该类商品通用名称的正常使用，不会导致相关公众的误解，因此汇成公司认为牛栏山酒厂生产销售的白酒产品上使用“甑馏”及“甑流”的行为侵犯其“甑流”注册商标专用权的主张缺乏事实及法律依据，对汇成公司的诉讼请求不予支持。笔者认为，此案例间接表明了传统技术的存在可以构成商标法中的“在先权利”。由于“甑桶蒸馏”是我国北方的传统酿酒工艺，属于产品通用名称，禁止了汇成公司对传统技艺宣传的垄断使用，防止属于整体的资源、权利被一方垄断、独占，形成垄断现象，阻碍非物质文化遗产的广泛传播和弘扬。

事实上，世界其他一些国家正在设计或已经设计了这样的商标注册制度，即排除传统群体之外的人未经有关社区的许可或者可能冒犯有关社区，注册与传统群体相关的民族词语、文字、肖像或其他与众不同的符号作为商标。如果商标侮辱了一个少数民族群体，它还可能被告上法庭。确实，美国华盛顿红皮队就是因为队名陷入诉讼中。[①]由此我们可以看出，商标权模

① [美]达里尔·A.波塞、格雷厄姆·杜特费尔德：《超越知识产权——为原住民和当地社区争取传统资源权利》，许建初等译，云南科技出版社2003年版，第63页。

式能够为非物质文化遗产提供保护，避免非物质文化遗产受到不正当利用。

（五）证明和标签

证明和标签只简单用来对消费者可能感兴趣的一件产品进行声明。其不属于商标的范畴，笔者将此列为商标权保护模式中的一点，主要是基于商标申请的在先权利限制而进行的一种补充。

根据《商标法》规定，商标缺乏显著性不能获得注册。显著性是指商标本身具有特殊性，并指可显示与他人商品商标有不同。我国暂无对商标显著性的界定，商标评审机构主要以内部评审标准的形式将“显著性”标准具体化。在常用的关于显著性审查的准则中，有一项与非物质文化遗产的商标申请有关，即民族名称作为商标容易使消费者认为来自某民族的或者表示民族特色，不易使人识别，因此不具备商标作用，但民族名称具有其他含义的不受此限。但事实上，绝大多数民族的名称或简称都可以解释为其他汉语含义（在没有“族”字做后缀时），如“壮”“白”等，因此会有一部分非物质文化遗产可能因为名称缺乏显著性而得不到保护。而该部分名称或者标志虽然不具有显著性，但可能具有吸引顾客的力量。因而该标志或名称的价值应该被充分挖掘发挥。证明和标签正好可以充分发挥它们的价值。目前，证明主要被用于保护环境和资源，如木材可能有一个标记证明其来自可持续管理的森林。金枪鱼罐头可能贴着“对海豚友好”的标签以表明用来捕杀金枪鱼的方法没有伤害海豚。证明意味着声明是真实的，可以帮助消费者区别假产品和真产品，同时也可以帮助贸易者对那些未经授权就使用其标志的商家采取法律上的行动。我国目前对证明或者标识开始有初步使用，自泸州老窖酒酿制技艺入选我国第一批非物质文化遗产名录后，泸州老窖所出产的“国窖1573”广告中就已开始标识“非物质文化遗产”标志。因此，笔者建议，在商标权对非物质文化遗产保护缺失的时候，还可以通过防伪标记等标志对非物质文化遗产进行证明，以防止非物质文化遗产的滥用及对发源地权利的侵犯。

三、商标权保护模式之得失评判

商标权保护模式意味着非物质文化遗产的保护由静态的保护向以文化换效益的合理开发的利用模式的转变，其具有较多优点：第一，有利于促进非物质文化遗产开发和经济效益的实现。市场经济下，大量的非物质文化遗产因其无法带来一定的经济效益而无人传承，逐渐消失。以注册商标的方式保护非物质文化遗产不仅成本较低，而且可以促进文化的传承和保护，还可以产生直接的经济利益，比如在布艺上标注“土家”等字样作为商标可以吸引更多消费者的青睐，获得经济利益。同时也宣传了土家族及其织布工艺，促进了非物质文化遗产的传承。第二，有利于保护非物质文化遗产的特性。非物质文化遗产具有活态性，是一种“活态”文化。它的保护不仅是文稿的整理还包括传承民间艺人的表演、配饰等。通过商标注册，可以保护非物质文化遗产本身的活态性，同时也可以区分正宗的非物质文化遗产与仿冒的非物质文化遗产，打击以文化的名义破坏文化的行为。第三，可以有效解决非物质文化遗产的保护期限问题。非物质文化遗产是由特定群体在长期的生产和生活过程中积累形成的文化、艺术，并且该文化、艺术将不断发展、延续和演变。商标权保护模式下，不存在因非物质文化遗产年代久远而无法申请注册的情况，并且注册商标续展制度可以为非物质文化遗产提供长期的有效保护。第四，非物质文化遗产种类繁多，《保护非物质文化遗产公约》中规定的非物质文化遗产包含了五个方面，而我国对于非物质文化遗产的分类更为广泛，其包含了舞蹈、戏曲、传统医药等，再细化更是各有不同。对于内容如此广阔，形式如此多样的智力成果，无论是著作权还是专利权都无力全盘纳入自己的保护模式下。而商标法由于其自有的规则，商标根据商品种类和服务分类的商品分类表而申请，商品分类表基本涵盖了生产、生活中所需的所有项目，并且该分类表也是随着社会的发展而不断增加、改变的。非物质文化遗产具有经济性，其大多可以转化为商品或者服务，通过商品分类表申请商标而获得保护。

从以上分析可知，商标权保护模式是目前传统的知识产权保护体系中最为完善的一种保护方式，利用商标权保护模式可以全方位地对非物质文化遗产进行开发。但是，以商标的形式保护非物质文化遗产，其最大的弊端就在于不能保护知识本身。非物质文化遗产的知识产权保护目的是通过知识产权的方式促进非物质文化遗产本身的保护，通过经济开发的促进作用增强本土文化的生命力，推动该文化本身的传承延续。因而在非物质文化遗产的商标权保护中，要明确主次，不能本末倒置。商标仅是一种促进文化延续，推广文化发展的工具，不能为了商标所带来的经济利益，为形成垄断商标而限制该种非物质文化遗产的弘扬，形成一种地方保护。

第三节　非物质文化遗产的专利权保护模式

一、专利保护模式概述

在非物质文化遗产的知识产权保护中，著作权首先被提出，其保护思想感情和观点的表达方式；其次是从经济和防止假冒的角度考虑商标权。非物质文化遗产逐渐进入日常生产生活所需要的物品和制作中，创造出各色产品，形成品牌。随着经济的发展，非物质文化遗产发源地以外的地区开始了非物质文化遗产的产业化发展。在此过程中，将非物质文化遗产进行改动形成专利，创造出巨大的经济价值。非物质文化遗产在现代社会中得到越来越多的应用，伴随而来的模仿和滥用行为也是层出不穷，比如文化盗版、生物海盗等。因此，发源地在实践中逐渐开始使用专利权保护自身权利。专利权逐渐被引入非物质文化遗产的保护中。非物质文化遗产的专利权保护模式是指将非物质文化遗产作为发明、实用新型或外观设计，通过专利申请注册而受到保护的方式。

专利权保护模式主要适用于非物质文化遗产中传统知识[①]的保护，主要涵盖《保护非物质文化遗产公约》中的第四类和第五类非物质文化遗产。根据该公约第2条的规定，第四类非物质文化遗产为有关自然界和宇宙的知识和实践，主要指天文、地理、自然、人文、医药等，包括有关大自然和宇宙的观念（如时间和空间观念、宇宙观），农业知识和实践，生态知识和实践，药物知识和治疗方法，航海知识和实践等；第五类为传统手工艺，主要

① 此处传统知识为狭义传统知识范畴。

指世代相传的具有鲜明的民族风格和地区特色的传统工艺美术手工技艺，传统生产、制作技艺等。目前，专利制度在遗传资源保护的开发、利用中运用较多，已成为保护遗传资源族群权利的重要工具。世界知识产权组织的知识产权与遗传资源、传统知识和民间文艺政府间委员会所起草的遗传资源获取和惠益均享协议中的知识产权问题指南中明确列举了遗传资源保护专利问题的八个方面：（1）遗传资源与相关信息的获取能否产生具有可专利性的发明创造的约定；（2）就针对所获取的遗传资源作出的发明专利的获得达成的有关安排；（3）有关专利权的主体的约定；（4）在专利权共有的情形，源于共有的责任的分担的约定；（5）对于专利的利用和新开发技术的使用和传播的最恰当形式的约定，例如是许可、转让还是合资，有关谈判及商议利用专利的各种安排的主体的约定；（6）对于来自专利商业化利用的任何货币和非货币惠益分配方式、时间以及当事人的约定；（7）对于当事人保密方式的约定；（8）在从事研究时，对于受他人所享有知识产权保护的知识或数据的使用用途的约定。基于遗传资源与非物质文化遗产的信息属性，上述指南中遗传资源专利权保护的相关规定可以在非物质文化遗产的专利保护上予以借鉴。同时，笔者认为，专利权制度中实用新型对于非物质文化遗产保护表现出更大的适应性。实用新型又称为小专利，即就小发明而授予的权利，小发明包括产品又包括方法，[①]具有申请程序简化、审查快捷、门槛不高、类型多样、成本较低等多项优势，更适于非物质文化遗产的知识产权保护。目前，肯尼亚已经通过了一项允许传统医药知识申请

① 参见郑成思：《知识产权法》（第二版），法律出版社2003年版，第213页。

小专利的法律。传统的手工产品如家具、服装、皮革、木器等的设计和形状可取得外观设计的保护。哈萨克斯坦也已经开始将外观设计保护模式用于头饰和地毯等非物质文化遗产的保护中。但目前还没有国际协定或公约涉及小专利制度，我国专利法也没有建立全面的小专利制度，仅规定了实用新型制度，并且客体仅限于产品，不包括生产方法或工艺流程等发明创造，因此有待进一步探索、完善。

二、专利权保护模式下的制度构建

（一）权利主体

目前，传统知识领域的许多研究、开发成果最终会申请专利，但传统知识发源地却没有获得任何权利，甚至没有得到任何利益。埃塞俄比亚人一直将当地的一种植物作为洗涤剂，后科学家以此为引发现该植物具有杀灭软体动物作用，通过研究将其制成了软体动物杀灭剂，获得了巨大的经济价值，但埃塞俄比亚没有得到任何好处，甚至还需要进口该杀灭剂。[①]由此可见目前发源地权利保护的缺失。因此，在非物质文化遗产的保护、开发过程中，首先应该确认合理的权利主体，防止侵犯主体权利现象的出现。

为维护法律的公平原则及知识产权法的激励作用，非物质文化遗产的权利应赋予创造或保存非物质文化遗产的发源地或传承人。笔者在非物质文化遗产的著作权保护模式和商标权保护模式建构中已阐述发源地应为该知识产权的主体，并通过设立相关管

---

①［美］达里尔·A.波塞、格雷厄姆·杜特费尔德：《超越知识产权——为原住民和当地社区争取传统资源权利》，许建初等译，云南科技出版社2003年版，第59页。

理机构行使非物质文化遗产的知识产权，普及和弘扬非物质文化遗产。在非物质文化遗产的专利权保护模式中，发源地也当然是该权利的主体。非物质文化遗产是某一民族或地区人民的共同创造，并经该民族、地区的人民世代修改、补充和完善。基于非物质文化遗产的集体性，在行使权利时自然采用与著作权、商标权保护模式相同的方式——设立相关管理机构，代表发源地人民行使权利以利于非物质文化遗产的保护、管理。

但是需要注意专利权与著作权、商标权保护对客体的要求不同。根据专利法相关规定，申请专利保护需具有可专利性，即新颖性、创造性和实用性。因此专利权保护模式中要求非物质文化遗产具有更高的独创性和技术性要求，在专利化开发和利用过程中所需的成本更大。为促进非物质文化遗产的保护和开发，笔者认为在非物质文化遗产开发成果专利申请中可以考虑授予发源地以外的开发者权利主体身份。根据联合国教科文组织对于非物质文化遗产的定义，尽管在很多情况下，发源地人民都可能是非物质文化遗产的创造者和持有者，但并未把非物质文化遗产的保护主体局限于发源地人民。专利权保护中，由于非物质文化遗产大多地处偏远，信息、资金、技术等成为发源地独立开发非物质文化遗产的阻碍，通过与发源地以外的开发者合作，可以有效促进非物质文化遗产的保护和专利化。而授予开发者成果专利权，则可以有力激励开发者对非物质文化遗产的关注，合理保护非物质文化遗产。当然，不能排除将开发者带入权利主体的地位存在不利于发源地利益的风险。毕竟拥有众多现代科技知识和巨大财力的研究者、开发者与发源地相比，在竞争中处于优势地位。开发中稍有疏忽就会损害发源地人民的利益，违反了非物质文化遗产保护和开发的初衷。但是如果因为这样的可能性就完全地拒绝给予研究者、开发者相应的权利，从某种意义上讲是对开发者努力的抹杀，可能导致非物质文化遗产失去相应的开发、利用机会，不利于非物质文化遗产本身作用的发挥和自身的发展。同时还不利于调动保护非物质文化遗产的社会积极性，增加非物质文化遗产保护的政府成本。但如果在专利合作保护、开发过程中，给予开发者相应的权利机会，则会增加研究者、开发者参与、保护非物质文化遗产的诱惑力，增加非物质文化遗产本身可持续发展的能力。这样双赢的局面可以避免开发者采取规避手段，通过表面的妥协或在没有考虑非物质文化遗产可持续发展的基础上任意开发、获取利润。

（二）在先权利保护和防止窃取行为

在先技术，又称原有技术，是指在有关技术申请专利之前已经公开的技术。这种知识在专利申请之前或在优先权日之前即可整体地从公共领域获得。它是判定专利的技术方案创造性、新颖性的准绳和参照物：落入在先技术之范围的一切技术方案均不具备可专利性。各国专利法对在先技术及其判定标准都有相关规定。《欧洲专利公约》规定，在先技术包括在申请日前公众通过书面或口头描述、通过使用或其他方式可获得的任何技术。根据日本《专利法》的规定，在先技术包括申请日前或优先权日前在日本或日本以外公开知悉的发明、公开运用的发明、在出版物上发表的发明或普通公众通过电信网络可获得的发明。美国《专利法》中，在先技术分为国内和国外，分别采取国内公开使用（含公开发表）标准和国外公开发表标准。我国《专利法》第22条规定，授予专利权的发明和实用新型，应当具备新颖性、创造性和实用性。新颖性，是指该发明或者实用新型不属于现有技术；也没有任何单位或者个人就同样的发明或者实用新型在申请日以前向国务院专利行政部门提出过申请，并记载在申请日以后公布的专利申请文件或者公告的专利文件中。创造性，是指与现有技术相比，该发明具有突出的实质性特点和显著的进步，该实用新型具有实质性特点和进步。实用性，是指该发明或者实用新型能够制造或者使用，并且能够产生积极效果。第23条规定，授予专利权的外观设计，应当不属于现有设计；也没有任何单位或者个人就同样的外观设计在申请日以前向国务院专利行政部门提出过申请，并记载在申请日以后公告的专利文件中。授予专利权的外观设计与现有设计或者现有设计特征的组合相比，应当具有明显区别。授予专利权的外观设计不得与他人在申请日以前已经取得的合法权利相冲突。根据我国《专利法》对“现有技术”和“现有设计”进行的定义，现有技术是指申请日以前在国内外为公众所知的技术。现有设计是指申请日以前在国内外为公众所知的设计。

非物质文化遗产的在先技术化是指在现行知识产权法框架下，把非物质文化遗产确认为符合现行专利法要求的在先技术，以阻止发源地以外群体在未经发源地同意的基础上对非物质文化遗产的利用以及凭借现行专利法的漏洞和某些操作技术的难处而掠夺非物质文化遗产的行为。世界知识产权组织的知识产权与遗传资源、传统知识和民间文艺政府间委员会在2001年4月召开的会议上试图寻求有效的措施把传统知识确认为在先技术。其后续会议中又把现有专利法框架下传统知识的在先技术作为保护传统知识的重要方式之一。著名的“巴斯马蒂白香米案”就是通过在先权利保护了印度香米的传统技术。20世纪90年代，美国得克萨斯州的一家水稻技术公司就印度香米的有关杂交品种提出了多项专利要求，其中有的申请专利的技术方案和技术要素与印度香米的传统技术没有区别。后来，美国专利商标局（PTO）授予并公布了专利。此后，印度政府和一些非政府组织将印度香米作为在先技术向美国PTO、美国联邦贸易委员会提出了抗议和质疑，要求重新审查和撤销该专利。最终，美国PTO仅保留了水稻技术公司三项关于印度香米的杂交品种专利权。可见印度香米传统技术的在先技术地位得到了美国PTO的承认，从而阻止了水稻技术公司取得该专利，侵犯传统香米技术发源地权利。非物质文化遗产的在先技术化可以阻止剽窃、盗用传统技术等利用行为的成果获得知识产权，阻止侵害非物质文化遗产发源地或传承人的利益行为的发生，是保护非物质文化遗产消极权利的措施。但从某个意义上讲，非物质文化遗产的在先技术化会成为阻却非物质文化遗产申请专利合法性的正当理由。

（三）非物质文化遗产库的建立

非物质文化遗产具有活态性，大多以口头、非物化等形式公开或秘密存在，由此增加了非物质文化遗产在先技术化认定上的困难。非物质文化遗产大多没有文献记录，即使有相关文献的也都没有有序排列，没有有效的搜索工具进行查询。因此专利机构在专利审查和专利授权过程中，不可能或很难获得相关非物质文化遗产的信息资料，从而认定非发源地所申请的专利符合专利新颖性和创造性的要求，获得专利，使得在先技术制度在非物质文化遗产保护中无法发挥其应有的作用，非物质文化遗产被发源地外的族群、企业等盗用并申请专利，发源地权利受到侵害。因此，将非物质文化遗产文献化，利用高科技手段使之数字化、网络化，建立专利机构易于查询的非物质遗产数据库，是专利权保护模式下保护非物质文化遗产的重要途径。

国际上，世界知识产权组织已建立了一个由中国、印度、美国、欧盟等国家和地区组成的特别工作组，试图将国家建立的传统知识数据库并入现有专利机构使用的检索工具中，使之尽快成为专利意义上的在先技术。[①]同时，世界知识产权组织的知识产权与遗传资源、传统知识和民间文艺政府间委员会就数据库的建立还提出了一整套相关方案和技术性规则。整体上，在传统知识文献化、数字化、网络化的框架结构布局上提出了国家—国际的实—虚结构设计：一定国家组成的区域性组织、国家和一个国家内的地方性行政单位建立实质性传统知识数据库；有关国际组织则建立一个传统知识数据库国际网络，并与国际知识产权机构相链接，从而使传统知识获得知识产权。

在传统知识实质性数据库的编排技术规则上提出：一是有关传统知识是否录入该数据库采自愿原则，即只有传统知识持有人同意时方可录入。二是有关传统知识持有人可指定某些传统知识或其要素如神圣性、宗教性传统知识不能向公众披露，亦即只有专利机构才能获知该等非物质文化遗产。三是该数据库须进行标准化分类，以确保专利行政和司法机构能够进行全面的、高效率的检索。四是该数据库应有几个不同的语种版本。五是该数据库应尽可能易于录入，以便于持续更新不断进步的传统知识，反映

① 严永和：《论传统知识的知识产权保护》，法律出版社2006年版，第142页。

传统知识的最新状况。六是所有传统知识出版物及其更新版本的日期和时间须记录，以便确定传统知识成为在先技术的时间。七是把包括传统知识信息在内的非专利文献列入国际检索机构根据其设备能力努力查找的“最低文献”范围。[①]把载有传统知识的期刊、报纸和业务通信等并入“最低文献”范围可以更容易地在世界范围内获得和知悉传统知识。这样可以保证在线数据库没有记载但以某些地方文献形式报道了的传统知识能够被识别为在先技术。在最低水平上，国际法应要求所有国家须按照“最低文献”标准对每一例专利申请进行最完全、最彻底的检索，以避免因疏忽而漏掉在先技术，从而发布错误的专利。八是传统知识数据库的入口应设置一个以网络为基础的提供传统知识文献全部原文和检索的搜索界面；还有有关传统知识的关键词、索引、交叉参考文献等，并能获得该有关文献。

在传统知识非实质性数据库的编排技术规则上提出：一是在国际层面上建立数据库，以确保所有国家的、地区的、国际的专利机构和有关司法机构获得足够的传统知识信息。二是确认该数据库主要功能是为有关用户提供一个链接地方性、国家和地区传统知识数据库的通道和接口，而不是记录传统知识本身。三是由WIPO来建立和管理该数据库。国家层面上，印度等国开始将传

① 在关于“在先技术检索”问题中，《专利合作条约》第15条第4项规定，国际检索单位应在其条件允许的情况下，尽量努力发现有关的现有技术，但无论如何应当查阅细则规定的文献。这通常被称为专利申请中国际检索的“最低文献”标准。这些文献包括，某些国家专利文献、出版了的各国各地区的专利申请、出版了的各国各地区的专利和发明人证书、其他国际专利检索机构认可的已出版的非专利文献。见郑成思主编：《知识产权文丛》（第13卷），中国方正出版社2006年版，第144页。

统知识等非物质文化遗产文献化、数字化和网络化。印度计划将250个古代药方翻译并数字化，并回溯筛查100年前或更久以前的上千份科学文献。[①]在相关数据库建设过程中，印度还根据国际专利分类系统提出传统资源分类法，按照不同层次对传统知识分门别类，以便于专利行政和司法机构在专利审查时对有关传统知识的检索。该数据库中的数据将发送给美国、欧盟、日本和其他国家、地区的专利局以便为任何使用情况之搜索和审查，从而防止对传统知识非法盗用的现象。[②]

目前，非物质文化数据库的建立在我国也已经引起了高度重视。2005年国务院办公厅公布的《关于加强我国非物质文化遗产保护工作的意见》中也已明确提出应建立非物质文化遗产数据库。非物质文化遗产数据库的建立可以防止不当专利的授予，保护非物质文化遗产发源地权利。同时也要注意数据库建立带来的问题。第一，对于具有秘密性的非物质文化遗产，数据库的建立并不是完全有效的保护措施，进入数据库的非物质文化遗产可能因公开而被歪曲、滥用。第二，因非物质文化遗产置于数据库中被视为在先技术，发源地无法获得专利权，而数据库并不能保证发源地或传承人获得因使用该传统所产生的利益的权利。因此，笔者认为，我国非物质文化遗产数据库建立在借鉴已有相关方案、技术和经验的同时，还应该考虑上述问题，采取相应措施为非物质文化遗产的保护提供更为完善的平台。第一，为避免数据库中的非物质文化遗产未经许可的

① 孙雷心：《印度启动数字化数据库项目保护传统知识》，载《生物技术通报》2000年第1期。

② 周欣宜：《传统知识特殊保护制度之探讨》，载郑成思主编：《知识产权文丛》（第13卷），中国方正出版社2006年版，第298页。

使用，可以考虑建立“保密性”数据库；第二，非物质文化遗产数据库的公开从某种意义上相当于发源地放弃了对非物质文化遗产的掌控权，因而对于该发源地应当采取其他补偿措施。

（四）“新颖性”审查制度

专利权保护模式下非物质文化遗产的在先技术化可以阻止未经发源地知晓、同意利用非物质文化遗产获得专利的行为，但只是一种临时性的、低水平的保护。实现非物质文化遗产的专利权保护，根本上还是需要通过专利申请，获得相关专利权利。

专利权申请需要满足发明、实用新型的新颖性、创新性和实用性或外观设计的“富有美感”和“新颖”要求。新颖性是专利法保护的基本要求，但由于非物质文化遗产是世代传承而来，因此在新颖性认定上具有一定的困难。笔者认为，在非物质文化遗产新颖性审查上可以分为两个方面进行。一方面，针对已经完全公开的非物质文化遗产，比如风筝制作手艺等，已经世代绵延上千年，无法满足现有专利法所要求的新颖性，因此在专利保护中通过在先权利化，以防止他人的非法专利注册得到保护。另一方面，针对仅属于发源地内部公开的非物质文化遗产，如云南白药虽众所周知，但其配方可能只有内部人员知道，并没有完全的公开。因此，笔者建议，在新颖性审查中应当考虑其是否属于公开范围，能否进入专利保护。结合非物质文化遗产的特殊性，可以考虑将其列入新颖性范围，获得专利权。

目前，国际社会也开始探讨非物质文化遗产的“新颖性”审查问题。专利申请中的新颖性要求主要是针对某种技术方案而言，而非物质文化遗产中传统工艺等一般更注重的特性是艺术性，世界知识产权组织在调查和研究各国对民间文艺的知识产权保护现状时曾有过相关建议——各国在国内或地区性改进关于工业外观设计的立法，使其倾向于采取不要求新颖性审查的权利申请程序。该建议中还提到了国际条约中有相关规定，即《与贸易有关的知识产权协定》第25条第2款关于纺织品外观设计保护的要求，这一国际层面的条款可以用来帮助解决涉及原住民非物质文化遗产的工业品外观设计的保护问题。笔者认为，世界知识产权组织提出的省略新颖性这一实质审查、简化非物质文化遗产外观设计申请的建议值得各国考虑，改革外观设计申请原有的复杂、冗长而耗费大的程序才会对发源地的传承人及整个发源地起到保护作用。

就我国目前专利法保护状况而言，没有专门针对非物质文化遗产专利新颖性审查的特别规定。并且根据我国专利法规定，发明专利需要进行实质审查，而实用新型和外观设计专利的颁布不进行实质审查。现有专利新颖性审查程序造成了非物质文化遗产专利保护的困难，相关专利受到质疑。2001年6月，江苏省连云港市海达工艺品有限公司向国家专利局提出了名为“地毯（竹）”的外观专利申请。不久国家专利局授予并公告该专利。这个专利几乎卡死了有“竹乡”之称的浙江省安吉县年产值45亿元、占全国同业总额15%以上的竹产业，安吉县认为该外观设计无效，属“恶意注册”公共知识产权。[①]案件在争议该外观专利是否有效中就涉及传统工艺的新颖性审查问题。王兵教授认为，外观设计是

---

① 潘海平、姜帆、裴文彬：《竹地毯外观专利保护引发商战》，载新浪网，http://news.sina.com.cn/c/2005-05-26/21015998508s.shtml。

把富有美感的图案结合在产品上，一个没有新颖性的图案并不是一定不能作为产品和外观设计。比如原来有T恤衫这个产品，但是没有人想到在上面印画，而现在你想到了，这就是创新。又如在牛仔裤上挖一个洞，这同样可以成为外观设计专利。不能说由传统工艺所产生的新的应用就一概不承认是外观设计。虽然采用传统的编织方法，就图案本身来讲，也许没有什么新颖性，就编织工艺而言也没有什么新颖性，但二者的结合共同落实在竹地毯这种产品上是可以形成外观设计的，可以被授予专利。刘春田教授指出，传统的知识是人类积累下来的，不能为任何人所垄断，但是可以利用传统工艺手法创造出新的产品。因而安吉县仅仅认为江苏海达工艺品有限公司的专利产品是利用了传统工艺，就不应该获得专利授权，则是混淆了传统工艺和利用传统工艺进行的创造。[①]

从以上观点可以看出，有学者认为传统技术、工艺等非物质文化遗产大多不能满足专利新颖性的要求，但是由于非物质文化遗产本身的发展性，其随着生活方式、社会经济的改变可以有所创新、发展，因而在此基础上的发展可以满足专利关于新颖性的要求。笔者认为该案件中，海达工艺品有限公司通过对传统竹工艺的改变可以获得外观设计，但同时不能侵犯该工艺的发源地安吉县的权利。专利权人和社会公众利益的平衡问题，是专利制度最本质的问题。同样在非物质文化遗产的专利权保护模式中，也应该平衡发源地与开发者的利益。此案件通过申请主体的认定可以得到更好的解决。江苏与浙江两省均为地毯竹编工艺的发源

① 谭华霖：《专家纵论竹地毯专利权纷争》，载《中国知识产权报》2005年9月14日。

地，通过申请共同专利而均衡双方的利益，同时可以通过专利权保护竹编工艺的利用，也是对非物质文化遗产的一种传播。

（五）权利内容

公民就其发明创造向国家专利管理机构提出专利申请，经过国家专利管理机关审核批准后，便可取得专利权。所谓专利权，是指民事主体依法对自己的发明创造在法律规定的时间内享有的独占和专用的权利。

专利的人身权是指发明人或者设计人享有的与其人身方面不可分离的非物质权利。但目前关于专利权是否具有人身权内容争议较大。笔者认为，根据我国《专利法》第16条第1款规定，发明人或者设计人有权在专利文件中写明自己是发明人或者设计人。有关世界公约和一些国家的专利法对发明人或者设计人人身权利的保护也主要体现在专利人享有署名权上。例如《巴黎公约》第4条之3规定：发明人有权在专利证书上写明发明人的名字。现在越来越多的国家越发重视发明人、设计人的署名权，不仅要求在专利证书上注明发明人、设计人的姓名，而且在专利申请案上也要写明真正的发明人、设计人。[①]因而专利权中包含有人身权。在专利权保护模式中，非物质文化遗产发源地或传承人可以在相关专利证书中注明名称或姓名，保证非物质文化遗产不被任意盗用。

专利财产权，是指专利权人因依法取得专利而享有的具有经

---

① 刘春茂：《中国民法学·知识产权》，中国人民公安大学出版社1997年版，第450页。

济内容的权利。根据我国《专利法》第10条至第16条的相关规定，专利财产权主要包括以下几个方面:（1）独占实施权，即权利人在一定期限内对发明创造享有独占权，有权禁止他人不经许可实施其专利。（2）转让权。根据《专利法》第10条第1款规定，专利申请权和专利权可以转让。（3）实施许可权，即专利权人许可他人实施专利技术并收取专利使用费。（4）标明专利标识的权利。（5）诉请保护权。专利权被他人侵害时，专利权人享有依法请求司法机关给以保护的权利。（6）放弃权。非物质文化遗产的专利财产权当然也包括以上权利内容。非物质文化遗产不同于一般的技术方案或设计，不仅是需要保护的技术方案，同时更是宝贵的国家、地区文化遗产，对于国家、民族的文化、精神传承具有特别的作用。

非物质文化遗产是国家、民族珍贵的文化资源，蕴含着国家、民族不同于他人的精神，是国家、民族的根。联合国教科文组织曾于1970年制定了《关于禁止和防止非法进出口文化财产和非法转让其所有权的方法的公约》，其目的之一就是为遏制文化财产中少数民族的艺术作品流入商人手中被非法利用。因此，笔者认为为了公共利益需要，非物质文化遗产权利人行使权利时应受到一定限制。第一，转让权的限制和禁止。根据《专利法》的相关规定，专利权和专利转让权都是可以转让的。但是，非物质文化遗产是地区、民族长久积累的智力成果，是不可再生的文化资源，不能只为取得经济利益而转让，使得地区、民族的文化象征逐渐被取代、消失。我国《文物保护法》第50条、第51条、第60条、第61条对民间收藏、买卖文物以及文物的出入境管理也有相关类似规定。非物质文化遗产专利权的转让可借鉴相关规定，明确可转让标准及转让审批手续，还应特别注重非物质文化遗产的出入境转让。在非物质文化遗产涉及国家利益时，不得转让，以防止我国非物质文化遗产的非法外流。第二，放弃权的限制。放弃权是指当专利权人认为自己不需要再继续维持其专利时，可以用书面形式声明放弃专利权，也可以以不缴纳专利维持费的方式自动终止专利权。但非物质文化遗产专利权的放弃应该在不损害非物质文化遗产发源地及国家文化利益的基础上行使。

（六）披露制度

专利申请信息披露是专利权人获得专利授权应该履行的一项法定义务和向公众支付的一种对价。按照各国现行专利制度的规定，专利申请信息披露主要包括如下内容：申请专利产品、技术方案本身，申请人知道的产品、技术的最佳实施方式，有关产品、方案的新颖性、创造性、实用性信息如在先技术和背景技术等。专利申请信息披露的目的主要在于：第一，使相关专业的一般技术人员能够以最佳方式实施该专利，节省生产成本；第二，为其他技术人员的进一步研发提供技术基础，以推动社会技术的进步；第三，为专利审查人员提供专利授权的审查材料，缩短申请流程等。

笔者认为，非物质文化遗产的专利保护模式中也应当建立相应的信息披露制度。当一项申请专利的产品、技术方案与非物质文化遗产有关时，就涉及非物质文化遗产的信息披露问题。为保护非物质文化遗产发源地、传承人的利益，基于非物质文化遗产开发所得成果申请专利时申请者应该明确说明非物质文化遗产的出处，提供证据表明该非物质文化遗产的获取和使用是经发源国、发源地或民族事先知情并同意的，而且给予了发源国、地区和民族相关利益分享，否则该专利申请应被驳回。专利申请中非物质文化遗产的信息披露，要求非物质文化遗产利用人在有关专利申请文件中披露获取或者利用该非物质文化遗产的相关信息，达到间接保护非物质文化遗产的目的。很多区域共同体和国家在遗传资源的知识产权保护上已经进行了相关的立法规定，如1998年5月哥斯达黎加颁布的《生物多样性法》规定，包含生物多样性组成部分的专利申请必须无例外地提供国家环境管理委员会所属技术局颁发的来源地证书与事先知情同意。[①]我国的《专利法》中包含了遗传资源条款。但遗传资源条款只要求披露遗传资源的来源，没有提及更大范围的非物质文化遗产。并且披露项目过少，而且不要求披露事先知情同意证明和利益分享证明等极为重要的内容。因此结合上述规定，笔者认为关于非物质文化遗产的信息披露制度应当进一步完善，扩大披露项目，应主要包括非物质文化遗产本身的类型等信息、非物质文化遗产发源地信息、非物质文化遗产利用的事先知情同意证明、利益分享证明等，以期全面保护非物质文化遗产。

三、专利权保护模式的得失评判

从以上非物质文化遗产专利权保护模式的建构来看，可知专利权保护模式具有诸多优势：合理开发、利用非物质文化遗产，发挥其经济价值，促进技术的创新，公平分享成果、利益，

---

① 张小勇：《遗传资源的获取和惠益分享与知识产权》，载郑成思主编：《知识产权文丛》（第13卷），中国方正出版社2006年版，第119页。

推动发源地的发展。并且世界大多数国家都已建立专利制度，通过专利制度的保护可以使各国非物质文化遗产在国际社会得到完善保护。但同时专利制度保护的客体与非物质文化遗产具有一定的差异，在保护模式上还存在一定的缺点。

第一，非物质文化遗产难以达到现有专利保护关于新颖性和创造性的严格要求。根据我国《专利法》第22条规定，授予专利权的发明和实用新型，应当具备新颖性、创造性和实用性。新颖性，是指该发明或者实用新型不属于现有技术；也没有任何单位或者个人就同样的发明或者实用新型在申请日以前向国务院专利行政部门提出过申请，并记载在申请日以后公布的专利申请文件或者公告的专利文件中。创造性，是指与现有技术相比，该发明具有突出的实质性特点和显著的进步，该实用新型具有实质性特点和进步。实用性，是指该发明或者实用新型能够制造或者使用，并且能够产生积极效果。非物质文化遗产是发源地人民在实践中总结形成并流传下来，是生活中不可缺少的，因而大多能够满足实用性要求。但大部分适用于专利权保护的非物质文化遗产，比如有形的、有特点图案或形状的、与传统文化相关的刻纹图案、手工技艺等都是世代相传下来的，已经使用了很长时间。最初的原创性的确符合现代专利制度所要求的新颖性等要求，但由于后来流传久远，这些非物质文化遗产被认为早已过了受保护的期限而处于公有领域，或者由于传统科学技术在从古至今的国内外出版物上有过记载，很难满足专利保护的新颖性等要求，因而获得专利保护的障碍较大。例如，不用精密的检测分析仪器和现代化的科技手段就能把含有剧毒的水银洗炼成无毒且具有奇特疗效的药物成分，成为配制名贵藏药不可缺少的技术。这种制造藏药最尖端的技术叫作“水银洗炼法”，藏语称为“佐珠钦莫”。这一方法已列入我国首批“非物质文化遗产”名录。该水银加工方法的记载最早出现在公元8世纪藏医学家措如·次朗大师在实践基础上撰写的《金属药物的加工与珍宝成药的实践》和《水银洗炼法》等著作中，使该技艺在当代得到继承和发扬，同时也就造成了现在其难以满足新颖性要求，不能通过申请专利得到保护。此外，对于偏远的民族地区而言，按照专利法的要求对非物质文化遗产的创造性进行阐明更是困难重重。

第二，获得、维持和实施专利权的成本过高。专利是现有知识产权制度中获得保护成本较高的一类，申请本身具有一定的风险性，并且后期的持续维护费用较高，每年需交纳一定的年费，并且在权利实施的过程中也需要相应成本，因此需要申请人具有相当的经济能力。而这往往超过了发源地、传承人的承受能力。因而在专利权保护过程中，需要相关管理机构履行职责，协助传承人申请专利，分担或者承担相关费用，如果仅由非物质文化遗产发源地人民来承担，明显超出其能力，将不利于调动发源地本身的积极性，不利于应用专利促进非物质文化遗产的保护。

第三，专利制度中的在先申请原则易形成窃取非物质文化遗产行为，损害发源地和传承人权利。目前，在非物质文化遗产的开发利用中，专利制度并没有发挥相应保护作用，却轻易地被利用而造成了对非物质文化遗产及其发源地的侵害。发源地以外族群凭借良好的专业背景知识、先进的技术设备以及雄厚的资金支持，未经发源地同意而利用非物质文化遗产得出成果并申请专利。

根据《专利法》中申请在先的原则，外来族群更容易获得专利批准。此现象在传统医药领域尤为明显。就我国而言，中外合资或外商独资企业在我国一些省市已经涉足中药饮片的生产加工，以及中药材的种植、加工和生产。国外资金的进入原本可以推进我国传统医药的研究和发展，但正是由于现有专利制度对非物质文化遗产保护的缺失，导致传统医药核心技术外流。虽然未经发源地同意开发非物质文化遗产并获得成果而申请的专利可以因在先技术而被宣告无效，但要求宣告无效的非物质文化遗产发源地或传承人会因此付出相当大的经济成本和时间成本。

第四，保护期限问题。根据《专利法》第42条规定，发明专利权的期限为20年，实用新型专利权的期限为10年，外观设计专利权的期限为15年。专利权与著作权在保护期限上都具有限制性规定，专利权的保护期限甚至更短。对于非物质文化遗产而言，其是长期积累而成的并且需要继续传承下去，所以短暂的保护期限对其没有实质上的意义。通过以上分析可知，并非所有的非物质文化遗产都可以完全获得专利权的保护，因此，在非物质文化遗产的保护中需要全面的保护。

第四节 非物质文化遗产的反不正当竞争法保护模式

一、反不正当竞争法保护模式概述

反不正当竞争法的概念产生于法国。面对当时法国猖獗的假冒、盗用他人商标、专利的侵权行业，法国法院以法国《民法典》

有关侵权行为的规定为基础，在一起侵权案件中确立了一项原则：虽未侵犯工业产权，但在某些商业活动中导致欺诈或使他人误解或对此负有责任的行为，构成不正当行为，即使那些商业活动与工业产权的概念没有联系也是如此。①

由于知识产权法以其严格的法定条件和程序，通过授予权利人有限制的专利权或专用权来保护当事人的权利，条件的严格性也就决定了知识产权保护的有限性。因此相当部分的行为并不构成侵权，却经常给知识产权人带来其他方面尤其是经济利益和商业信誉的损害。反不正当竞争法作为知识产权法保护的补充形式出现，以其相当的弹性和原则性对知识产权有着补漏功能，补充知识产权法无法保护的方面。换言之，当知识产权法没有相应规定时，反不正当竞争法可以起到保护知识成果的作用。世界知识产权组织1996年《关于反不正当竞争保护的示范规定》认为，专利、工业品外观设计、商标或版权保护的效力并不排斥适用反不正当竞争的规定，反不正当竞争的保护构成对具体知识产权主题的保护之外的一种补充保护。②

反不正当竞争法的形成使得知识产权的保护对象和范围扩张，能够对智力成果提供更为完整的保护。并且，反不正当竞争法不仅保护作为智慧性创造的劳动结果，还鼓励和保护人们获得、利用知识的道德水平，保护公平竞争、维护市场秩序，通过保障市场主体在市场活动中的公开、公平的竞争，鼓励正当的市场主体

---

① [美]阿尔伯脱·德艾尔查布鲁：《商品和服务商业化过程中的不正当竞争》，载《亚洲地区反不正当竞争研讨会论文集》，1990年世界知识产权组织第679号出版物，第31页。

② 张新宝：《中国侵权行为法》，中国社会科学出版社1998年版，第116页。

通过自己的努力，不断改进技术，提高产品和服务的质量取得优势。同时反不正当竞争法还对消费者提供保护。我国《反不正当竞争法》在第1条明确把保护经营者和消费者的合法权益作为它的一项任务。知识产权法则更多地体现为对知识经济创造者的一种保护，较少提及知识经济的接受者的利益。

反不正当竞争法是以促进经济和社会发展为主要价值取向，更多地体现社会本位主义。就世界范围内反不正当竞争法与知识产权相关的产业的关系来看，一方面它要禁止侵害他人知识产权的搭便车行为，另一方面又要防止知识产权权利人的权利滥用行为。反不正当竞争法在一定程度上呼应甚至扩大了知识产权法对智力成果所提供的保护。对于有效期届满的外观设计专利、发明专利等，知识产权法不能再为其提供保护。但如果这些专利产品在市场上已经建立起商誉，那么其仍可以受到反不正当竞争法的保护。并且反不正当竞争法与知识产权法均保护技术这种无形财产，只是它们所保护的客体范围有所不同。一般来说，知识产权法保护的大多是具备新颖性、独创性等的智力成果，而反不正当竞争法所保护的技术范围则非常广泛。对于立法时尚未预见而未被纳入知识产权法保护的客体，同样可以由反不正当竞争法保护，如保护新型的智力成果。引人注目的域名抢注行为在正式规制它的法律出台前，即采用反不正当竞争法对其进行规制和保护。

非物质文化遗产虽然不是新型的智力成果，但其同样具有无形性，是自古流传而形成的智力成果。而且现代生活中对非物质文化遗产的假冒、盗用等侵权行为屡见不鲜。由于非物质文化遗产与知识产权的保护还未完全达成共识，因而在非物质文化遗产的具体知识产权保护上还有相当的空白点。反不正当竞争法作为知识产权保护的补充，可以为目前非物质文化遗产的保护提供过渡方式。反不正当竞争法保护模式主要用于在相关产业的竞争中保护非物质文化遗产相关权利人的利益。非物质文化遗产保护的背景不仅是文化多样性的需求，也是非物质文化遗产商业化带来的挑战。非物质文化遗产在商业化开发过程中也带动了一系列相关产业，如音像业、图书业、旅游业、工艺品业、广告业等。这些产业的发展与市场经济条件下任何产业的发展一样，应当遵守公平有序的竞争规则。反不正当竞争法规则禁止市场行为中的欺骗行为，它与非物质文化遗产的保护有关的主要原因就在于可以利用其以制止假冒非物质文化遗产产品的传播，防止损害非物质文化遗产的声誉等。

二、反不正当竞争法保护模式下的制度建构

（一）禁止以不正当手段损害竞争对手

在非物质文化遗产商业价值开发的过程中，容易出现以不正当手段从事市场交易、损害竞争对手的行为。有市场的地方就有竞争行为，有的国家虽然对非物质文化遗产的知识产权保护不感兴趣，但它们的反不正当竞争法是相对完善的，对于保护非物质文化遗产具有格外重要的意义。比如，非洲国家非常重视民间文艺的保护，但为非洲的民间文艺提供主要保护的是发达国家的反不正当竞争法。因为非洲的民间文艺产品在国外被大量地制造并假冒为非洲原产。[①]美国的《兰哈姆法》包含了禁止虚构原产地、

① 管育鹰：《知识产权视野中的民间文艺保护》，法律出版社2006年版。

虚假描述的规定；《联邦贸易委员会法》规定商业活动中的不正当和欺骗行为违法。反不正当竞争法主要是通过制止“正宗来源”的虚假描述或标示来保护非物质文化遗产发源地、传承人的利益。非物质文化遗产的商标权保护模式可以使该非物质文化遗产发源地或传承人通过商标法来控制对非物质文化遗产的开发，保护发源地、传承人的应有利益。

反不正当竞争法对非物质文化遗产的保护一如对知识产权法一样起着补充作用。比如2003年，澳大利亚竞争与消费者委员会（ACCC）依照反不正当竞争法和商业活动法起诉澳大利亚最大的土著人纪念品生产公司，要求禁止其继续称所生产的一系列手工印染和手工雕刻纪念品是“土著人的”或“正宗的”，除非该产品的确来自真正的土著人。法院认为该公司的这些陈述可能会误导消费者，因为其聘用的大多数生产手工艺品的艺术家并非土著人或后裔，并非真正的传统工艺产品。通过反不正当竞争法对相关工艺品的判定而间接保护了传统工艺。

我国《反不正当竞争法》第6条列举的以不正当手段从事市场交易，损害竞争对手的行为包括：（1）擅自使用与他人有一定影响的商品名称、包装、装潢等相同或者近似的标识；（2）擅自使用他人有一定影响的企业名称（包括简称、字号等）、社会组织名称（包括简称等）、姓名（包括笔名、艺名、译名等）；（3）擅自使用他人有一定影响的域名主体部分、网站名称、网页等；（4）其他足以引人误认为是他人商品或者与他人存在特定联系的混淆行为。从目前实践看，现有知识产权法难以完全规制非物质文化遗产相关产业中违反诚信和商业道德的虚假标识、误导来源等行为。目前市场中，正宗的非物质文化遗产产品一出现，由于经济利益的驱使以及现有知识产权相关法律的漏洞或不适用，市场上会立刻充斥一些假冒、伪劣的替代品。在全国各地的民俗旅游区、风景名胜地，甚至在远离非物质文化遗产发源地的区域，都有标示或描述为正宗来源地的非物质文化遗产产品出售，消费者根本无法区分货源。知识产权法暂时无法适用时，反不正当竞争法对制止非物质文化遗产发源地或传承人以外之人仿冒非物质文化遗产的特有名称、包装、装潢、产地、质量、知名的当地企业的名称等都是很有用的。[①]如梧州龟苓膏制作技艺，即使在广西梧州地域外生产出来的产品也有的会自称“梧州龟苓膏”；如果商标法等因种种原因还难以对这种行为实施禁止，反不正当竞争法无疑可以弥补这个缺漏，至少可以保证发源地或传承人向市场监管机关请求查处。仿制的非物质文化遗产产品，对发源地而言，不仅经济上受到损失，而且形似而不神似的仿制，还足以使人们对非物质文化遗产产品产生不好的印象，从而影响非物质文化遗产的名誉以及相关产业的进一步发展。反不正当竞争法对仿冒行为的制止，在某种程度上也对非物质文化遗产发源地或传承人的声誉（在市场行为中表现为商誉）起到维护作用。我国实践中，前面提到的“泥人张”案件，即是通过《反不正当竞争法》进行判决，保护天津泥人张的合法权利，防止非物质文化遗产被歪曲、误解。

（二）商誉权保护制度

商誉就是商业信誉、商品声誉的统称。一般认为，商誉是

---

① 管育鹰：《知识产权视野中的民间文艺保护》，法律出版社2006年版，第155页。

指具有一定经济属性、能影响企业获得一定利润水平能力的特殊的信誉。商誉是商品生产者或者经营者以及服务提供者的名誉、信誉和声誉的综合表现。商誉权是指民事主体对其在工商业活动中所创造的商誉享有利益而不受他人非法侵害的权利。在英美法系国家，商誉权的保护制度主要是通过判例建立起来的。大陆法系国家主要是援用侵权法或反不正当竞争法来保护商誉。在商誉权的国际保护领域，相关国际公约也主要是从制止不正当竞争的角度对商誉权进行规定，并将其纳入知识产权法律体系中。

也许有人会认为，商誉是商业竞争的一种产物，而非物质文化遗产的存在、保护并不是为了企业能够获得更好的商业利润，因此以商誉权保护非物质文化遗产过于牵强。但笔者认为，无论是从理论还是目前的实践而言，非物质文化遗产不仅是文化资源，也是一种重要的经济资源，在社会经济生活中所扮演的角色越来越重要。因而对其商誉的保护是必不可少的。并且，从法律性质上看，商誉主要体现的是一种财产价值。商誉的价值源于商誉主体为创造良好的商誉付出的长期努力和大量时间、精力以及财产的投入。非物质文化遗产是一个民族、地区乃至国家世代的积累，保护商誉权，是对世代人民积累的尊重，同时也是一个国家、地区形成新的经济增长点，占据良好竞争地位的前提。我国与瑞典签订的关于相互保护投资的协定规定，“投资”应包括缔约的一方投资者在缔约的另一方境内，依照法律和规章用于投资的各种形式的资产，尤其是版权、工业产权、工艺流程、商号和商誉。我国与法国签订的关于相互鼓励和保护投资的协定对投资范围的解释亦将商誉包括在内。可见商誉在现代社会中的重要性，在保护名誉的同时也能成为新的资产。随着社会的不断发展，非物质文化遗产的商业开发加剧。为保有非物质文化遗产在商业竞争中占据的优势地位，商誉制度的利用是值得重视且必要的。

我国《反不正当竞争法》第11条规定，经营者不得编造、传播虚假信息或者误导性信息，损害竞争对手的商业信誉、商品声誉。这一规定为我国保护商誉权，制裁侵害商誉的不正当竞争行为提供了直接的法律依据。非物质文化遗产商誉权的保护在于防止他人对非物质文化遗产性质的歪曲，以愚昧、落后等词汇形容非物质文化遗产。并且，我国非物质文化遗产丰富，部分相同或类似的非物质文化遗产分散广阔。例如皮影戏就分布广泛，河北、陕西、辽宁、浙江、湖北等地都有皮影戏，并且各具特色。通过商誉权的保护，不仅可以防止在商业开发中形成类似非物质文化遗产间相互诋毁的恶性竞争，还可以促进相互间的技艺、文化交流，推动非物质文化遗产的传播、弘扬。在非物质文化遗产的商业开发中，《反不正当竞争法》第6条的规定主要是识别标志的保护，禁止采用不正当手段，擅自使用与他人有一定影响的商品名称、包装、装潢等相同或者近似的标识。但基于识别性标志与商誉的关联性，对识别性标志的侵害将会造成商业信誉价值的降低，从而影响非物质文化遗产的商誉。

（三）商业秘密制度

商业秘密是指在权利人所在的领域和行业内不为公众所知悉，并为权利人采取合理的措施保持秘密状态且能够为持有人带来商业价值的信息。就非物质文化遗产来说，有一部分处于保密状态的信息可以通过商业秘密的形式获得保护。比如有些传统地域或民族内部掌握的信息知识以当今的眼光来看是具有经济利用价值的，而且由于这方面的非物质文化遗产通常限制传承人和传播范围，因此完全符合商业秘密的构成要件。我国的一些传统工艺、传统配方、绝活、绝技、祖传秘方等并未进入公有领域，只有极少数人或者少数地区的行业知晓，如景泰蓝、宣纸等的制造技术，都符合商业秘密的构成要件。但目前这类非物质文化遗产流失严重，川剧中的变脸技术就已流失海外。通过商业秘密保护非物质文化遗产，可以促进发源地、传承人法律保护意识的提高；同时也是以相应的制度规制非物质文化遗产传承人，防止我国宝贵文化遗产的流失。通过商业秘密制度保护非物质文化遗产较之别的保护模式成本低，并且在现行知识产权保护缺失的情况下可以通过合同方式进行约定保护非物质文化遗产，确保发源地合理权利及利益的获得，而且与其他类型的保护制度相比，商业秘密制度保护范围更广，保护方式更为灵活。我国政府已有相关规定，《传统工艺美术保护条例》第17条规定，从事传统工艺美术产品制作的企业应当建立、健全传统工艺美术技艺的保护或者保密制度，相关工作人员应当遵守国家有关法律、法规的规定，不得泄露在制作传统工艺美术产品过程中知悉的技术秘密和其他商业秘密。《国家级非物质文化遗产保护与管理暂行办法》第22条规定，国家级非物质文化遗产项目含有国家秘密的，应当按照国家保密法律法规的规定确定密级，予以保护；含有商业秘密的，按照国家有关法律法规执行。

目前世界各国对商业秘密的保护一般是通过商业秘密法或反不正当竞争法来实现的。对于非物质文化遗产的商业秘密保护也主要通过反不正当竞争法对第三方获取、开发利用和交流这种信息进行监控。也就是说，拥有这种秘密的非物质文化遗产的人可以控制其获得、使用和传播，并通过许可使用分享其商业开发所获利益。商业秘密的保护对那些地域、信息相对闭塞，非物质文化遗产保留完好的发源地保护自己的非物质文化遗产，防止非法利用十分有效，比如他们的一些传统的、赋有特别神圣意义的、不为外族所知的非物质文化遗产，如果被外族擅自记录下来并公开复制以此营利，就可以依照商业秘密法或反不正当竞争法进行追究。厄瓜多尔已经发起了将传统知识作为商业秘密保护的研究项目，其目标是通过将传统社区和居民所拥有的传统知识当作商业秘密进行保护而使他们从生物勘探的传统知识开发中受益。我国目前一些老字号企业传承的上百年的传统技术都是依靠商业秘密进行保护的。江苏省无锡市于2006年通过的《无锡市宜兴紫砂保护条例》于其第三章“制作技艺保护和传承”中对宜兴紫砂制作技艺的商业秘密保护进行了规定，即宜兴紫砂制作技艺按照国家有关保密法律、法规的规定必须保密的，应当严格保密措施。在不违反前述规定的前提下，宜兴紫砂研究、设计、生产单位，应当加强对职工进行宜兴紫砂传统工艺和制作技艺的培训，有计划地组织技艺人员开展技术交流、操作表演和业务考察等活动。宜兴紫砂通过商业秘密的保护，可以防止市场上鱼龙混杂，仿冒制品充斥而影响制陶人的创作热情和紫砂陶艺业的繁荣。可见，非物质文化遗产的商业秘密保护已得到一定应用。

我国《反不正当竞争法》第9条规定：“经营者不得实施下列侵犯商业秘密的行为：（一）以盗窃、贿赂、欺诈、胁迫、电子侵入或者其他不正当手段获取权利人的商业秘密；（二）披露、使用或者允许他人使用以前项手段获取的权利人的商业秘密；（三）违反保密义务或者违反权利人有关保守商业秘密的要求，披露、使用或者允许他人使用其所掌握的商业秘密；（四）教唆、引诱、帮助他人违反保密义务或者违反权利人有关保守商业秘密的要求，获取、披露、使用或者允许他人使用权利人的商业秘密。经营者以外的其他自然人、法人和非法人组织实施前款所列违法行为的，视为侵犯商业秘密。第三人明知或者应知商业秘密权利人的员工、前员工或者其他单位、个人实施本条第一款所列违法行为，仍获取、披露、使用或者允许他人使用该商业秘密的，视为侵犯商业秘密。本法所称的商业秘密，是指不为公众所知悉、具有商业价值并经权利人采取相应保密措施的技术信息、经营信息等商业信息。”通过非物质文化遗产商业秘密保护，可以禁止他人非法利用非物质文化遗产，在被非法利用时该非物质文化遗产发源地或传承人可根据相关规定要求赔偿。并且非物质文化遗产的商业秘密保护制度不仅具有防御性的保护功能，还具有积极的保护权能。

第一，身份权。根据商业秘密的基础理论，商业秘密开发人有权自行表明或要求他人确认其作为商业秘密开发人的身份。商业秘密的客体——商业秘密是人类智力活动的成果，它与开发人的脑力劳动及身份有密切的关系，因此，不能因为商业秘密处于不为公众所知的状态而否认其开发人的身份权。同理可知，非物质文化遗产的商业秘密保护制度可以确认非物质文化遗产发源地或传承人相应的身份权，通过该权能非物质文化遗产发源地或传承人可以在相关产品上进行标注，还可以在相关记载文件或数据库中写明发源地、传承人等以排斥他人假冒发源地或传承人。

第二，使用权和收益权。商业秘密权的主体按照商业秘密的性能与用途可以使用、转让并获得收益。因而，在商业秘密的保护制度中，非物质文化遗产发源地或传承人可以在法律允许的范围内以自己的意志对商业秘密加以利用，包括相关的转让事务。同时可以从对该非物质文化遗产商业秘密进行占有、使用与处分的过程中获取收益。

第三，处分权。商业秘密权主体有权处分其商业秘密。对商业秘密的处分可以分为事实处分与法律处分。前者是指将商业秘密抛弃或公之于众，使之进入公共领域为社会作出无偿贡献。非物质文化遗产是具有民族、地域特点的文化资源，同时也是全人类共同的文明发展成果。在为公共利益需要时，发源地人民可以自由处分非物质文化遗产。后者主要是指通过合同方式将商业秘密赠与或遗赠他人等。但是在非物质文化遗产领域，发源地人民的处分权应当受到一定的限制。例如川剧中的变脸技术，作为商业秘密虽然为变脸技术传承人所享有，但同时也是国家文化的精髓，受到国家利益的制约，不能任意赠与，损害国家利益。

商业秘密保护制度主要通过禁止他人非法利用保护非物质文化遗产，但同时也存在一定的缺陷。根据商业秘密法的规定，大多数国家的法律要求权利人应采取必要的保密措施使该商业秘密处于保密状态，这就要求权利人不仅有保密的意图而且有必要的保密行为。这在部分非物质文化遗产的保护和传承过程中难以做到。非物质文化遗产具有集体性，主体大多限于地域范围内或家族群体，很少能够证明该非物质文化遗产的保密性，因此会妨碍非物质文化遗产作为商业秘密受到保护。同时，随着全球一体化的影响以及我国自古以来就有的大一统思想，文化在不断地融合，即使是那些相对保留了自己特色的族群也习惯将传统习俗表演、展示甚至是传授，因而非物质文化遗产实际上是处于一种开放状态，尤其是在传统技艺领域，学徒等工作时间长后，自然就知道是怎样的做法，所以如果遭到不正当利用，往往难以主张商业秘密的保护。[①]

三、反不正当竞争法保护模式之得失

前文提及，反不正当竞争法主要作为知识产权保护的兜底性条款，对知识产权保护起着补充性作用。在非物质文化遗产的保护中，反不正当竞争法同样具有兜底性质的优势。

第一，保护对象范围广，可以将具有商业应用价值的所有非物质文化遗产纳入其中加以保护。著作权、专利权等传统知识产权制度对其保护对象都有一定的要求，必须满足该要求才能使其得到保护，这表明了在现有知识产权体系下，部分非物质文化遗产将因创新性、新颖性等要求无法得到知识产权保护。反不正当竞争法主要是调整商品经营者之间、经营者与消费者之间在市场交易中的竞争行为。因而，具有经济价值并实际应用于市场的所有非物质文化遗产都可以得到保护。

第二，保护期限问题。保护期限也是现行知识产权制度保护非物质文化遗产的一个重大限制。著作权、专利权的保护都具有

① 管育鹰：《知识产权视野中的民间文艺保护》，法律出版社2006年版，第158页。

一定的保护期限，超过保护期限则进入公共领域。而非物质文化遗产具有长期性，不是一时之事。反不正当竞争没有保护期限限制，与非物质文化遗产性质相协调，并且反不正当竞争法还可以对超过知识产权保护期限进入公共领域但已具有一定商誉的智力成果加以保护。这为非物质文化遗产的保护提供了更为广阔的空间和平台。

第三，保护费用问题。非物质文化遗产大多地处偏远，发源地经济欠发达，因而在非物质文化遗产的保护中，不得不考虑费用问题。无论是商标还是专利，在各个国家的保护中都有相应的申请费及不低的后续费用。相对而言，反不正当竞争法保护费用不高，可以解决发源地的经费短缺问题。

第四，商业秘密等制度可以直接保护知识。著作权保护的是思想的表达，商标权保护的是知识成果的转换，都是通过间接的方式保护非物质文化遗产。而商业秘密等制度可以直接保护非物质文化遗产本身的智力成果，并将其转化为商业价值，可以更好地做到保存、保留工作。但是比起著作权法、专利权法，反不正当竞争法并不具有普遍性，大多在法治较为发达的国家才有制定并执行，这将不利于非物质文化遗产的国际保护。

通过以上分析可知，现行知识产权法以将智力成果转化为经济利益从而推动非物质文化遗产的传播和弘扬，对保护非物质文化遗产及其发源地利益有一定的作用，但是还远远不够。法律人在探索非物质文化遗产保护的过程中已开始意识到现有知识产权保护非物质文化遗产的问题，由于现行知识产权的制度规定的局限性，加之非物质文化遗产大多地处偏僻、经济上多无法自给自足、高额的诉讼费用及信息的闭塞、发源地和商业开发者之间力量的不平衡等原因使得发源地在现行知识产权的利用上处于弱势地位。虽然现有知识产权可能带来某些益处，但是知识产权机制本身也是发展的，需要进一步的完善：考虑保护方式、期限、补偿和利益分享等方面，以待进一步促进和完善非物质文化遗产的保护。

第六章

专门知识产权保护模式

第一节　专门知识产权保护模式的提出

现行知识产权体系可以为非物质文化遗产提供一定的保护，但是由于非物质文化遗产客体、保护期限及权利的行使方式等方面具有与现行知识产权法客体不太一致的特殊性，因此，笔者认为应当在知识产权框架下建立一种相对完善的保护模式——专门的非物质文化遗产保护模式。专门法是针对某类特别客体设立的自成体系的一种法律，相应的权利称为“专门权利”。一般而言，专门权利或专门法是针对现有法律不能完善解决之客体而设立的。因而非物质文化遗产的专门知识产权保护模式为一种量体裁衣的保护方法，其目的在于建立属于非物质文化遗产自己的知识产权保护，即从非物质文化遗产本身的特质和特点出发，设计专门制度保护非物质文化遗产，而不是为了获得现行知识产权保护而使非物质文化遗产委曲求全。如同现行知识产权体系中，植物新品种权（育种权）和集成电路布图设计（拓扑图）权就分别是针对两类特别客体所设立的专门权利。

非物质文化遗产专门权利是指非物质文化遗产发源地、传承人或者其他权利人对非物质文化遗产享有的经济权利和精神权利的总称。具体来说，就是依据相关法律规定，对符合一定手续和条件的非物质文化遗产，授予其发源地、传承人或其他权利人对非物质文化遗产进行复制、利用和收益等的权利。非物质文化遗产专门知识产权保护模式即是通过上述权利的确定保护非物质文化遗产的方式。基于现行知识产权制度不能为非物质文化遗产提供完全的保护，以及专门知识产权模式保护非物质文化遗产具有相当的可行性，笔者认为可以在知识产权框架下建立专门的非物质文化遗产保护模式。根据知识产权法的基础理论和实践，从17世纪到今天，整个知识产权法律体系一直在演化，其中针对任何客体所设定的权利都不是与生俱来的，而是随着社会的发展而逐渐被纳入。例如，现代意义上的专利权诞生于17世纪（其标志为英国1623年的《垄断法规》），版权诞生于18世纪（其标志为英国1709年的《安娜法令》）。因此有理由相信，可以通过设定特别权利的方式为非物质文化遗产提供更多和更全面的保护。[①]当今世界很多国家尤其是发展中国家在其立法和司法实践中已有相应行动。非洲统一组织提出了自己的示范法，拉丁美洲国家主张建立在中美洲自由贸易协定框架下的专门制度。秘鲁制定的第27811号法律以特殊制度提供对非物质文化遗产的保护，是目前对非物质文化遗产保护较为完备的专门法。[②]泰国、巴拿马等国家对各自的传统知识的立法实践就已证明，可以通过特别法为非物质文化

① 刘银良：《传统知识保护的法律问题研究》，载郑成思主编：《知识产权文丛》（第13卷），中国方正出版社2006年版，第263页。

② 周欣宜：《传统知识特殊保护制度之探讨》，载郑成思主编：《知识产权文丛》（第13卷），中国方正出版社2006年版，第311页。

遗产提供特别的保护。

第二节　非物质文化遗产保护的基本原则

一、真实性原则

真实性（Authenticity）代表一种作为反对复制、作伪和假冒的原真特性。[①]“真实性”于20世纪60年代被引入遗产保护领域，并逐渐在世界范围内达成共识和相互理解。在文化遗产保护方面，其概念出现在1964年的《威尼斯宪章》中，主要针对当时欧洲文物古迹的保护和修复，提出“将文化遗产真实地、完整地传下去是我们的责任”，奠定了真实性对文化遗产保护的意义。世界遗产领域内关于“真实性”的解释最初见于《实施〈世界遗产公约〉操作指南》，比较详细的解释见于1994年的《奈良真实性文件》。真实性已经作为物质文化遗产保护的核心原则之一。作为文化遗产重要组成部分的非物质文化遗产的保护，同样需要重视并借鉴真实性原则。坚持真实性原则，保留历史遗产的原本真实，保留遗存的所有历史文化信息，发挥它的历史见证性，有助于提高对文化遗产价值的认识，坚持合理的保护理念和实践，防止文化遗产的变质，保留人类千百年的优秀文化成果。

中国5000多年文明史留下了无与伦比的文化积淀，不仅有丰富深厚的物质文化遗产，同时也有多姿多彩的非物质文化遗产。世世代代劳动人民口传心授、约定俗成的活态文化，是民族的灵

---

① 周年兴、俞孔坚、黄震方：《关注遗产保护的新动向：文化景观》，载《人文地理》2006年第5期。

魂、民族的根，是现代文化发展的不竭的源泉。非物质文化遗产是在特定的文化生态环境中产生和发展起来的。但如今，由于社会转型、科技发展带来了人民生产、生活方式及文化生态环境的变化，原始的非物质文化遗产正在走向衰落，或走向变异。如电影、电视剧及书报普及之后，传统的戏曲文化对人们的吸引力就大大减弱了。并且，由于大量农民的进城务工，致使农村许多结合农事或者在农闲时进行的民间文化活动也随之自然消歇了。[①]还有西方文化对于青年人思想的冲击，一定程度上影响了其对于中国传统文化的学习和了解，比如在婚庆礼仪方面，现在青年人多习惯采用西式婚礼，而中国传统的纳言、纳吉等婚嫁六礼被冷落一旁，随时会自然消失。非物质文化遗产的保护迫在眉睫，真实性是检验世界文化遗产保护的一条重要原则，要求真实、全面地保存并延续文化遗产的历史信息及全部价值，才能实现保护文化遗产的目的。在非物质文化遗产的保护中自然也是重要原则。

非物质文化遗产的保护要实事求是，尊重传统和历史，绝不能张冠李戴。传统文化的保护是对历史的选择，是传统的延续，既不能割断历史，也不能随意移植。目前，在非物质文化遗产的保护过程中，出现了一些歪曲现象。比如，有的地方为了商业需要，招揽旅客，一日数场地推出民间传统歌舞表演，实际上这些歌舞与传统歌舞没有一点关系，只是一种纯粹的商业行为。受经济利益的驱使，一些地区的民风习俗商品化，甚至一些地方为了掺入人文内容进行包装，移植一些民族传统礼仪和文化，从内容到形式把一个民族的东西说成另一民族的东西，把不是本地方、

① 王文章主编：《非物质文化遗产概论》，文化艺术出版社2006年版，第324页。

本民族的文化硬说成本地本族文化，使得非物质文化遗产丧失了其本来的传统意义，被歪曲化、被庸俗化、被虚假化。此类做法使得非物质文化遗产失去了其本来的历史、艺术价值，远离了其形成和发展的良好环境，并且极易伤害非物质文化遗产发源地人民的情感，影响社会的和谐发展和优秀人类文明成果的传承、弘扬。这类做法不应归入非物质文化遗产保护的范畴。

非物质文化遗产的保护应当在尊重历史、尊重传统、保护其原味的基础上进行，应当坚决反对非物质文化遗产的制假活动。有的人随意地添加民间口头故事的情节，人为地把故事拉长，使一些民间文学作品面目全非，搞得真伪难辨，真正的非物质文化遗产反而得不到保护和传承。因此，非物质文化遗产的保护应当首先确定真实性原则，才能达到非物质文化遗产的保护目的，促进非物质文化遗产的传承。

二、整体性原则

所谓整体性就是要保护文化遗产所拥有的全部内容和形式，也包括传承人和生态环境，即从整体上对文化遗产加以关注并进行多方面的综合保护。整体性原则目前主要用于评价自然遗产。如原始森林或野生生物区等。整体性原则既保证了世界遗产的价值，同时也为遗产的保护划定了原则性范围。

在全球经济一体化和社会生活现代化的大潮中，非物质文化遗产面临着前所未有的困境，正在迅速变异或消失。非物质文化遗产受到社会大生产和外来文化的强烈冲击，这样的冲击不仅意味着个别文化片段的毁灭，还意味着整个多样性文化的改变。作为一个文明古国，中国拥有丰富多彩的非物质文化遗产。非物质文化遗产既包含着丰富多样的内容和形式，又与特定的生态环境相依存，应当以全方位、多层次的方式保存人类文化的多样性、丰富性。非物质文化遗产是彼此相互依存构成的文化整体，应当对其进行整体式保护，而不应是碎片式的，停留在保护一个个“文化碎片”或者“文化孤岛”上，否则会将一个整体的文化结构人为地撕裂开来，仅做到形式上的保护，实际上却破坏了文化本有的整体风貌，不能保留完整的文化。世界自然遗产保护的现实和经验也告诉我们，虽然自然遗产与非物质文化遗产具有一定程度的区别，但其都是人类的宝贵财富，整体性原则是非物质文化遗产保护的必然趋势。因此，整体性是非物质文化遗产保护需要坚持的一个重要原则。

人类文化遗产分为有形的物质文化遗产和无形的非物质文化遗产。静态的物质文化遗产是固定的、不可再生的，它是一种时间记忆和空间象征，对其可以用固定手段进行有效保护。非物质文化遗产却是发展的、流动的，它存在于特定群体和环境中，是一种活着的文化，是发展着的传统行为方式，有着自己运行的客观规律。它是流淌于过去、现在和未来整个历史长河中的，它永远处于不断更新与创造之中。

非物质文化遗产在其传承的过程中不断融入新生活的内容，在继承和创新中再生、发展、延续。正如德国哲学家加达默尔指出的：“即使在生活受到猛烈改变的地方，如在革命的时代，远比任何人所知道的多得多的古老东西在所谓改革一切的浪潮中仍保存了下来，并且与新的东西一起构成新的价值。”[①]作为活态文化的

① [德] 加达默尔：《真理与方法：哲学诠释学的基本特征》(上卷)，洪汉鼎译，上海译文出版社2004年版，第363页。

非物质文化遗产，它活在奔腾不息的历史长河中，随着历史的演进和时代的发展，不断地变化、更新，不可能一成不变。它一方面保持原有的民族文化精神，另一方面随着时代的发展不断注入新的文化内涵，使之发展和升华。传统的相声艺术在保持原有的说、学、逗、唱的基础上，结合时代发展而出现的新的艺术形式RAP等，在保有原有观众的同时也没有失去年轻一代的观众，充满深厚文化意蕴的同时也不失现代生活的气息。这说明非物质文化遗产在每个社会发展阶段都会产生新的变异，并在变异中求得生存和发展。因此，非物质文化遗产的保护要在客观地看待它的变化，承认它的发展和流变的基础上进行，不能只注意非物质文化遗产的历史形态，以为其“过去时”是最合理的存在，而忽视非物质文化遗产的现时状态和将来发展，人为地将还在生活中的非物质文化遗产“化石化”。[①]

非物质文化遗产的整体性是由无数具体的文化事象构成的。它要求在对某一非物质文化遗产进行保护时不能只顾及其本身，还必须连同其周围环境一起加以保护；不仅要注重非物质文化遗产静态保护的成就，还要关注它的存在方式和存在过程。诚如珍稀动物的保护离不开对它自然生存环境的保护一样，非物质文化遗产的保护亦不能将具体的文化事象从它的生存环境和背景中割裂出来“保护”，否则会切断具体传统文化事象自我更新、自我创造的能力，最终使优秀的文化遗产的根基受损。例如，非物质文化遗产中民歌的保护，歌词是需要保护的重要内容，同时民歌调子也是非物质文化遗产的一部分。对其记录整理固然重要，但

① 王文章主编：《非物质文化遗产概论》，文化艺术出版社2006年版，第329页。

这是远远不够的，难以表达民歌中所饱含的丰富情感表达，也不能保证民歌在当地的演唱能长久地传承下去。对非物质文化遗产而言，如果没有整体性的保护，很有可能失去它赖以生存的土壤。正如游园观灯之于元宵、龙舟竞渡之于端午。没有了元宵、没有了端午，观灯、竞渡也就失去了其原有的含义，不能称为传统文化了。由此可见，非物质文化遗产的保护使之能够流传下去，而保护非物质文化遗产存在最基本的生态环境，才能使之长久地延续。

文化精神和气韵的流变是有生活基础的，忽视了生机勃勃的生活对非物质文化遗产的滋润，保护难免流于形式。因此，整体性的保护是非物质文化遗产保护需要坚持的原则之一。

三、可持续性原则

可持续发展是指既满足当代人的需要，又不对后代人满足其需要的能力构成危害的发展。可持续发展战略是以人为中心的发展观，它要求正确认识“人与自然”“人与人”的关系，强调人与自然的和谐。可持续发展问题涉及人类社会生活的各个方面和各个领域，经济发展、文化建设、社会进步和环境保护等，都是可持续发展的组成部分。就非物质文化遗产保护而言，可持续性原则一方面要求我们充分认识到保护非物质文化遗产的长期性和连续性，坚定保护理念，持之以恒下去；另一方面要求以合理的方式保护非物质文化遗产，以保证非物质文化遗产能够长久地流传和发展。《保护和促进文化表现形式多样性公约》确立的指导原则中就包含有可持续发展原则，其为此规定，文化多样性是个人和社会的一种财富。保护、促进和维护文化多样性是当代和后代的可持续发展的一项基本要求。《保护非物质文化遗产公约》第2条对非物质文化遗产定义中有这样一句话，“这种非物质文化遗产世代相传，在各社区和群体适应周围环境以及与自然和历史的互动中，被不断地再创造”。可见，非物质文化遗产的保护是需要与环境、生活相结合而不断发展变化、创新，可持续发展的。

非物质文化遗产保护的可持续性原则需要将坚持以人为本作为前提。非物质文化遗产的保护应当始终贯彻以人为本的人文关怀理念。非物质文化遗产的保护首先应当尊重非物质文化遗产发源地或传承人的现实需要。保护不应当妨碍发源地经济的发展，不应当以牺牲传承人的生活质量为代价。尽管现代化的生活不一定代表幸福生活，但应当尊重发源地人民或传承人选择生活方式的权利。不可否认，非物质文化遗产的保护和现代生活之间存在一定的矛盾，例如闽西的土楼以及因为在土楼内聚族而居的生活所形成的独特文化现象。在农耕社会远去的今天，聚族而居也随着生产力的发展变得不再必需，年轻一代更向往相对独立的空间和现代化的条件，许多当地居民脱离了大家族，住进楼房。与之相对应，土楼生活中形成的独特的文化现象也再难恢复。但非物质文化遗产的保护不能以此为借口要求当地居民一定搬回土楼。正如有学者所讲的，我们不能以人类文化多样性发展的名义，来牺牲部分民众对美好生活的追求。既要从整个人类和全体人民的角度，考虑到世界文化的多样性发展、民族文化的建设和优秀文化遗产的保护；同时也要考虑到作为文化遗产传承人的民众的个体切身利益。[①]

---

① 刘魁立：《论全球化背景下的中国非物质文化遗产保护》，载《河南社会科学》2007年第1期。

非物质文化遗产的保护方式和方法，一定要有利于人的全面发展和人与环境的和谐。其实，非物质文化遗产的保护要尊重不同民族和人群的生活方式、风俗习惯乃至宗教信仰，在保护其精神意志不受侵犯的同时，引导其正确对待自身保有的文化遗产，利用该非物质文化遗产促进经济的发展，传承非物质文化遗产。

非物质文化遗产保护的可持续性原则亦需要坚持合理利用的方式。中共中央办公厅、国务院办公厅颁布的《关于进一步加强非物质文化遗产保护工作的意见》中指出了“保护为主、抢救第一、合理利用、传承发展”的工作方针。对于各种非物质文化遗产，应当根据具体情况，采取不同的保护措施。对于那些已经失去了生存条件的文化形式，从某种程度上讲其已转化为物质文化遗产，可以采用收入博物馆的方法加以保存。但对于那些仍然具有生命力的非物质文化遗产，则应采取积极的保护措施——活态保护，通过合理开发利用，使之更好地传承和发展。在立足保护的基础上，非物质文化遗产的合理利用和适度开发能更有效地保护其传承、发展。

目前，非物质文化遗产的经济价值越来越为人们所认识，许多地区已开始对非物质文化遗产进行多种多样的商业性开发。例如，云南省昭通市巧家县的黄氏家族祖传下来的家传秘学“黄家医圈”，其指导思想是一种古老而朴素的循环哲学理论。自1990年以来，“黄家医圈”以商业方式向社会提供医疗医药服务和产品，目前“黄家医圈”已经形成集医疗、科研、教学、生产、销售、旅游于一体的产业集团，并在境外设立了分支机构。此种经济效益反馈于发源地对于非物质文化遗产的保护是一股巨大的推动力量，合理开发利用与保护不是相互冲突的，而是相辅相成、互相促进的。可见，对非物质文化遗产的活态保护——合理开发利用，不仅能使非物质文化遗产发扬光大，而且能利用文化优势促进经济增长，实现文化与生产力的同步发展，实现文化资源的可持续发展。活态保护非物质文化遗产不仅是对其自身的保护，还能在一定程度上保护非物质文化遗产的生存环境。有学者提出“活鱼要在水中看”，可见生存环境保护的重要性。

就非物质文化遗产而言，其所依赖和生存的空间在急剧变迁，许多非物质文化遗产正逐渐失去存活的土壤，因而对非物质文化遗产生存环境的保护是非常重要的。可持续保护则可以改善非物质文化遗产发源地的基础设施，提高整体的吸引力，可以促进当地更多的年轻一代对非物质文化遗产的关注，从而推动对非物质文化遗产的传承。但是，在推进非物质文化遗产的商业开发中，必须以“合理”为限度，不能为满足商业的需求就歪曲非物质文化遗产本身，防止对非物质文化遗产的过度开发、利用。

四、国家主权原则

国家主权原则是指国家对本国的非物质文化遗产享有管辖权的原则。1992年通过的《生物多样性公约》确立了关于遗传资源的国家主权原则，明确了国家拥有对遗传资源的主权。而在此之前，发达国家借鉴于海洋法上的共同遗产制度，主张遗传资源是人类的共同遗产。而自《生物多样性公约》通过，遗传资源为人类共同财产的观念被彻底打破，国家主权原则确认了各国对其遗传资源拥有主权，可否取得和利用该遗传资源取决于各国政府，并按照该国国内法律和环境政策行使，这可以防止发达国家对发展中国家的无形侵害，阻止损害性使用的发生。笔者认为，随着非物质文化遗产保护在知识产权领域受到越来越多的关注，该原则也可以贯彻到非物质文化遗产的保护中。2003年《保护非物质文化遗产公约》的通过开始了国家主权原则在非物质文化遗产领域的建立。

《保护非物质文化遗产公约》以科以义务的形式承认了国家主权原则。根据该公约第11条的规定，缔约国应采取必要措施确保其领土上的非物质文化遗产受到保护。主权，又称国家主权，是指一个国家独立自主处理自己内外事务，管理自己国家的最高权力。依国际法原理，国家主权对其领土范围内的人、事、物具有最高控制权，自然包括非物质文化遗产在内，只要在该国的领土范围内，就应受到该国主权的控制。《保护非物质文化遗产公约》将保护非物质文化遗产的基本义务赋予国家，也即表明国家对本国的非物质文化遗产拥有相应的权利。遗憾的是，该公约没有明确提及国家主权原则。但《世界人权宣言》《公民权利和政治权利国际公约》《经济、社会及文化权利国际公约》等公约为非物质文化遗产的国家主权原则确定奠定了法律基础。

国家主权原则可以防止国家间非物质文化遗产侵害行为的发生。但需注意，此处的国家主权并不是主权国家对非物质文化遗产事实上的支配权，更主要地体现为一种国家管辖权，决定非物质文化遗产是否可以得到国际开发和利用。而且，国家对其领土范围内的非物质文化遗产拥有主权也不意味着非物质文化遗产属于国家财产。“国家主权不具有私权性质，为此一些国家的相关立法将这一原则引申到私法领域。”[①]非物质文化遗产的国家主权原则

① 吴汉东：《知识产权国际保护制度的变革与发展》，载《法学研究》2005年第3期。

的作用之一还对国家所有和私人所有的非物质文化遗产作出区分。此亦可以借鉴遗传资源的相关规定。根据现行的国际立法，遗传资源设定的模式大致分为三类。第一种模式是私人所有权，即遗传资源依国内法，可由私人拥有，如美国国家公园对其地域内的遗传资源可以行使所有权。第二种模式是国家所有权，即国家对其遗传资源及相关传统知识拥有所有权，如菲律宾规定国家对生物资源及有关传统知识享有所有权，野生生物、植物群和动物群等及有关传统知识，均为国家所有。对它们的处置、发展和利用均受国家的监督和控制。第三种模式是分别所有权，即一国主权控制下的国家、传统部族对遗传资源分别行使所有权，如哥斯达黎加的相关规定。可见在遗传资源领域，国家主权更多地表现为一种监督、控制权，而更多的使用、处分等具体权能是由发源地或传承人行使的。因此，在非物质文化遗产保护领域贯彻国家主权原则也主要体现为一种监督、控制权。

随着非物质文化遗产合理开发和利用的必然趋势，国家主权原则主要针对的是外国或者国际组织对本国非物质文化遗产的随意开发和无偿使用的不合理、不公正现象。确认国家主权原则就是要将是否允许他国或者国际组织获取和使用非物质文化遗产的决定权归于该国政府，并且获取和使用该国非物质文化遗产必须依照该国的法律进行。非物质文化遗产的保护目标有两个：一个是文化目标，即为了民族文化的血脉传承和延续发扬；一个是经济目标，即促进文化资源转换为经济效益，通过对非物质文化遗产的商业开发实现非物质文化遗产的振兴。外国或者国际组织对本国非物质文化遗产的开发，不仅涉及发源地的经济权利，还涉及国家保护非物质文化遗产的文化目标和经济目标的实现，因此对国家主权必须予以尊重。国家主权原则应作为非物质文化遗产保护的原则之一。

第三节　非物质文化遗产之上的权利制度

全球范围内，很多发展中国家开始通过宪法和其他相关法律确认非物质文化遗产之上的权利。菲律宾1997年颁布了《原住民权利法》，承认、保护、促进原住民群体的文化权利。厄瓜多尔《宪法》对社区祖传的知识承认“集体知识产权”，其《知识产权法》对土著和本土社区的集体知识产权建立了专门法保护体系。巴西《宪法》规定，必须承认印第安人的社会组织、风俗习惯、语言和传统，以及他们对其依传统占有的土地的原始权利。联邦有责任区别他们、保护他们，并保证尊重他们的所有财产。委内瑞拉《宪法》规定，确认和保护土著知识、技术和革新的集体知识产权。任何有关遗传资源以及与其相关的知识的工作都必须是为了集体的利益。禁止对这些资源和祖传知识登记专利。上述规定在非物质文化遗产保护的权利确认方面迈出了一大步，构建了具有一定可操作性的权利制度。

一、权利确认制度

在非物质文化遗产的权利确认方面，世界知识产权组织提供了两种选择：一种选择是无论传统知识处于什么形式或者状态，均应赋予权利，就像保护商业秘密无须任何形式的注册一样，只要产生它的条件存在，就应持续保护。另一种选择是依靠一国政府机构编辑登记的传统知识资料来确定权利。其程序是形式审查或者实质审查提交的非物质文化遗产的资料和适用的法律文件后自动登记。我国对于非物质文化遗产的权利确认走的是第一种和第二种选择相结合的路线。权利保护采纳的是第一种，但同时政府大力倡导和推广非物质文化遗产的登记。《国务院办公厅关于加强我国非物质文化遗产保护工作的意见》第3条要求建立非物质文化遗产名录体系，紧接着在2006年国务院公布了第一批国家级非物质文化遗产名录（共计518项）。截至2022年，国务院已公布了五批国家级项目名录。

WIPO提供的两种选择各有利弊。第一种选择主张无须登记而保护权利，这对非物质文化遗产传承人而言具有吸引力，但实际操作中也会引发问题，若有多主体对同一非物质文化遗产主张权利则争议在所难免。第二种选择具有较强的可操作性。该非物质文化遗产信息注册登记不仅可以将非物质文化遗产的相关信息提供给公众，同时发源地或传承人可以通过登记注册取得在法律之上的相关权利。注册登记不仅是将非物质文化遗产信息记录，也是透过注册登记向大众告知其权利的存在，是对相关权利肯认的保证。目前，注册登记可以分为宣示性注册登记和创设性注册登记。宣示性注册登记是指该制度所肯认的非物质文化遗产权利，是一种祖传的权利，非政府授予的，非物质文化遗产之上的权利并非因该宣示性注册登记制度而产生，因此，宣示性制度可以被认为是在确认非物质文化遗产原已存在的积极性权利。[①]虽然注册登记并未影响既已存在的权利，但其可以协助有关机关审查在先

① 周欣宜：《传统知识特殊保护制度之探讨》，载郑成思主编：《知识产权文丛》（第13卷），中国方正出版社2006年版，第301页。

技术并防止对非物质文化遗产的不当利用和占有。创设性注册登记是透过该注册登记制度创设出排他的非物质文化遗产权利，且注册登记结果的数据库对大众公布传统知识权利，以确认非物质文化遗产发源地或传承者具有道德上、经济上及法律上的利益并受到保护。大部分的创设性注册登记被认为是具有公共的特性，因此多由国家机关所管辖，并依法明确订立有效的非物质文化遗产注册登记应采取的措施。但是宣示性注册登记由于该制度的立法精神在肯定非物质文化遗产发源地既已存在的权利，不论注册登记与否皆应受到保护，因此可能会造成怠于注册登记的情形。而创设性注册登记则难以确定非物质文化遗产登记人的主体资格。

目前，一些国家已经就非物质文化遗产进行登记并文献化的重要性达成共识，而且对于社区或者政府而言，对非物质文化遗产进行分类、登记和文献化不仅可以阻止类似于“生物剽窃”的现象发生，而且提供了一个可分享利用这些知识所带来利益的基础。但其弊端也非常明显，无论是宣示性注册登记或是创设性注册登记，因非物质文化遗产一旦在文献中公布，则新颖性丧失。对于传承人而言，文献化并不能实现分享利益，鉴于文献化的知识将被视为现有技术的组成部分，它甚至已排除了分享利益的可能性。更为重要的是传统社区对属于自己的一些纯精神和宗教性质的资料有着强烈的保密意识。因此，在非物质文化遗产的登记中应注意采取相应的保密措施，以保证非物质文化遗产保护的实现。

二、权利主体

非物质文化遗产主要是集体智慧的结晶，由特定群体共同创造完成，超越了个人智力成果的范围。当然，并不排除个人创造者及其传承人的情况。非物质文化遗产通常以自然环境和人文环境比较接近的一个地域，或者以宗教和血缘为纽带，致使很多非物质文化遗产归属于一个民族、多个民族和国家，甚至可以超越国家的界限。因此，非物质文化遗产权利主体的确认便成为保护非物质文化遗产的重要问题。

按照TRIPS的规定，知识产权本质上是私权，但需要注意的是私权并不等同于个人权利，是与公权相对应的概念。私权作为私法意义上的权利，不仅仅是个人权利，同时还包括了集体权利。18世纪以前的欧洲和现在的传统社区，其知识生产是以多人合作为基础。随着商品经济和科学技术的发展，在18世纪以来的欧洲及后来的北美等地区，知识生产过程中作者和发明者被凸显出来，而形成了以个人为基础的知识产权。但高科技条件下知识生产实践又开始了变化，计算机、网络等高科技的发展和电脑的普及，促使知识生产的实质发生了变化。以作品的创作为例，在信息网络技术条件下，作品的创作，从以前“孤独”天才的思考变成了多人之间的协作。读者与作者身份经常互换，创作演变成了电子信息穿梭交换的合作互动的过程。[①]笔者认为，非物质文化遗产的传承人可以分为个人、家庭、社区、民族、国家五个层次。以传承人的范围为标准，非物质文化遗产的权利主体主要可以分为国家、团体和个人三种类型。详述如下：

1. 行政机关型权利主体。行政机关权利主体可以分为国家权

① 严永和：《论传统知识的知识产权保护》，法律出版社2006年版，第181—182页。

利主体和地方行政机关权利主体。按照国家主权原则，一国对本国内的非物质文化遗产享有主权。这是从公法角度出发的。从私法的角度看，国家也可以成为非物质文化遗产的权利主体。在国家疆界范围内的、由不特定的大多数国民传承的非物质文化遗产，其权利主体为国家。这些非物质文化遗产包括整个国家的社会风俗，流行于整个国家的礼仪、节庆、非物质文化遗产媒介语言等。由于地域、环境和文化因素的差别，一国内部不同的地域的非物质文化遗产千差万别。在特定行政区划范围内的、由不特定的大多数居民传承的非物质文化遗产，其权利主体为地方行政机关。

2.团体型权利主体。很多非物质文化遗产是由行业团体或者家庭性团体传承发展的。由特定社会团体（包括行业团体和家庭等）传承的非物质文化遗产，其权利主体为该团体。

3.个体型权利主体。尽管非物质文化遗产绝大多数是由集体创造完成的，但这并不排除有一部分非物质文化遗产是由个人创造完成的，或是由个人传承。由特定个体传承的非物质文化遗产，其权利主体为该个人。

三、权利内容

菲律宾的《原住民权利法》的第四章规定了社区或族群享有知识产权、传统知识权、自主发展科技文化权以及保护生物遗传资源权，其知识产权又包括了开发利用本群体的文化传统及习俗的权利。笔者认为，非物质文化遗产的权利是知识产权的一种新类型，可以分为精神权利和财产权利两类。

（一）精神权利

一般而言，精神权利具有永久性、不可分割性和不可转让性的特点。所谓永久性，是指精神权利的保护在一般情况下不受时间限制。我国《著作权法》第22条规定，作者的署名权、修改权、保护作品完整权的保护期不受限制。所谓不可分割性，是指非物质文化遗产之上的精神权利与发源地或传承人不可分离，专属于非物质文化遗产的权利主体。非物质文化遗产的精神权利只能由发源地或传承人享有，任何人不得随意侵犯，歪曲非物质文化遗产。所谓不可转让性，是指非物质文化遗产的精神权利不得转让给他人或者放弃。非物质文化遗产是古人流传下来的宝贵财富，蕴含了一个民族、地区形成至今的精神、文化并应当延续下去，不能随意地转让、放弃，致使非物质文化遗产流失。

1.署名权。署名权是指在非物质文化遗产或者其作品上署名，表明发源地或传承人身份的权利。非物质文化遗产的署名权的意义在于：第一，有利于正确认定非物质文化遗产发源地或传承人身份和确认其他相关权利归属。发源地或传承人通过署名的方式表明自己的发源地或者传承人身份。第二，对于非物质文化遗产发源地或传承人的一种社会公示，表明由该非物质文化遗产所产生的一切后果，不论是荣誉还是批评都由其承担。第三，使发源地或传承人随着非物质文化遗产的传播、发扬而在社会上产生积极的影响，从而间接地影响该发源地或传承人的社会地位和财产利益。

非物质文化遗产之上的署名权与现行知识产权中的署名权有着紧密联系，但同时也不完全相同。著作权中，作者有权决定是否在作品上署名，是署真名还是署假名，以及不署名等。不署姓名是署名权的行使方式之一，不等于没有或放弃署名权，也不等于没有或放弃作者身份，更不等于不享有或放弃所有其他著作人身权和财产权。在非物质文化遗产的署名权中，笔者认为，其没有不署名或者署假名的权利。非物质文化遗产是一个民族、地区精神文化的代表，是传统文化的象征，是影响一个民族、地区发展的重要精神财富，它是一个民族、地区长久积累的智力成果，不完全等同于现有知识产权中个人创造的智力成果，因而其所享有的自由度应当受到适当限制。在非物质文化遗产的运用过程中，都应标识发源地，这是对发源地人民的一种尊重，也是一种地域文化的弘扬。但同时，非物质文化遗产的权利主体可以通过署名权禁止他人未经其同意而标注该“非物质文化遗产”之名，侵犯非物质文化遗产发源地利益，甚至破坏非物质文化遗产的行为。例如，新西兰政府对其出版的两份关于毛利人资源管理的文件宣称拥有版权，但其中甚至都没有对许多提供信息的毛利人表示感谢。[①]而通过署名权，该问题可以得到很好的解决。署名权是非物质文化遗产的精神权利，因此该权利主体的署名权不得转让、放弃。

2. 保护非物质文化遗产完整权，即保护非物质文化遗产不被歪曲、贬损和侵犯的权利。非物质文化遗产是人类宝贵的文化精神财富，其不应被人丑化，不能擅自对其内容、表现形式或艺术效果进行删改、变动，以防止该非物质文化遗产的名誉、声望受到损害。但是为了非物质文化遗产的存续和发展进行的创新，不视为侵犯保护非物质文化遗产的完整权。通过完整权可以保护非

---

① [美] 达里尔·A.波塞、格雷厄姆·杜特费尔德：《超越知识产权——为原住民和当地社区争取传统资源权利》，许建初等译，云南科技出版社2003年版，第31页。

物质文化遗产的纯洁性。

保护非物质文化遗产完整权的内容在于保护非物质文化遗产不受歪曲、篡改。所谓歪曲，是指曲解非物质文化遗产本身的文化含义，损害其所代表的发源地文化的行为；所谓篡改，是指擅自增补、变更非物质文化遗产，破坏其特有形式的行为。这些行为都会损害非物质文化遗产的名誉及含义，因而应当禁止对非物质文化遗产作出上述破坏行为。不过，为了利于非物质文化遗产的时代性，为了利于其传承、延续，根据生活方式、生活习惯的改变而对非物质文化遗产所进行的更新、创作，不应当视为侵犯非物质文化遗产完整权。

3.获得尊重的权利。每种文化都有尊严和价值，它必须得到尊重和保护。2005年10月联合国教科文组织通过了《保护和促进文化表现形式多样性公约》，其中就明确：保护与促进文化表现形式多样性的前提是承认所有文化，包括少数民族和原住民的文化在内，具有同等尊严，并应受到同等尊重。非物质文化遗产是人类文明史的重要组成部分，它是一个民族、地区结合自然条件和自身特点而形成的文化结晶，它是人类文化多样性发展的重要保障。由于各个民族、地区生存条件不同，而形成了不同的发展状况和生活方式，从而各自的非物质文化遗产也独具特色。但它们共同的存在、发展才是人类继续发展和创造的源泉，不能因为对自身文化的认同感而否定或者歧视其他文化，尤其是对于弱势群体的文化，比如部落文化、原住民文化等。[①]《世界文化多样性

---

①［美］达里尔·A.波塞、格雷厄姆·杜特费尔德：《超越知识产权——为原住民和当地社区争取传统资源权利》，许建初等译，云南科技出版社2003年版，第34页。

宣言》附件第14条规定，尊重和保护传统知识，特别是土著人民的传统知识；承认环境保护和自然资源管理方面的传统知识的作用；发挥现代科学与民间传统知识的协同作用。

（二）财产权利

1.控制权。控制权是指控制非物质文化遗产的权利。非物质文化遗产是人类宝贵的财产，但同时也是发源地的特定权利。因此，非物质文化遗产的权利人对非物质文化遗产的利用和开发应当有控制、知晓的权利。其相似于《生物多样性公约》所建立的知情同意原则所赋予发源地或传承人的权利。对于非物质文化遗产的利用可以分为商业开发和科研使用，而现在的科研开发往往是为了贡献于明天的商业开发。因而无论何种情况的利用，均应当告知非物质文化遗产权利人，使其知晓该非物质文化遗产所处状态，进而促进非物质文化遗产的发展。印度《生物多样性法》规定，任何人想对基于印度获得的生物遗传资源和传统知识的研究成果获得知识产权，必须事先获得印度生物多样性国家管理局的许可。一国或者国际组织利用他国的非物质文化遗产应征得所属国的同意，这是国家对非物质文化遗产控制的表现。还有，无论是非物质文化遗产的国际开发还是国内开发利用，都应当告知非物质文化遗产权利主体，使非物质文化遗产处于权利人的控制、知晓之下。否则，对非物质文化遗产的开发或者利用是不公平和不公正的，行为本身就是非法行为，可以被制止。基于非物质文化遗产的控制权，在权利人未知对非物质文化遗产的开发和利用的情况下，任何人或组织不得对该非物质文化遗产进行开发和利用。同时，非物质文化遗产的控制权还包括对非物质文化遗产开发和利用过程的控制，这种控制权可以保证利用过程中非物质文化遗产不被歪曲，保障非物质文化遗产的纯正性。

2.披露和使用权，即权利主体决定是否进行披露以及如何使用非物质文化遗产的权利。根据这一权利，非物质文化遗产权利主体有权处分其非物质文化遗产。非物质文化遗产大多处于公开状态，但其中仍有部分作为族群或传承人的秘密而保存。因而在不影响国家文化利益以及非物质文化遗产存续的情况下，传承人等有权决定是否使其非物质文化遗产披露，处于公开状态，如凉茶的制作工艺等，权利人可以通过披露使非物质文化遗产得到更广泛的学习和传播。而对处于公开状态的非物质文化遗产，由于其公开性而使得对该非物质文化遗产的利用简便，极易造成非物质文化遗产的不正当利用或滥用。而权利人的使用权可以确保非物质文化遗产的利用模式，权利人多为非物质文化遗产发源地或传承人，因而其了解非物质文化遗产的产生背景、文化渊源，可以更好地挖掘非物质文化遗产的价值，以正确的利用方式使非物质文化遗产的开发处于正当利用的状态，不仅创造一定的经济利益，同时也不会对非物质文化遗产造成破坏。

3.许可商业开发权，即是否许可对非物质文化遗产进行商业开发的权利。非物质文化遗产不仅是人类宝贵的文化资源，同时还具有丰富的经济价值，是一种珍贵的经济资源，可以为非物质文化遗产的开发者带来巨大的经济利益。例如日本以我国中药古方为基础开发新药，使日本的汉方制剂产业迅速发展，并获益颇丰。非物质文化遗产的商业开发日益剧烈，并且呈现一种势在必行的状态。但同时商业开发需要相应的控制，应在本身文化的基础上进行。所以，赋予非物质文化遗产权利主体许可商业开发权，可以对商业开发进行一定的控制，符合本身文化的发展。并且在商业开发日渐频繁的情况下，非物质文化遗产发源地或传承人却没有得到相应的利益，赋予非物质文化遗产权利人许可商业开发权，可以在一定程度上确定权利人经济利益得到保障。更重要的是，许可商业开发权可以有利于对非物质文化遗产本身的保护。涉及国家秘密或由于其本身性质不适于商业开发的非物质文化遗产可以通过此权利，禁止他人对该非物质文化遗产的滥用从而避免损害国家利益、文化财产。并且此权利还可以保证非物质文化遗产不被任意开发而破坏其本身的存在和发展。

4. 利益分享权。利益分享权是指在商业开发非物质文化遗产中权利主体根据公平合理的原则分享开发所得利益的权利。目前，关于非物质文化遗产的商业开发在逐渐增多，但发源地利益的分享却极少，甚至没有。例如，在肯尼亚，马赛马拉（Massai Mara）国家野生动物保护区是非洲最热门的旅游地之一。在旅游高峰季节，旅游业收入颇丰。但当地人从公园的开发中得到的好处并不多，本应当分配给社区的25%门票收入实际上由于管理不当而最多只得到5%。[①]因而，利益分享权的赋予正是基于此种情况而产生。其有两个基本目的：一是在非物质文化遗产的开发利用中维持人类的可持续发展，二是保护非物质文化遗产传承人的

---

①［美］达里尔·A.波塞、格雷厄姆·杜特费尔德：《超越知识产权——为原住民和当地社区争取传统资源权利》，许建初等译，云南科技出版社2003年版，第17—18页。

利益。《保护非物质文化遗产公约》序言中规定，承认各社区，尤其是原住民、各群体，有时是个人，在非物质文化遗产的生产、保护、延续和再创造方面发挥着重要作用，从而为丰富文化多样性和人类的创造性做出贡献。该公约第19条规定，在不违背国家法律规定及其习惯法和习俗的情况下，缔约国承认保护非物质文化遗产符合人类的整体利益，保证为此目的在双边、分地区、地区和国际各级开展合作。

非物质文化遗产权利的内容不同于现行知识产权权利内容的一点是，非物质文化遗产权利中不包含转让权。现行知识产权中多包含该权利的转让权，转让是指知识产权主体将其知识产权转移给他人所有，包括出卖、赠予等形式。我国《专利法》第10条规定，专利申请权和专利权可以转让。我国《商标法》也允许商标权的独立转让。《与贸易有关的知识产权协定》第21条也明确规定，注册商标的所有权人有权将商标与该商标所属业务同时或不同时转让。而非物质文化遗产不同于一般的智力成果，它是一个民族世代的结晶，是地区文明的标志，不能任意转让或者抛弃。这是对历史的不尊重，也是对自身文化的放弃，是对民族精神的丢失。

四、非物质文化遗产的合理使用

非物质文化遗产的合理使用，是指他人依据法律的有关规定而使用非物质文化遗产，不必征得非物质文化遗产权利主体的同意，也不需要向非物质文化遗产权利人支付报酬，但是应当尊重非物质文化遗产发源地或传承人的精神权利。非物质文化遗产虽然是由发源地或者传承人享有相关权利，但其也是国家、人民共同的文化资源，为兼顾公共利益，促进国家文化的整体发展，必要时对于非物质文化遗产权利主体的权利应予限制，使他人在一定范围内亦可以自由利用非物质文化遗产。并且，非物质文化遗产的发源也往往是受到周遭环境的直接或间接影响，换言之，其也是社会协力的结果，因而其在合理范围内应由社会成员共享。所以，笔者认为，可借鉴《著作权法》中合理使用的规定，规定一定的合理使用范围，主要包括：

1. 为学习和研究目的。为学校课堂教学或科学研究的需要而使用非物质文化遗产，可以促进非物质文化遗产的流通，并进一步改良发展，故在此范围内使用非物质文化遗产的，应属于合理使用范围。以非营利为目的而供个人学习、研究或者欣赏，促进文化交流与进步使用非物质文化遗产的也应规定为合理使用行为。

2. 为报道时事新闻，在报纸、期刊、广播电台、电视台等媒体中不可避免地再现或者引用已经发表的作品。此种情况的引用范围，必须符合报道时事新闻的目的，以资讯传播为限。

3. 国家机关为执行公务在合理范围内使用非物质文化遗产。国家机关在执行公务时并在合理范围内使用非物质文化遗产，其是为了公众、社会和国家利益，其间没有营利行为，因而属于合理使用。有两点需要注意：第一，对国家机关的范围，不得作任何扩大的解释。第二，使用的方式仅限于执行公务，完成国家机关的职能。超出这个范围则不属于合理使用。

4. 图书馆、档案馆、纪念馆、博物馆、美术馆等为陈列或者保存非物质文化遗产，使用非物质文化遗产的。由于上述单位是为广大公众提供免费服务的文化事业单位，不仅为广大公众参加社会文化活动、学习知识、欣赏艺术提供方便，也为非物质文化遗产的交流和更新提供参考。因而其应当属于合理使用范围。

5.为传播、发扬非物质文化遗产的免费宣传活动。此类活动须同时满足两个条件：一是不得有任何报酬；二是为传播和发扬非物质文化遗产目的。尽管此类宣传活动不需要征得非物质文化遗产权利人的同意，但必须在宣传的过程中注明非物质文化遗产的名称、发源地、权利人，并保护非物质文化遗产的完整权，以表示对非物质文化遗产权利主体的尊重。

五、保护期限

非物质文化遗产乃是由发源地人民、族群代代相传，逐渐发展演进而来的，故大多年代久远，难以考察、确定其形成时间，如果规定保护起始时间，那可能会造成其因超过保护期限而无法受到保护。并且，非物质文化遗产往往具有延续性，亦即随时间的转变、持续地改变中，因而其仍处于不断发展中，难以确定形成时间点。此外，非物质文化遗产具有活态性，通常并不确定，因而如果规定固定的保护期限，将不知如何起算。所以，基于以上理由，笔者认为，非物质文化遗产的保护不适于规定固定的保护期限，以避免无法达到实际保护的目的。非物质文化遗产保护期限制度可以从两个方面加以考虑，第一能够为已流传久远的非物质文化遗产提供追溯性保护；第二能够延长保护期，最好是提供永久性保护。

第四节 非物质文化遗产的管理机构

基于非物质文化遗产形成、发展的特性，以非物质文化遗产发源地为专门权利的主体是毋庸置疑的。对那些传统上或地理上可以明确界定的保有某一非物质文化遗产的地域或民族，其权利可以由发源地、民族自己行使，即通过建立代表性机构管理非物质文化遗产的相关权利。但是，由于许多非物质文化遗产发源地信息欠发达，因而在商业开发和利用中主体处于弱势地位，对于自己权利的实现、保护意识差。因此笔者建议，针对各非物质文化遗产的不同实际情况，比如发源地范围的宽窄不一等，可以设立不同的专门管理机构，代表非物质文化遗产发源地行使相关权利。

一、非物质文化遗产管理机构的设立及职能

印度是国际社会保护非物质文化遗产的主要倡导者之一。印度遗传资源保护管理机构的设置可为非物质文化遗产的保护提供经验。印度根据本国《生物多样性法》成立了国家生物多样性管理局，负责全国遗传资源获取和惠益分享的审定批准和管理工作。印度现有联邦层面的国家生物多样性管理局、州层面的生物多样性机构和地方团体层面的生物多样性管理委员会。各州依据该法成立州的生物多样性主管委员会，负责其辖区内遗传资源获取和利益分享的日常管理。

我国在非物质文化遗产的管理上已经初步建立了对非物质文化遗产进行统一管理和保护的制度——非物质文化遗产保护工作部际联席会议制度。非物质文化遗产保护工作部际联席会议制度，

由文化和旅游部牵头，统一协调非物质文化遗产保护工作。但这并不意味着保护非物质文化遗产的工作由文化和旅游部独自承担，文化行政部门应与各相关部门积极配合，共同管理和保护非物质文化遗产。[①]地方管理机构上，根据各地已出台的地方非物质文化遗产保护条例规定，发源地当地的文化站等机构为管理机构。初步建立的非物质文化遗产管理机构促进了非物质文化遗产的保护和传承，但同时应注意，现有管理机构的设置较为粗略，只能满足抢救非物质文化遗产的需要，而对于传承和发扬非物质文化遗产应该明确管理机构的职能，进一步完善管理体系。笔者认为国家层面的非物质文化遗产管理机构的主要职能应该包括：

（1）负责审定和批准的事项。负责对商业应用和开发而要获取该国非物质文化遗产的审定和批准；负责对本国转让国内的非物质文化遗产或者非物质文化遗产的研究给外国公民或外国公司的审定和批准；负责对基于从该国获取的非物质文化遗产而得到的创新研究成果并准备申请知识产权的审定和批准。

（2）知识产权保护。登记和建立数据库的部门，代表本国政府对在其他国家授予的、涉及本国非物质文化遗产的知识产权提出异议，并采取必要的行动推翻不合理的知识产权。

（3）通过以下方式实现利益分享。对非物质文化遗产权利的承认，或确认开发非物质文化遗产中的受益者；技术转让；联合本国科学家、受益者、当地居民和开发者共同研究、开发利用非物质文化遗产；建立投资基金帮助利益分享者；货币补偿和非货币补偿，或该管理机构认为合适的其他反馈利益的方式。

---

①《关于加强我国非物质文化遗产保护工作的意见》。

地方非物质文化遗产的管理机构在根据国家管理机构职责规定的基础上，依据各地方的不同特质、情况，主要负责具体非物质文化遗产保护的实施，包括申报、认定非物质文化遗产，开发、利用非物质文化遗产，确认非物质文化遗产开发中的受益者，对非物质文化遗产的使用进行监控，以及对未经许可滥用非物质文化遗产和侵犯非物质文化遗产权利主体权利的行为建议行政处罚或建议追究刑事责任，甚至提起诉讼等。

二、非物质文化遗产管理机构的完善

目前我国非物质文化遗产管理机构都是由政府组织、设立。无论是非物质文化遗产保护工作部际联席会议制度还是其他管理机构都是从行政方面对非物质文化遗产进行管理的。有学者认为，如果政策、法律上规定只能由政府设立非物质文化遗产管理机构，不利于发挥发源地管理、保护、发展当地非物质文化遗产的主动性，而且由于历史的原因（如经费的调拨困难、人员的匮乏等）和程序上的不公开透明，易造成真正的主体与代表机构间的隔阂，不利于这类非物质文化遗产管理机构工作的展开。[①]笔者认同此观点，并建议非物质文化遗产的管理机构可以针对各非物质文化遗产的不同地域、文化实际情况分别进行设立。

对于分布区域较为集中，可以同属于某一地区或者民族的非物质文化遗产，可以在该地区或者民族之上依法设立代表机构进行管理。这种管理机构在遵守国家法律法规规定的前提下，可以

---

① 管育鹰：《知识产权视野中的民间文艺保护》，法律出版社2006年版，第230页。

结合当地习惯法形成。无论是当地村民或居民组织、相关行业组织、长老会等，还是通过选举产生的专门组织作为非物质文化遗产的代表，能够得到相关发源地人民的同意、认可，通过国家对社会团体成立和活动的管理规定，形成一个公共事务或知识产权专门事务管理委员会，其就可以代表非物质文化遗产主体行使相关权利。该种管理模式已开始有初步的实践。例如，云南省高黎贡山自然保护区新庄村在村委会的组织下推选出49名共同利益代表，经村委会授权，于2005年正式成立了传统资源共管会。依据《传统资源共管公约》和《传统资源共管会章程》，传统资源共管会接受本村村民大会和村民委员会的监督，共管会成员接受所在村民小组的监督。

传统资源共管会担负如下职责：

1.主张本村传统资源的集体利益。（1）普查和调查本村传统资源并建立传统资源数据库，登记和同意非社区成员接触和获取本村传统资源并控制接触和获取的范围和程度。（2）开展各项活动保护和促进传统资源的作用、传承和发展。对外宣传和推广传统资源并作为本社区唯一代表与非社区成员订立《传统资源利益分享合同》，对内鼓励对传统资源的继承和发扬并制止本村村民破坏传统资源、损害集体利益的行为。（3）按照“集体共同利用、个人按劳取酬”的原则分配本村传统资源所获得的经济利益。（4）在本村传统资源受到侵害时，代表社区维护正当权利，主张合法利益。

2.代管本村传统资源传承人的个体利益。（1）掌握具体传统知识和民间文艺技能，或保存独特遗传资源或物质产品的村民可以向共管会申请，经审核后登记为传统资源传承人。（2）传统资源共管会应当帮助传统资源传承人发展传统产业，为其商业开发牵线搭桥，同时监督和维护产品质量。(3)传统资源传承人可以授权传统资源共管会代为管理和主张其个人针对传统资源的精神利益和经济利益，并提交所获得经济利益的10%作为传统资源共管会的管理费用。按照《传统资源共管会章程》的规定，传统资源共管会的运作经费来源于传统资源所获利益和传统资源保护基金的支持。传统资源所获利益在支付相关村民个人劳动报酬后，其50%投入村委会用于各项集体事业，40%投入本村传统资源保护基金开展各项保护和开发活动，10%作为传统资源共管会的日常开支。其中传统资源保护基金作为传统资源保护的第一推动力，在通过传统资源获取利益维持和积累的同时，还接纳各种社会捐助。但实践中可能会存在专业人员缺乏的问题，可以通过进行专业人才培养或聘请顾问而解决。[①]

除此之外，还有相当一部分非物质文化遗产流传广泛，跨区域、跨民族乃至是全国性的。例如格萨尔史诗就广泛流传于西藏自治区、青海省、甘肃省、四川省、云南省、内蒙古自治区、新疆维吾尔自治区。春节、清明节、重阳节等民俗更是全国性的。因而其代表机构难以依照某一地区习惯法或自发形成，这就需要建立一个相对统一的专门机构对非物质文化遗产的开发和保护进行管理和维护。

笔者认为，可以通过信托关系建立一个类似于著作权集体管理组织的机构，根据信托法对非物质文化遗产的商业化和知识产

① 龙文：《社区传统资源财产权利的理论探讨与实践》，载郑成思主编：《知识产权文丛》(第13卷)，中国方正出版社2006年版，第55—56页。

权等相关问题进行管理。中国音乐著作权协会就是由国家版权局和中国音乐家协会共同发起的准官方的著作权集体管理机构，其职能包括获得授权、发放许可、收费和分配报酬等。它是在某项权利由作者单独实现的成本越来越高，直接交易难以进行的情况下而产生的，而这正好也符合那些主体分布比较分散或多个族群共有的非物质文化遗产的需要。根据《信托法》规定，此类信托属于"公益信托"，属国家鼓励发展的事业。《信托法》对公益信托的设立及终止、受托人的确定及变更、信托监察人的职责和对公益信托的管理等方面都作了原则性规定，可以用来对有关信托关系进行管理。所设立的机构或者组织应当按照信托组织的原则和规定进行规范操作。例如，该机构或组织应当聘请具有专门知识的专业人士，应当对被信托的业务尽勤勉义务，应对保护本土社区的知识产权提供可行和具有长远意义的建议，还应当负责或者建议相应知识产权收益的合理分配方案，以保证本土社区或民族传统知识的可持续发展。信托中的权利和义务应由合同明确规定，对于未能约定或者预见的事项应及时采取补救措施或通过有利于非物质文化遗产保护的方式加以约束。[①]通过该机构的良好运作以及利益分享机制的结合，可以解决非物质文化遗产发源地专业人员缺乏和因多民族或地域拥有相同非物质文化遗产而引起的知识产权保护上的问题。

---

① 刘银良：《传统知识保护的法律问题研究》，载郑成思主编：《知识产权文丛》（第13卷），中国方正出版社2006年版，第249—250页。

第五节　非物质文化遗产保护的立法模式

任何国家包括WTO成员，在国家层面对不同的地区建立保护非物质文化遗产的专门制度（无论是否以知识产权为基础）没有任何障碍，已基本达成一致。目前已有一些国家的宪法和法律，以及一些正在酝酿中的法律，都涉及传统社区、民族等对该地域、民族非物质文化遗产的保护。

但是，各国国内在非物质文化遗产保护立法模式的选择上各有不同，大致分为两种模式：一种是单行法模式，即针对非物质文化遗产的不同领域制定法律。另一种是综合立法，即法典化，将非物质文化遗产作为一个整体立法，不针对不同领域进行专门区分。单行法模式的优点在于可以规定特定事实，由于事实简单，因而条文精简、立法简单，相应的修法也简单。并且单行法明确指定具体适用条件，法律的适用以及理解都相对容易。但同时，单行法模式存在其固有的弊端，由于针对的是具体事项，在形成法律后会造成法律数量多如牛毛，无法发挥法律简约、减少法律制定成本的功能；并且就个别事项制定单行法缺乏整体的考虑，可能发生规范内容矛盾或法律价值衡量不协调的情形；还有单行法对象具体明确，许多事实无法适用，造成法律的适用失去弹性。因此，多数国家在非物质文化遗产专门法保护上采取的是法典化模式。

综合立法模式可以将非物质文化遗产的全部规范事项，依一定体系逻辑，编排成前后密切关联、少有重复字眼的完整法典，可以使法律简洁，并具有整体感，有利于法律的正确解释和适用。[①]但是，优质法典的编撰需要深厚的学术研究积累，形成体系化的法律理论；同时还需要丰富的法律实践经验包括现有法律的运行及法院的判决等。就我国目前的情况分析，非物质文化遗产知识产权保护的研究已有一定基础，实践中的保护经验也在逐步丰富，但是就法典的编撰而言还需要进一步的积累。但鉴于非物质文化遗产保护的紧迫性，目前应尽快搭建一个保护非物质文化遗产的知识产权框架，通过借鉴国外相关完善的知识产权法律法规进行补充和规范，以作为非物质文化遗产保护的应急性处理。此种方式可以使非物质文化遗产不同领域的规范法理协调、周延，并且易于根据实践的发展进行适当的修改和调整，以利于非物质文化遗产的保护。

非物质文化遗产的保护上，仅有国内的保护是远远不够的。国家层面实施的知识产权保护制度具有地域性，即不能在他国主张这种权利和实施保护。由于多种原因非物质文化遗产被外国公司获取，并且它们最终在国外获得了知识产权保护。比如，印度的瑜伽文化，就在美国被注册为专利、商标。国家层面的保护制度就有很多问题不能解决，尤其是“医药技术”的剽窃等问题。1971年，在海牙国际私法会议上通过的《民商事案件外国判决的承认和执行公约》会对商务诉讼的私法判决和禁令救济的全球执行及有关国家主权问题产生影响。依据该公约，成员国同意执行根据具有初始管辖权的国家的国内法作出判决。因此，根据某一特定国家法律作出的保护非物质文化遗产的决定在其他国家的司法管辖中会变得可以执行。这将有利于非物质文化遗产的跨国剽

① 谢哲胜：《论民法法典化模式的选择》，载《法商研究》2006年第3期。

窃问题的解决。目前非物质文化遗产保护还需要考虑另一个重要问题：建立非物质文化遗产的专门知识产权保护制度的道路是应从建立国家层面的法律开始，然后逐渐发展成为国际规则，还是相反，应该由后者为建立国家层面的规则提供框架。

一般而言，在知识产权领域，国际规则建立在国家法律基础之上，旨在协调已有的规则或使某些示范性立法国际化。然而，在最初阶段没有理由阻止人们寻求国际保护框架的探索。《集成电路知识产权条约》采用了先国内立法再形成国际规制的方式，该条约是在美国、欧盟及日本通过的立法的启发下制定的。WIPO已成立传统知识保护的政府间组织，推进传统知识的国际保护。然而发展国际框架的努力会影响解决重大国内问题的注意力，例如与国家主权原则有关的问题就是制定国内法无法回避的问题。此外，如果遵循的法律途径是经由与注重贸易问题的大国谈判达成的，那么非物质文化遗产发源地在国家层面运用的机会、能力可能会因此而受到限制。因此，在非物质文化遗产保护立法模式选择上，笔者认为应当注重国内法律的建构，但同时不忽略国际法律规制的制定，在国内保护的基础上推动非物质文化遗产的国际保护。

第六节　非物质文化遗产的习惯法保护

一、习惯法的制度支撑

"一旦一种文化开始萌生，其总有一些选择的标准支配或影响着选择。这些标准是从广泛的社会生活中概括出来的一些总的前提，是被一个社会的成员认为理所当然的或实心诚意向往或摒弃的事物。”[①]这些事物从法律人类学的角度来看就是一种广义的“法”。其与国家建立与否没有必然的联系，也就是说从人类产生始，人类创造了文化，同时也形成了这种“事物”。依照法律多元的观点，国家的产生并不是“法”形成的必要条件。国家法只是对已有的“事物”的一种分类选择，而未被其选中的“事物”依然存在，并在其空间中继续发挥着作用。日本学者千叶先生指出：“官方法是指一个国家的合法权威认可的法律体系，非官方法是指非由官方权威正式认可，而是由某个圈子的人们（无论是一个国家的人们，还是一个国家之内的人民，或是超越一个国家包括他们的人们）在实践中通过普遍的一致同意所认可的法律体系……（它们）明显地补充、反对、修正甚至破坏官方法，尤其是国家法。”[②]官方法即国家产生后，由国家选择的那部分“事物”，也就是我们通常所说的国家法，非官方法即未被选择的那部分“事物”，也就是我们现在所说的习惯法。千百年来，国家政权不断变更，但习惯法仍然发挥着重要作用。[③]

习惯法是由非物质文化遗产发源地或传统社区的当地习惯组

---

①［美］E. A. 霍贝尔著：《初民的法律：法的动态比较研究》，周勇译，中国社会科学出版社1993年版，第13页。

②［日］千叶正士著：《法律多元——从日本法律文化迈向一般理论》，强世功等译，中国政法大学出版社1997年版，第149—150页。

③ 由方慧编著的《中国历代民族法律典籍——“二十五史”有关少数民族法律史料辑要》可以看出自秦统一中国后，历代中央王朝对少数民族地区的治理以中央王朝的法律规范不断推进和因俗而治的政策相结合为主线，在这一历史进程中，汉族和各少数民族的文化相互交融，相互影响，在少数民族地区呈现出国家法和少数民族习惯法多元并存的局面。

成，每个原住民族皆有其独立的习惯法规定，该规定对其成员具有约束力，与通常之社会习惯和风俗不同。习惯法是具有动态性，为反映社会、经济条件的变动，其规定会随着时代演进而变化。非物质文化遗产的“非物质”本身就体现了其是一种口传心授的地方性知识，它如同习惯法一样是自发的，与当地的生产生活状况相关，随着生活状况的改变而发生变化。因而习惯法的保护有利于保持和强化非物质文化遗产。

习惯法还具有约束力。习惯法是某一地区或民族在实践中普遍同意认可的法律体系，因而具有一定的强制性约束力。因此，习惯法可以规范非物质文化遗产的传承，在一定程度上防止非物质文化遗产的流失和破坏，使非物质文化遗产得以有序发展。并且习惯法的存在可以调和现代法律制度与传统文化之间的冲突。例如，依据现代知识产权法规定，一本著作的创作者通常是一个人，他自然成为这本著作的拥有者，他不仅可以出版这本书，而且也有防止其他人这样做的权利。但是，在一个传统的民族或区域里，在任何情况下，主事人可能对该本书享有某种权利。例如，主事人可能禁止该书在妇女或者其他宗派成员中阅读，可能禁止该书的作者对该书进行出版。甚至在某种秘密知识是个人、家庭的独有的知识时，如果没有主事人的同意，这些拥有者仍不能外传该知识。因此，如果仅完全依靠现代法律制度对非物质文化遗产进行保护，那可能会忽略传统文化体系的复杂性及其本土性。如果非物质文化遗产发源地人民发现国家并不承认他们已有的有效规则，而强行要求他们遵守一些他们并不熟悉的法律，并且该法律对他们并不适合，那么可能就会造成某种冲突。任何保护文化资源的法律都需要在适应该文化的基础上进行，否则会演变为一种破坏。而习惯法正是在非物质文化遗产保护中调和现代法律制度与传统文化冲突的有效工具。因此，笔者认为，非物质文化遗产的保护中应当考虑习惯法因素，可以通过将习惯法记录而综合进入国家法律体系中，相互融合发挥作用。

二、习惯法的现实作用

非物质文化遗产发源地或传统社区的习惯法或习惯通常是用来确认原住民或传统社群如何发展、持有及传递非物质文化遗产的方式之一，举例而言，某些与宗教祭祀有关或者具有秘密性的非物质文化遗产则仅透露给发源地群体中的某些人而已，习惯法或习惯的功能即在就非物质文化遗产保管的权利和义务有详尽的规定，包括如何防止不当使用或不当揭露的保护义务、决定如何使用该非物质文化遗产、如何分享利益、如何解决争端及其他维持、使用和实行该知识等。有的国家在法律中明文承认社区习惯的法律效力，如菲律宾在有关遗传资源的取得制度中规定，在土著祖传的土地和文化社区内，勘测遗传资源必须符合该社区习惯法并事先取得该社区的同意。我国非物质文化遗产发源地的习惯法也一直存在。例如，大瑶山地区的“石牌制”，石牌制不但是金秀瑶族自治县的瑶族群体的一个非常独特的社会组织，而且也是在历史上为求得社会的安定而建立的具有自卫自治性质的法律制度。[①]其他民族亦存在保护本地域非物质文化遗产的习惯法，如苗族的“榔规”。根据我国宪法、刑法、民族区域自治法等法律的明

---

① 李梅：《我国非物质文化遗产的知识产权和特别权利保护研究》，中国政法大学2006年硕士学位论文。

文规定，民族自治地方可以根据当地民族的特点，结合法律原则，制定出相应的补充规定。我国赋予少数民族地区一定的立法权力，尊重少数民族习惯法以一定的方式存在。因而，根据非物质文化遗产发源地的实际情况，习惯法可以在保护非物质文化遗产方面发挥一定的作用。

但是，有些国家的国内法律不但忽视甚至不提供有效执行习惯法的措施，如澳大利亚并不认可习惯法。在Yumbulul诉澳大利亚储备银行（Yumbulul v. Reserve Bank of Australia）一案中，Calpu部落的代表主张银行的纪念性钞票上所印制的晨星杆图样是其宗教图像，该部落对其有所有权，并应禁止银行复制该纪念性钞票上的晨星杆图样，上述主张被联邦法庭驳回，法官所持理由为该晨星杆之设计为Calpu部落的习惯法，未尽义务去阻止以任何文化侵略的方式使用晨星杆，而签订合同转让其对晨星杆的知识产权，但澳大利亚的著作权法并不认可原住民社群对社群共有作品重制和使用的规范。因此，笔者认为，非物质文化遗产习惯法的应用可以通过建构国际层级的规范，统一世界各国国内法对非物质文化遗产发源地的习惯及习惯法的肯认，以期为非物质文化遗产提供更为完善的保护。

第七章
知识产权合作框架下的利益分享机制

第一节　我国知识产权合作现状及其背景下的非物质文化遗产开发

一、我国知识产权合作现状

自2003年中央提出“统筹区域发展”以来，[①]以地缘关系为基础的区域性经济合作发展迅速。国家明确提出了促进区域协调发展和区域经济合作，地区各自为政的发展也因之变化为区域内外合作、整合与协调发展；开展区域经济合作，其目的在于资源共享，优势互补，实现资源的优化配置，提高产业竞争力，促进区域经济社会的跨越式发展。发达国家用专利制度构筑技术壁垒，已成为他们抢占技术制高点、压缩发展中国家的高新技术领域空间进而控制市场的主要手段。基于国际科技竞争加剧和知识产权保护强化的趋势，基于我国面临的能源资源约束增强和维护经济安全的形势，我国必须更多地依靠增强自主创新能力推动经济社

① 参见《中共中央关于构建社会主义和谐社会若干重大问题的决定》。

会发展的历史阶段。面对世界大势和我国国情，中央作出增强自主创新能力、建设创新型国家的战略决策。保护知识产权即是保护自主创新。

2003年4月，在国家知识产权局的主持协调下，北京、上海、江苏、浙江等16省市签订了《省际间专利行政执法协作协议》，这是国内首次启动省际间协作保护知识产权。此后，各地之间纷纷开始建立知识产权跨区域行政执法协作机制。《中南地区专利行政执法协作郑州宣言》《华东六省一市商标管理协作办法》《闽浙赣皖九市专利行政执法协作协议》《川南片区专利行政执法协作协议》《"一带一路"背景下泛珠三角区域知识产权合作协议》《长三角区域知识产权执法协作协议书》等纷纷签署，这标志着我国知识产权保护的合作正在全面推开。其目的即是分工合作，有效地保护、管理和运用知识产权、增强自主创新能力，促进各地经济的共同发展和繁荣。

二、非物质文化遗产商业开发的必然性及现存问题

非物质文化遗产不仅是一种文化，而且是发展经济的重要资源。在经济学的竞争理论中，保持产品差异被认为是维持产品在市场上占有率和竞争力的关键，文化产品的差异首先来自价值观及表达手段的独特性，而我国独特的民族文化与世界其他文化之间的差异，也将是我国经济发展可以依赖的比较优势。有学者也了解到文化作为一种社会资源的重要性。哈佛大学教授约瑟夫·奈教授认为文化是"一种无需投入过多的相当有价值的软力量资源"。以美国为代表的西方发达国家的学者，深入我国腹地了解

我国民间的非物质文化遗产。[①]走商业开发的道路，培育非物质文化遗产自身的造血功能，是保护和振兴我国非物质文化遗产的必然道路。韩国正是通过民俗节和祭祀活动来吸引国内和国际游客。民俗村是商业开发民俗表演的成功典型。在首尔南部的古代民俗村，游客可以看到李朝时期先民们的衣食住行、建筑景观和祭祀活动等古代民俗。民俗村表演的宗庙祭祀典礼是韩国第55号重要非物质文化遗产，祭祀时所演奏的音乐是韩国第1号重要非物质文化遗产。这些非物质文化遗产转化为巨大的经济效益，发展了当地经济。

因此，知识产权合作下商业开发非物质文化遗产可以使非物质文化遗产得到最大价值的利用和开发，推动经济的发展。知识产权合作可以为非物质文化遗产提供市场化机会。我国许多非物质文化遗产地处偏远地区，有的发源地人民并不了解非物质文化遗产蕴含的经济价值，使非物质文化遗产没有得到合理的商业开发。而知识产权合作，可以为非物质文化遗产的开发提供相当的合作资金和合理的开发模式。双方的合作开发可以优势互补，发挥非物质文化遗产经济价值的最大化，改善当地基础设施建设，推进经济的发展。但是，由于目前知识产权合作制度的不健全，因而在非物质文化遗产的商业开发过程中，造成了非物质文化遗产的商业化现象越来越严重。出于对利益的追求，非物质文化遗产被大规模开发而逐一演变为商品，使得非物质文化遗产的原貌

---

① 笔者2006年冬在青海省调研期间，一位土族青年讲述先后有德国和美国的多名学者到青海邀请他带路深入土族原住地，拍摄土族的语言、生活习俗和民间故事等情形。

被改变，致使其内涵和价值最终被扭曲。并且由于机制的不完善，非物质文化遗产的开发并没有使发源地人民获得相应的利益，使得地区利益发展愈加不平衡。因此，对于非物质文化遗产的商业开发应当建立利益分享机制，监督非物质文化遗产的商业开发形式，也保证发源地人民获得相关利益。

但同时，不可忽略非物质文化遗产的商业开发随之而来的问题。第一，以韩国为例，随着韩国非物质文化遗产的商业开发，非物质文化遗产的商品化现象越来越严重。出于对利益的追求，韩国的非物质文化遗产被商业机构大规模开发而逐一演变成为商品。[①]商业开发过程中，民俗表演的原貌逐步被扭曲和改变，致使非物质文化遗产的内涵和价值最终被扭曲。尽管韩国政府已经开始采取措施，比如为了保持非物质文化遗产的风貌，实施“国家级文化财产”指定表演者的制度，然而商业运作中随时随地的“舞台”表演需求，使得表演者的表演逐步脱离纲目。为了追求商业利益，非物质文化遗产的商业开发中出现了逐步背离原貌的现象。第二，随着非物质文化遗产普查工作的展开，一些商业化行为将其演变成了再造遗产的项目。比如一些地方戏曲声腔，本来早已融入其他戏曲中，现在也要独立建立演出团体演出，作为遗产项目保护，使得“非物质文化遗产”之名泛滥。第三，随着非物质文化遗产的商业开发，越来越多的开发者利用非物质文化遗产之名进行商业活动，在他们获得巨大商业利益的同时也在侵犯非物质文化遗产发源地的利益。第四，由于商业开发的方式不完

① 飞龙：《国外保护非物质文化遗产的现状》，载《文艺理论与批评》2005年第6期。

善，使得非物质文化遗产发源地更多地具有依赖性。目前，非物质文化遗产特别是手工艺品的商业开发，大多处于初级产品的开发，发源地人民通过传统工艺等制作产品，而在某种程度他们也就沦为市场的牺牲品。短期兴盛的产品贸易增加了发源地对贸易和合作公司的依赖，使基于贸易的关系成了一种家长式的关系。收获没有增加发源地自身的能力，真正的影响就是把人民捆绑在依赖和庇护的关系中，就像任何传统形式的剥削一样，富有的一方向贫困的人民和国家规定贸易条件。但是，正确的商业开发方式仍然可以增强发源地的经济能力，也会帮助文化保持多样性。

第二节 利益分享机制的概况

一、利益分享机制的理论基础与基本原则

利益分享的基本理论被称为“关民理论”。该理论由美国著名经济伦理学家威廉·伊文教授和爱德华·弗里曼教授提出，其基本内涵是利益应由利益创造者和创造利益的相关贡献者共享。[①]关民理论奠定了非物质文化遗产商业开发中的利益分享机制的理论基础。非物质文化遗产商业开发中的利益分享机制是指非物质文化遗产的开发者和传承人都应分享非物质文化遗产开发所带来的利益或益处，从而实现利益在利益创造者和创造利益的相关贡献者之间的共享。

① 史学瀛、杨新莹:《生物剽窃背景下的知识产权利益分享机制——兼析中国的对策》，载国家知识产权局条法司编:《专利法研究（2005）》，知识产权出版社2006年版。

建立利益分享机制的基本目的，宏观上在于促进人类社会的可持续发展，微观上在于保护传承人的利益。利益分享机制的建立，不仅能够体现社会公正，同时将提高非物质文化遗产发源地保护与传承非物质文化遗产的信心和能力，弘扬和振兴非物质文化遗产。利益分享机制的建立应平衡非物质文化遗产传承人和开发者之间的利益，尤其注意不应给非物质文化遗产的开发设置过高的门槛。非物质文化遗产商业开发的利益分享机制的建立应遵循以下原则：第一，公平互利原则。公平互利是双方合作的基础，也是双方利益分享的规则。开发者和传承人之间应遵循公平互利的原则分享非物质文化遗产开发的收益。第二，合理份额原则。实现利益分享应保证非物质文化遗产的传承人或者发源地能够从商业开发中获得合理的利益份额。确立这个原则是因为非物质文化遗产传承人和开发者在资金、知识产权管理经验和其他信息等方面处于事实上的不平等或不对称的状态，所以需要确保非物质文化遗产发源地的利益。第三，鼓励开发原则。实现利益分享，不应对非物质文化遗产的商业开发构成不合理的障碍。非物质文化遗产发源地的利益分享不应给商业开发造成过高的门槛，以鼓励和促进非物质文化遗产商业开发者的积极性，促进非物质文化遗产的商业开发。

二、事先知情同意原则

最早确立事先知情同意原则的是1989年《控制危险废料越境转移及其处置巴塞尔公约》。该公约要求危险废料或其他废料的越境转移需书面通知有关国家的主管当局并得到进口国的书面同意。后《生物多样性公约》也采用了该概念，其第15条第5项指出：

“遗传资源的取得须经提供这种资源的缔约国事先知情同意，除非该缔约国另有决定。”非物质文化遗产开发领域中的知情同意原是指在开发非物质文化遗产前，应该事先通知非物质文化遗产利益管理机构或者传承人，使其知晓非物质文化遗产开发和利用的详情，获得其同意后方可进行。知情同意原则主要包括三个要素：第一，时间要素（“事先”），获取同意应当在事前充分的时间内进行；第二，信息要素（“知情”），即事先知情同意应基于特定的用途做出，并要求提供开发人的信息、非物质文化遗产的类型、活动的起始日和存续期间、非物质文化遗产保护和可持续利用的评价、研究和开发方式的信息等；第三，意思表示要素（“同意”），即开发非物质文化遗产时应获得非物质文化遗产管理机构或者传承人的同意。

事先知情同意原则赋予了非物质文化遗产发源地人民知情权，在他人开发利用非物质文化遗产时，非物质文化遗产传承人有权知悉该非物质文化遗产开发的相关信息。事先知情同意是对一项活动的同意，是在对该活动原因、可能会有的具体步骤、潜在风险等情况完全了解之后所作出的承诺。其内容应当附有当地文字并进行公布，主要包括非物质文化遗产的活动目的；从事这个活动的人及其资助者的身份，如果不同，要分别列出；提供许可的人群及赞助者的利益；提供许可的人群所付出的代价及不利因素；可能替代的活动和步骤；活动中可能涉及的任何风险；在活动过程中可能会产生的影响人民继续合作意愿的发现；要求获得的知识的最终去处，最后成果的所有权，以及它们离开非物质文化遗产发源地后，发源地人民对它们的权利；执行者和资助者从活动中及从获得的知识中可能获得的任何商业利益；非物质文化遗产发源地有合法的理由拒绝开展该项活动。笔者认为，非物质文化遗产的事先知情同意原则不仅是对一项活动同意的许诺，同时也含有停止活动进行的权利，即使活动已经开展了，也有可能被中断。当非物质文化遗产发源地认为该活动可能会对该非物质文化遗产造成一定的伤害时，有权取消该合作。

三、非物质文化遗产利益分享机制的必要性

由于知识产权保护是市场排他性最强的法律制度，非物质文化遗产开发者往往采取最迅速的方式获得知识产权，通过许可或者自身进一步开发马上投入产业化应用，同时不可避免地对相关非物质文化遗产的后续研究、开发形成一定阻碍。争夺非物质文化遗产是发达国家或者地区企业凭借自身技术和资金与非物质文化遗产传承者或者发源地分配利益的表象，实质是一种建立在各国知识产权制度的私权框架下各种游戏规则的运用与规避，以达到利益最大化。

非物质文化遗产因其有限性和分布不均匀性使得以此开发出来的非物质文化遗产的相关知识产权陷入一种制度保证下的两难境地，产业上的利益获得者完全可以脱离非物质文化遗产发源地而独享商业信息。基于非物质文化遗产的信息属性，一旦非物质文化遗产开发成功，非物质文化遗产所有者就可能和开发者实质上脱离了关系。非物质文化遗产知识产权的开发者，在事实状态下变相地、永恒地占有了该非物质文化遗产，却使得非物质文化遗产传承人或发源地从根本上丧失了对该遗产利用的控制权。这种状态往往造成严重而危险的后果，使一国的优势非物质文化遗产转化为其他地区或者国家的私权后，无论是经济上还是技术上

都将处于受制于人的不确定状态。发达国家或者地区掌握着更好的知识产权制度、有效的管理经验和足够的资金，建立了无数关于开发非物质文化遗产的商业运作模式，主导了非物质文化遗产商业模式的发展。在此种情况下，不免就侵犯了非物质文化遗产发源地的利益。但同时任何一个非物质文化遗产发源地也都应该清楚：从发展的眼光看，刻意阻止开发者对非物质文化遗产的利用是不明智的，狭隘的情感举动不可避免地减少了自身从非物质文化遗产资源利用中获取更大利益的可能性，甚至会造成社会整体资源和信息浪费。既然人类已习惯于先彼此围起篱笆，再慢慢地拆除，我们也只好考虑利益平衡的选择。因此，追求在平等的基础上获得利益分享的正当权利才是最好的选择。

当前，利益分享机制在遗传资源的开发中得到了广泛的应用。1992年，诞生了《生物多样性公约》。该公约在知识产权框架下构建了遗传资源的利益分享机制。利益分享机制在激励合作和促进发展的同时，避免了各利益主体唯利益至上，以至于断送正常的合作开发的良好关系。国际社会对利益分享制度的实现机制主要有两种对立的观点，即立法机制和契约机制。美国等发达国家在利益分享权的实现方式上多主张契约机制，即以契约的形式确定利益分享的方案。契约机制主张在契约中规定当事人的权利和义务，旨在透过相关主体的意思自治来实现利益分享。[①]而利益分享制度的立法机制是指基于协商谈判将相关各方的权利和

---

① 于文轩：《论生物安全国际法的基本制度》，中国政法大学2004年硕士学位论文。

义务明确化，并纳入有关法律中的一种利益分享解决方案。在此机制下，有关各方仍得以透过契约或者协议的形式实现权利和义务，但此处的契约不得违反该立法机制下所确定的准则。[①]发展中国家多主张立法机制，以法律为基础可以防止因合作双方信息、资金以及对利益期待等外部条件的不对称而造成的利益分配的不公平，从而侵犯到发源地或传承人的利益。在非物质文化遗产的合作开发中可以借鉴以上遗传资源中利益分享机制建立的相关经验。

第三节　实现利益分享的具体途径

一、合作开发方式

作为发展经济的重要资源的非物质文化遗产的不均分布是进行合作开发的基础。一般而言，我国东部地区拥有资金和科技优势，而非物质文化遗产在西部地区较多。非物质文化遗产发源地可以采取合作经营方式，吸引东部的资金、技术、管理经验，实现利益分享。非物质文化遗产发源地合作者可提供非物质文化遗产、自然资源、土地、劳动服务、劳动力或现有的可利用的房屋、设备、设施等，开发者可提供资金、技术、主要设备等共同开发和保护非物质文化遗产。以合作经营的方式开发非物质文化遗产，是一种建立在合同基础上的共同经营方式。符合法人条件的，可以申请成立法人；不符合法人条件的，可以成立合伙。合作企业可以采取灵活的

① 于文轩：《论生物安全国际法的基本制度》，中国政法大学2004年硕士学位论文。

利益分享方式，不一定用货币计算股份后按股权比例分享收益，而是可以按照协议的投资方式和分配比例约定具体的分享方案做法。开发者也可以选择提前收回投资的方式，减小风险；发源地除可以和开发者约定收益的分配和亏损承担外，还可以约定发源地保有固定资产的条款，以维持非物质文化遗产的可持续开发。事实上，世界上一些原住民已经成功地把合作研究开发的原则运用到实践中了。例如，在澳大利亚的乌鲁鲁–卡塔丘塔国家公园（Uluru–Kata Tjuta National Park）有一个成功的合作研究项目，它是根据阿南古人（Anangu）的生态学知识来做的。对进行研究的地方，阿南古人拥有土地权属和决策权，他们过去一直参与到项目的所有阶段。阿南古人的专家得到了专家咨询费，灵活的工作安排和良好的工作关系得到了发展，阿南古人在出版前严格审查所有的信息。通过合作方式进行科研活动，阿南古人获得了相应的利益，科研技术方面也得到了相应的成果和发展。[①]

二、合资开发方式

除合作经营方式外，对于那些资金较为充足的发源地还可以采用合资经营的方式。非物质文化遗产的合资开发是指发源地和开发者共同投资建立经营企业，共同管理、共同经营，并按照投资比例分享利润、承担亏损。采用该种方式，发源地应将非物质文化遗产评估入股，并按照股份分享利润，承担亏损。这种方式对发源地存在一定的风险性，并且一般周期比较长，成本高，要

① [美] 达里尔·A.波塞、格雷厄姆·杜特费尔德：《超越知识产权——为原住民和当地社区争取传统资源权利》，许建初等译，云南科技出版社2003年版，第100页。

求发源地对该非物质文化遗产有充分的利益评估。但是该方式可以弥补发源地的资金不足，共同投资、共同管理可以加强双方的合作，促进发源地的知识产权意识和管理水平的提高，并且如果开发成功，能够使发源地获得巨大利益，并且是以金钱形式的直接利益。直接以合资形式开发非物质文化遗产还可以减少中间收集者的环节，从而不会使发源地为此而减少收益。目前，在传统医药领域，以合资方式进行藏药等传统医药开发的比较多。并且我国已经组织召开中外医药专利成果及创新技术项目转让交易会，鼓励以入股等方式促进传统医药的开发。国际生物多样性合作组织的秘鲁（Peru）项目亦采用类似方式，在资源获取和利益分享的实践方面具有里程碑意义。该计划是由三所大学、一家公司合伙人和土著组织联盟组成的合伙，其成功之处在于：缔结了一项技术秘密许可证，公司合伙人将秘鲁的阿瓜鲁纳（Aguaruna）民族的传统植物知识视为有价值的技术秘密，并为技术秘密的公开支付年度许可费。[①]

三、投资发源地方式

到发源地投资的方式也是促进非物质文化遗产开发实现利益分享的重要方式。到发源地投资可以很好地推动发源地经济的发展，从而在宏观的社会层面和微观的效益层面实现利益分享。企业的建设可以增加当地税收、提高就业能力、改善基础设施、促进信息的流通、提高当地人民的文化素质，是发展当地经济的最

① 张建邦：《生物基因资源获取和利益分享的国际法规制——兼论对我国基因资源保护的启示》，载《法律科学（西北政法学院学报）》2005年第6期。

直接的渠道和路径之一。非物质文化遗产大多具有地域性特质，在一定程度上限制了非物质文化遗产的外地投资开发，如茅台酒酿制技艺离开了当地水就无法酿制出茅台酒。因此，到发源地投资的方式，不仅有利于实现利益分享，而且有利于维护非物质文化遗产的生存环境，促进开发的成功。这种方式在国际上已开始采用，主要用于社区控制的旅游业的开发，其通常是一个由外界全额或者部分资助的发展项目的组成部分。并且，该方式还有利于非物质文化遗产发源地权利保护，在发源地投资，优先考虑的顺序、方法和程序由当地人来决定。事实上，所罗门群岛的社区已经获得了研究人员记录他们生态知识的版权。[①]

四、联营方式

联营是我国特有的法律制度。早在20世纪50年代社会主义改造时期，就鼓励公营企业或公私合营企业参加联营组织。20世纪70年代末至80年代初，随着商品经济发展的要求，横向经济联合再度兴起，成为国家经济体制改革的主要内容。80年代中期，国务院及其有关部门陆续颁布了《关于经济联合组织登记管理暂行办法》等一系列关于联营的规章。1986年通过的《民法通则》第三章第四节对联营作了专门规定。

联营是企业之间或企业和事业单位之间的联合经营，其基于合同或章程的规定进行管理、经营，可分为法人型联营、合伙型联营、合同型联营三种形态。法人型联营是指企业之间或者企业、

① [美] 达里尔·A.波塞、格雷厄姆·杜特费尔德：《超越知识产权——为原住民和当地社区争取传统资源权利》，许建初等译，云南科技出版社2003年版，第98页。

事业单位之间联营，组成新的经济实体，独立承担民事责任，具备法人条件的，经主管机关核准登记，取得法人资格。法人型联营属于典型的有限责任公司的创设行为，但同时有着不同的规范，联营法人的存续与联营合同相始终，并允许联营各方按照合同的规定自愿参加或退出，其利润分配和亏损承担由联营各方在合同中规定，享有充分的约定自主权。合伙型联营，也形成专门的联营体，在债务承担中，先以联营体的财产清偿联营债务。联营体财产资不抵债时，由联营各方按照联营合同约定的债务承担责任，同法人型联营不同的是，其承担的是连带清偿责任。合同型联营是指以合同结成的协作关系，联营各方并不组成任何经济实体，也不共同经营，而是各自独立经营，其相互间的权利义务由合同约定，各自承担民事责任。合同型联营中联营各方均不出资，不组成新的经济实体，而是在平等基础上订立联营合同，规定各方协作的权利和义务，形成较为固定的分工与协作关系，而且联营各方不得以联营组织的名义对外从事经济活动，只能以自己名义享有权利和承担义务，独立负担自身债务。合同型联营实质上是根据合同约定进行分工协作而建立的松散性联合。

以联营的方式开发非物质文化遗产，可以为企业发展提供新的经济增长点，发挥各企业间不同的优势，促进经济结构的优化配置，同时可以调动事业单位对非物质文化遗产保护的积极性，尤其同大专院校以及科研单位的联营更有助于科学合理地规划开发非物质文化遗产，促进非物质文化遗产的可持续利用。在非物质文化遗产的开发中，应根据非物质文化遗产的不同类型、实际开发现状及资金情况等选择不同的联营方式。

五、非物质文化遗产与知识产权互换的方式

目前，人们对非物质文化遗产权利的认识不够，许多人仍然保有非物质文化遗产为人类共同财产的落伍理念。

《生物多样性公约》第18条提到了遗传资源的技术和科学合作。其第18条第2项要求促进发展合作“通过人力资源开发和机构建设以发展和加强国家能力”。第18条第3项特别要求建立一个交换所的机制来“促进并便利科技合作”。这种机制将由一个“各方会议”来建立，可能包括一个中心基地，以及包括原住民合作开发的社区控制的研究和培训中心。除了交换所，附加的机制可以包括原住民设计和保持维护的数据库、监测和保护中心，这些应该可以得到由《生物多样性公约》建立的财政机制的优先资助。交换所的建立，意味着在信息交易方面的专业机构形成，它的任务是保障贯彻信息的获得和利用的指导方针（包括道德上的和法律上的义务）。这为非物质文化遗产中以知识产权交换方式合作开发提供了法律依据和行为准则。非物质文化遗产的开发中，有效的交换所机制应该包括：在概念化、实施和维护的所有阶段中发源地人民的参与；建立优先顺序和由体现传统生活方式的社区发展起来的指导方针；社区控制的地区性交换所的建立，控制非物质文化遗产的信息同时也是对交换知识产权的监督；保证知识产权协定对信息转让的保护和补偿。

六、免费或低价获得非物质文化遗产开发成果方式

非物质文化遗产商业开发中得到的成果，比如开发相关非物质文化遗产而注册的商标，或者对传统技术的专利申请等，

发源地有比社会其他公众优先使用的权利。而且此种使用应当是免费的，或者只需支付成本等较低费用。这一方式使发源地在开发成果中获利，开发成功则发源地可以充分利用开发成果，迅速发展经济；而开发者也可以在市场上占得先机，优先获利。并且，尤其在传统医药、传统医疗方式领域中，对于传统医药、传统医疗方式资源丰富的发展中国家或者经济欠发达地区来说，对传统医药、传统医疗方式实行知识产权保护，可以吸引发达国家或者发达地区的新技术，获得雄厚的科研资金，提升本土的技术创新能力和发展当地经济。而发达国家或者发达地区更多的则是希望利用在传统医药资源发源地申请知识产权或者获得垄断技术，从而控制发展中国家或者传统医药资源发源地的经济、文化发展，获取暴利。事实上，目前很多疾病的有效治疗途径都可以从传统医药、传统医药方式中找寻。拥有其相关的知识产权极易形成垄断地位，如果没有相关的免费或低价使用等方式，很可能产生不利影响。2001年世界贸易组织达成的《关于TRIPS协议与公共健康的宣言》以及2003年8月30日世界贸易组织总理事会一致通过的关于实施专利药品强制许可制度的最后文件指出，发展中成员和最不发达成员因艾滋病、疟疾、肺结核及其他流行疾病而发生公共健康危机时，可在未经专利权人许可的情况下，在其内部通过实施专利强制许可制度，生产、使用和销售有关治疗导致公共健康危机疾病的专利药品。因此，在开发过程中，发源地不能对开发成果取得相关知识产权时，例如根据传统医药开发形成的成果，可就该开发成果进行免费或者低价使用。

七、版税补偿方式

版税补偿方式是一项向通过合同或其他协议确认的知识财产拥有者支付一笔费用的方式，通常是每出售一单位货物时的一个固定的百分比。根据非物质文化遗产的价值及开发后的利润回报率等给予发源地一定合理的经济补偿，是开发非物质文化遗产的最直接的利益分享的实现方式。同时经济补偿的方式也可以多样化，不单以货币为准，还可以以改善发源地的基础设施建设、对发源地人民进行教育培训等作为补偿。不论采取何种方式均应将非物质文化遗产发源地可分享的利益与开发成果的实际经济价值联系起来，并通过一定的实施机制，使发源地获得一个合理的份额。

在非物质文化遗产的开发过程中，我们可以根据实际情况选择以上一种或者结合其中几种方式分享利益。但是无论选择何种方式，在开发非物质文化遗产和分享其利益的过程中都应当遵守对非物质文化遗产用途和转让的限制，履行发源地和开发者的义务，尊重土著民族和传统社区的生存权利和文化权利等共同商定条件[①]，最大限度地保护发源地的利益，防止对非物质文化遗产的破坏性开发，以实现非物质文化遗产资源的可持续性利用。同时，还应当坚持发源地参与机制，在商业开发过程中，力求发源地的充分参与，通过提供信息，特别是提供科学和法律咨询以及帮助进行能力建设，如加强对非物质文化遗产价值的认识及其研发、促进其传承等以提高发源地自身的开发、创新能力等。同时，非

① 张建邦：《生物基因资源获取和利益分享的国际法规制——兼论对我国基因资源保护的启示》，载《法律科学（西北政法学院学报）》2005年第6期。

物质文化遗产的开发成果应当体现非物质文化遗产的发源地等标志，宣传、发扬该非物质文化遗产，使更多人知晓，有利于其传承；更重要的是可以明确非物质文化遗产发源地的利益，保证发源地利益的实现，促进发源地经济和文化的和谐发展。

参考文献

一、著作类

1. 郑成思著:《知识产权法》(第二版), 法律出版社2003年版。

2. 齐爱民主编:《现代知识产权法学》, 苏州大学出版社2005年版。

3. 严永和著:《论传统知识的知识产权保护》, 法律出版社2006年版。

4. 吴汉东等著:《知识产权基本问题研究》, 中国人民大学出版社2005年版。

5. 洪净主编:《中药知识产权保护》, 中国中医药出版社2003年版。

6. 钟敬文主编:《民俗学概论》, 上海文艺出版社1998年版。

7. 谭达先著:《论中国民间文学》, 黑龙江人民出版社2003年版。

8. 郑成思主编:《知识产权文丛》(第13卷), 中国方正出版社2006年版。

9. 季羡林著:《比较文学与民间文学》, 北京大学出版社1991年版。

10. 管育鹰著:《知识产权视野中的民间文艺保护》, 法律出版社2006年版。

11. 王文章主编:《非物质文化遗产概论》, 文化艺术出版社2006年版。

12. 马俊驹、余延满著:《民法原论》，法律出版社1998年版。
13. [美]E. 博登海默著:《法理学：法律哲学与法律方法》，邓正来译，中国政法大学出版社2004年版。
14. 亚历山大·I.波尔托拉克、保罗·J.勒纳著:《知识产权精要》，于东智、谷立日译，中国人民大学出版社2004年版。
15. [美]达里尔·A.波塞、格雷厄姆·杜特费尔德著:《超越知识产权——为原住民和当地社区争取传统资源权利》，许建初等译，云南科技出版社2003年版。
16. [阿根廷]卡洛斯·M.柯莱亚:《传统知识与知识产权》，载国家知识产权局条法司编:《专利法研究（2003）》，知识产权出版社2003年版。
17. [美]阿瑟·R.米勒、迈克尔·H.戴维斯著:《知识产权法概要》，周林等译，中国社会科学出版社1998年版。

二、论文类

1. 吕建昌、廖菲:《非物质文化遗产概念的国际认同——兼谈口头和非物质遗产的法律地位》，载《中国博物馆》2006年第1期。
2. 卫才华:《非物质文化遗产与民俗学》，载《山西师大学报（社会科学版）》2006年第4期。
3. 李顺德:《非物质文化遗产的法律界定及知识产权保护》，载《江西社会科学》2006年第5期。
4. 张清奎:《传统知识、民间文艺及遗传资源保护模式初探》，载《知识产权》2006年第2期。
5. 费安玲:《非物质文化遗产法律保护的基本思考》，载《江西社会科学》2006年第5期。

6. 郑璇玉:《试论民间文化层面的知识产权制度保护》，载《江西社会科学》2006年第5期。
7. 朱雪忠:《传统知识的法律保护初探》，载《华中师范大学学报（人文社会科学版）》2004年第3期。
8. 陈天培:《非物质文化遗产的经济价值》，载《改革与战略》2006年第5期。
9. 尚志红:《人类基因提供者利益分享实现的构想》，载《法学杂志》2005年第2期。
10. 刘筠筠:《民间文学艺术保护的立法探索与比较研究》，载《贵州师范大学学报（社会科学版）》2005年第6期。
11. 贺学君:《非物质文化遗产“保护”的本质与原则》，载《民间文化论坛》2005年第6期。
12. 管育鹰:《“刀郎”现象折射出的民间文艺保护问题》，载《中华商标》2005年第11期。
13. 宋俊华:《非物质文化遗产特征刍议》，载《江西社会科学》2006年第1期。
14. 尹小珂、宋兰萍:《小议非物质文化遗产的旅游开发与保护》，载《聊城大学学报（社会科学版）》2006年第3期。
15. 徐赣丽:《非物质文化遗产的开发式保护框架》，载《广西民族研究》2005年第4期。
16. 张建邦:《生物基因资源获取和利益分享的国际法规制——兼论对我国基因资源保护的启示》，载《法律科学（西北政法学院学报）》2005年第6期。
17. 吴国平:《泛珠三角经济区知识产权合作若干问题研究》，载《知识产权》2005年第4期。

18. 胡金波、刘雪梅：《浅析我国医药知识产权保护》，载《药学进展》2006年第2期。
19. 陈庆云：《非物质文化遗产保护法律问题研究》，载《中央民族大学学报》2006年第1期。
20. 王玉叶、葛翔：《关于民间非物质文化知识产权保护问题的思考》，载《江西教育学院学报（社会科学）》2006年第2期。
21. 刘魁立：《关于非物质文化遗产保护的若干理论反思》，载《民间文化论坛》2004年第4期。
22. 卓仲阳、杨正文：《民族传统文化保护与知识产权》，载《科技与法律》2003年第4期。
23. 汤跃：《传统知识保护学术研究发展态势论要》，载《贵州师范大学学报（社会科学版）》2005年第6期。
24. 张成渝、谢凝高：《“真实性和完整性”原则与世界遗产保护》，载《北京大学学报（哲学社会科学版）》2003年第2期。
25. 杨新海：《历史街区的基本特性及其保护原则》，载《人文地理》2005年第5期。
26. 韩小兵：《中国少数民族传统医药保护的立法模式思考》，载《中央民族大学学报（哲学社会科学版）》2007年第3期。
27. 张玉敏、王智斌：《论我国民法典设置知识产权编的理由及基本构想——以概括式立法为目标模式》，载《甘肃社会科学》2005年第5期。
28. 谢哲胜：《论民法法典化模式的选择》，载《法商研究》2006年第3期。
29. 刘锡诚：《非物质文化遗产的文化性质问题》，载《西北民族研究》2005年第1期。

30. 陈华文:《目标差异：文化遗产保护与开发的悖论——也谈我们的建议和对策》，载《河南教育学院学报（哲学社会科学版）》2006年第4期。
31. 张小勇:《专利申请中遗传资源来源的披露研究（一）》，载《贵州师范大学学报（社会科学版）》2006年第6期。
32. 张小勇:《专利申请中遗传资源来源的披露研究（三）》，载《贵州师范大学学报（社会科学版）》2007年第2期。
33. 高思:《保护民间文艺的探索》，载《中国发明与专利》2007年第2期。
34. 张式军:《巴西生物多样性保护法律与实践》，载《中共济南市委党校学报》2007年第1期。
35. 周琛:《印度生物多样性保护的法律与实践》，载《中共济南市委党校学报》2007年第1期。
36. 杨永芳:《非物质文化遗产保护问题的法学界定》，载《行政与法》2007年第7期。
37. 彭岚嘉:《物质文化遗产与非物质文化遗产的关系》，载《西北师大学报（社会科学版）》2006年第6期。
38. 张博:《非物质文化遗产的文化空间保护》，载《青海社会科学》2007年第1期。
39. 赵冬菊:《民俗文物与非物质文化遗产的区别》，载《中国文物科学研究》2007年第1期。
40. 乔生:《生物技术对专利制度的挑战与中国专利法修改探讨》，载《法律科学（西北政法学院学报）》2005年第2期。
41. 廖明君、周星:《非物质文化遗产保护的日本经验》，载《民族艺术》2007年第1期。

42. 牟维、李琦:《非物质文化遗产保护过程中的博弈探索》，载《西南民族大学学报（人文社科版）》2007年第7期。
43. 陈宗波:《东盟传统知识保护的法律政策研究》，载《广西师范大学学报（哲学社会科学版）》2006年第2期。

附录一　部分法律法规

中华人民共和国非物质文化遗产法

（2011年2月25日第十一届全国人民代表大会常务委员会第十九次会议通过　2011年2月25日中华人民共和国主席令第四十二号公布　自2011年6月1日起施行）

第一章　总　则

第一条　为了继承和弘扬中华民族优秀传统文化，促进社会主义精神文明建设，加强非物质文化遗产保护、保存工作，制定本法。

第二条　本法所称非物质文化遗产，是指各族人民世代相传并视为其文化遗产组成部分的各种传统文化表现形式，以及与传统文化表现形式相关的实物和场所。包括：

（一）传统口头文学以及作为其载体的语言；

（二）传统美术、书法、音乐、舞蹈、戏剧、曲艺和杂技；

（三）传统技艺、医药和历法；

（四）传统礼仪、节庆等民俗；

（五）传统体育和游艺；

（六）其他非物质文化遗产。

属于非物质文化遗产组成部分的实物和场所，凡属文物的，适用《中华人民共和国文物保护法》的有关规定。

第三条 国家对非物质文化遗产采取认定、记录、建档等措施予以保存，对体现中华民族优秀传统文化，具有历史、文学、艺术、科学价值的非物质文化遗产采取传承、传播等措施予以保护。

第四条 保护非物质文化遗产，应当注重其真实性、整体性和传承性，有利于增强中华民族的文化认同，有利于维护国家统一和民族团结，有利于促进社会和谐和可持续发展。

第五条 使用非物质文化遗产，应当尊重其形式和内涵。

禁止以歪曲、贬损等方式使用非物质文化遗产。

第六条 县级以上人民政府应当将非物质文化遗产保护、保存工作纳入本级国民经济和社会发展规划，并将保护、保存经费列入本级财政预算。

国家扶持民族地区、边远地区、贫困地区的非物质文化遗产保护、保存工作。

第七条 国务院文化主管部门负责全国非物质文化遗产的保护、保存工作；县级以上地方人民政府文化主管部门负责本行政区域内非物质文化遗产的保护、保存工作。

县级以上人民政府其他有关部门在各自职责范围内，负责有关非物质文化遗产的保护、保存工作。

第八条 县级以上人民政府应当加强对非物质文化遗产保护工作的宣传，提高全社会保护非物质文化遗产的意识。

第九条 国家鼓励和支持公民、法人和其他组织参与非物质文化遗产保护工作。

第十条 对在非物质文化遗产保护工作中做出显著贡献的组织和个人，按照国家有关规定予以表彰、奖励。

第二章 非物质文化遗产的调查

第十一条 县级以上人民政府根据非物质文化遗产保护、保存工作需要，组织非物质文化遗产调查。非物质文化遗产调查由文化主管部门负责进行。

县级以上人民政府其他有关部门可以对其工作领域内的非物质文化遗产进行调查。

第十二条 文化主管部门和其他有关部门进行非物质文化遗产调查，应当对非物质文化遗产予以认定、记录、建档，建立健全调查信息共享机制。

文化主管部门和其他有关部门进行非物质文化遗产调查，应当收集属于非物质文化遗产组成部分的代表性实物，整理调查工作中取得的资料，并妥善保存，防止损毁、流失。其他有关部门取得的实物图片、资料复制件，应当汇交给同级文化主管部门。

第十三条 文化主管部门应当全面了解非物质文化遗产有关情况，建立非物质文化遗产档案及相关数据库。除依法应当保密的外，非物质文化遗产档案及相关数据信息应当公开，便于公众查阅。

第十四条 公民、法人和其他组织可以依法进行非物质文化遗产调查。

第十五条 境外组织或者个人在中华人民共和国境内进行非物质文化遗产调查，应当报经省、自治区、直辖市人民政府文化主管部门批准；调查在两个以上省、自治区、直辖市行政区域进行的，应当报经国务院文化主管部门批准；调查结束后，应当向批准调查的文化主管部门提交调查报告和调查中取得的实物图片、资料复制件。

境外组织在中华人民共和国境内进行非物质文化遗产调查，应当与境内非物质文化遗产学术研究机构合作进行。

第十六条 进行非物质文化遗产调查，应当征得调查对象的同意，尊重其风俗习惯，不得损害其合法权益。

第十七条 对通过调查或者其他途径发现的濒临消失的非物质文化遗产项目，县级人民政府文化主管部门应当立即予以记录并收集有关实物，或者采取其他抢救性保存措施；对需要传承的，应当采取有效措施支持传承。

第三章 非物质文化遗产代表性项目名录

第十八条 国务院建立国家级非物质文化遗产代表性项目名录，将体现中华民族优秀传统文化，具有重大历史、文学、艺术、科学价值的非物质文化遗产项目列入名录予以保护。

省、自治区、直辖市人民政府建立地方非物质文化遗产代表性项目名录，将本行政区域内体现中华民族优秀传统文化，具有历史、文学、艺术、科学价值的非物质文化遗产项目列入名录予以保护。

第十九条 省、自治区、直辖市人民政府可以从本省、自治区、直辖市非物质文化遗产代表性项目名录中向国务院文化主管部门推荐列入国家级非物质文化遗产代表性项目名录的项目。推荐时应当提交下列材料：

（一）项目介绍，包括项目的名称、历史、现状和价值；

（二）传承情况介绍，包括传承范围、传承谱系、传承人的技艺水平、传承活动的社会影响；

（三）保护要求，包括保护应当达到的目标和应当采取的措施、步骤、管理制度；

（四）有助于说明项目的视听资料等材料。

第二十条　公民、法人和其他组织认为某项非物质文化遗产体现中华民族优秀传统文化，具有重大历史、文学、艺术、科学价值的，可以向省、自治区、直辖市人民政府或者国务院文化主管部门提出列入国家级非物质文化遗产代表性项目名录的建议。

第二十一条　相同的非物质文化遗产项目，其形式和内涵在两个以上地区均保持完整的，可以同时列入国家级非物质文化遗产代表性项目名录。

第二十二条　国务院文化主管部门应当组织专家评审小组和专家评审委员会，对推荐或者建议列入国家级非物质文化遗产代表性项目名录的非物质文化遗产项目进行初评和审议。

初评意见应当经专家评审小组成员过半数通过。专家评审委员会对初评意见进行审议，提出审议意见。

评审工作应当遵循公开、公平、公正的原则。

第二十三条　国务院文化主管部门应当将拟列入国家级非物质文化遗产代表性项目名录的项目予以公示，征求公众意见。公示时间不得少于二十日。

第二十四条　国务院文化主管部门根据专家评审委员会的审议意见和公示结果，拟订国家级非物质文化遗产代表性项目名录，报国务院批准、公布。

第二十五条　国务院文化主管部门应当组织制定保护规划，对国家级非物质文化遗产代表性项目予以保护。

省、自治区、直辖市人民政府文化主管部门应当组织制定保护规划，对本级人民政府批准公布的地方非物质文化遗产代表性项目予以保护。

制定非物质文化遗产代表性项目保护规划，应当对濒临消失的非物质文化遗产代表性项目予以重点保护。

第二十六条 对非物质文化遗产代表性项目集中、特色鲜明、形式和内涵保持完整的特定区域，当地文化主管部门可以制定专项保护规划，报经本级人民政府批准后，实行区域性整体保护。确定对非物质文化遗产实行区域性整体保护，应当尊重当地居民的意愿，并保护属于非物质文化遗产组成部分的实物和场所，避免遭受破坏。

实行区域性整体保护涉及非物质文化遗产集中地村镇或者街区空间规划的，应当由当地城乡规划主管部门依据相关法规制定专项保护规划。

第二十七条 国务院文化主管部门和省、自治区、直辖市人民政府文化主管部门应当对非物质文化遗产代表性项目保护规划的实施情况进行监督检查；发现保护规划未能有效实施的，应当及时纠正、处理。

第四章 非物质文化遗产的传承与传播

第二十八条 国家鼓励和支持开展非物质文化遗产代表性项目的传承、传播。

第二十九条 国务院文化主管部门和省、自治区、直辖市人民政府文化主管部门对本级人民政府批准公布的非物质文化遗产代表性项目，可以认定代表性传承人。

非物质文化遗产代表性项目的代表性传承人应当符合下列条件：

（一）熟练掌握其传承的非物质文化遗产；

（二）在特定领域内具有代表性，并在一定区域内具有较大影响；

（三）积极开展传承活动。

认定非物质文化遗产代表性项目的代表性传承人，应当参照执行本法有关非物质文化遗产代表性项目评审的规定，并将所认定的代表性传承人名单予以公布。

第三十条　县级以上人民政府文化主管部门根据需要，采取下列措施，支持非物质文化遗产代表性项目的代表性传承人开展传承、传播活动：

（一）提供必要的传承场所；

（二）提供必要的经费资助其开展授徒、传艺、交流等活动；

（三）支持其参与社会公益性活动；

（四）支持其开展传承、传播活动的其他措施。

第三十一条　非物质文化遗产代表性项目的代表性传承人应当履行下列义务：

（一）开展传承活动，培养后继人才；

（二）妥善保存相关的实物、资料；

（三）配合文化主管部门和其他有关部门进行非物质文化遗产调查；

（四）参与非物质文化遗产公益性宣传。

非物质文化遗产代表性项目的代表性传承人无正当理由不履行前款规定义务的，文化主管部门可以取消其代表性传承人资格，重新认定该项目的代表性传承人；丧失传承能力的，文化主管部门可以重新认定该项目的代表性传承人。

第三十二条 县级以上人民政府应当结合实际情况，采取有效措施，组织文化主管部门和其他有关部门宣传、展示非物质文化遗产代表性项目。

第三十三条 国家鼓励开展与非物质文化遗产有关的科学技术研究和非物质文化遗产保护、保存方法研究，鼓励开展非物质文化遗产的记录和非物质文化遗产代表性项目的整理、出版等活动。

第三十四条 学校应当按照国务院教育主管部门的规定，开展相关的非物质文化遗产教育。

新闻媒体应当开展非物质文化遗产代表性项目的宣传，普及非物质文化遗产知识。

第三十五条 图书馆、文化馆、博物馆、科技馆等公共文化机构和非物质文化遗产学术研究机构、保护机构以及利用财政性资金举办的文艺表演团体、演出场所经营单位等，应当根据各自业务范围，开展非物质文化遗产的整理、研究、学术交流和非物质文化遗产代表性项目的宣传、展示。

第三十六条 国家鼓励和支持公民、法人和其他组织依法设立非物质文化遗产展示场所和传承场所，展示和传承非物质文化遗产代表性项目。

第三十七条 国家鼓励和支持发挥非物质文化遗产资源的特殊优势，在有效保护的基础上，合理利用非物质文化遗产代表性项目开发具有地方、民族特色和市场潜力的文化产品和文化服务。

开发利用非物质文化遗产代表性项目的，应当支持代表性传承人开展传承活动，保护属于该项目组成部分的实物和场所。

县级以上地方人民政府应当对合理利用非物质文化遗产代表性项目的单位予以扶持。单位合理利用非物质文化遗产代表性项目的，依法享受国家规定的税收优惠。

第五章 法律责任

第三十八条 文化主管部门和其他有关部门的工作人员在非物质文化遗产保护、保存工作中玩忽职守、滥用职权、徇私舞弊的，依法给予处分。

第三十九条 文化主管部门和其他有关部门的工作人员进行非物质文化遗产调查时侵犯调查对象风俗习惯，造成严重后果的，依法给予处分。

第四十条 违反本法规定，破坏属于非物质文化遗产组成部分的实物和场所的，依法承担民事责任；构成违反治安管理行为的，依法给予治安管理处罚。

第四十一条 境外组织违反本法第十五条规定的，由文化主管部门责令改正，给予警告，没收违法所得及调查中取得的实物、资料；情节严重的，并处十万元以上五十万元以下的罚款。

境外个人违反本法第十五条第一款规定的，由文化主管部门责令改正，给予警告，没收违法所得及调查中取得的实物、资料；情节严重的，并处一万元以上五万元以下的罚款。

第四十二条 违反本法规定，构成犯罪的，依法追究刑事责任。

第六章 附 则

第四十三条 建立地方非物质文化遗产代表性项目名录的办

法，由省、自治区、直辖市参照本法有关规定制定。

第四十四条　使用非物质文化遗产涉及知识产权的，适用有关法律、行政法规的规定。

对传统医药、传统工艺美术等的保护，其他法律、行政法规另有规定的，依照其规定。

第四十五条　本法自2011年6月1日起施行。

宁夏回族自治区非物质文化遗产保护条例

（2006年7月21日宁夏回族自治区第九届人民代表大会常务委员会第二十三次会议通过　2021年7月30日宁夏回族自治区第十二届人民代表大会常务委员会第二十八次会议修订　自2021年9月1日起施行）

第一章　总　则

第一条　为了传承和弘扬中华民族优秀传统文化，加强非物质文化遗产保护、保存工作，根据《中华人民共和国非物质文化遗产法》等有关法律、行政法规，结合自治区实际，制定本条例。

第二条　自治区行政区域内非物质文化遗产的调查、认定、记录、建档等保存和传承、传播等保护活动，适用本条例。

第三条　本条例所称非物质文化遗产，是指各族人民世代相传并视为其文化遗产组成部分的各种传统文化表现形式，以及与传统文化表现形式相关的实物和场所。包括：

（一）传统口头文学以及作为其载体的语言；

（二）传统美术、书法、音乐、舞蹈、戏剧、曲艺和杂技；

（三）传统技艺、医药和历法；

（四）传统礼仪、节庆等民俗；

（五）传统体育和游艺；

（六）其他非物质文化遗产。

非物质文化遗产组成部分的实物和场所，凡属文物的，适用文物保护法律、法规的有关规定。

第四条　非物质文化遗产保护、保存工作应当以社会主义核心价值观为引领，坚持保护为主、抢救第一、合理利用、传承发展的原则，注重非物质文化遗产的真实性、整体性和传承性，有利于增强中华民族的文化认同，有利于维护国家统一和民族团结，有利于促进社会和谐和高质量发展。

第五条　县级以上人民政府应当将非物质文化遗产保护、保存工作纳入本级国民经济和社会发展规划，并将保护、保存经费列入本级财政预算。

县级以上人民政府应当建立非物质文化遗产保护工作联席会议制度，协调解决非物质文化遗产保护、保存工作中的重大事项。

第六条　县级以上人民政府文化和旅游主管部门负责本行政区域内非物质文化遗产的保护、保存工作。

县级以上人民政府发展改革、教育、财政、住房城乡建设、卫生健康、体育等相关部门在各自职责范围内，负责非物质文化遗产的保护、保存相关工作。

第七条　县级以上人民政府应当加强对非物质文化遗产的宣传教育，培养和提高全社会保护非物质文化遗产的意识。

广播、电视、报刊、新闻网站等新闻媒体单位，应当宣传非物质文化遗产保护、保存工作，普及非物质文化遗产相关知识。

第八条　县级以上人民政府应当鼓励和支持公民、法人和其他组织参与非物质文化遗产保护、保存工作。

第九条　对在非物质文化遗产保护、保存工作中做出显著贡献的组织和个人，县级以上人民政府应当按照规定予以表彰、奖励。

第二章　非物质文化遗产的调查

第十条　县级以上人民政府应当对本行政区域内非物质文化遗产的种类、数量、分布、生存环境、保护现状等情况组织调查。非物质文化遗产调查由文化和旅游主管部门负责进行。

第十一条　县级以上人民政府卫生健康、体育、市场监管等有关部门可以对其工作领域内的非物质文化遗产进行调查，并在调查结束后六十日内将所取得的实物图片、资料复制件汇交同级文化和旅游主管部门。

第十二条　县级以上人民政府文化旅游主管部门和其他有关部门进行非物质文化遗产调查，应当对非物质文化遗产予以认定、记录、建档，妥善保存相关实物和资料，建立健全调查信息共享机制。

第十三条　县级以上人民政府文化和旅游主管部门应当综合运用图片、文字、录音、录像、数字化多媒体等形式，建立规范化的非物质文化遗产档案及相关数据库，并依法向社会公开。

第十四条　县级以上人民政府文化和旅游主管部门应当对公民、法人和其他组织依法开展的非物质文化遗产调查给予支持和指导。调查结束后，有关人员应当将调查材料、实物图片、资料复制件等交文化和旅游主管部门。

第十五条　境外组织或者个人在区内进行非物质文化遗产调查，应当报经自治区人民政府文化和旅游主管部门批准。

境外组织在区内进行非物质文化遗产调查，应当与境内非物质文化遗产学术研究机构合作进行。

调查结束后，境外组织或者个人应当向自治区人民政府文化和旅游主管部门提交调查报告、实物图片和资料复制件。

第三章　非物质文化遗产代表性项目名录

第十六条　建立自治区、市、县三级非物质文化遗产代表性项目名录保护制度，将非物质文化遗产项目列入名录予以保护。

第十七条　公民、法人和其他组织可以向县级以上人民政府文化和旅游主管部门提出列入代表性项目名录的项目建议。

县级以上人民政府文化和旅游主管部门及其他有关部门可以从调查发现的非物质文化遗产项目中，提出列入本级代表性项目名录的项目建议。

下一级人民政府可以从本级代表性项目名录中，向上一级人民政府文化和旅游主管部门推荐列入代表性项目名录的项目建议。

第十八条　非物质文化遗产代表性项目认定，实行专家评审制度。

县级以上人民政府文化和旅游主管部门负责本级非物质文化遗产代表性项目名录的评审工作，并及时报请本级人民政府批准并公布。

非物质文化遗产代表性项目名录的评审认定管理办法，由自治区人民政府制定。

第十九条　县级以上人民政府文化和旅游主管部门应当建立非物质文化遗产评审专家库，并向社会公布。

第二十条　县级以上人民政府文化和旅游主管部门应当组织专家对拟列入非物质文化遗产代表性项目名录的项目进行评审。

第二十一条　县级以上人民政府文化和旅游主管部门应当将拟列入非物质文化遗产代表性项目名录的项目向社会公示，征求公众意见。公示时间不得少于二十日。

第二十二条　县级以上人民政府文化和旅游主管部门根据评审意见和公示结果，拟订本级非物质文化遗产代表性项目名录，报请本级人民政府批准、公布。

第四章　非物质文化遗产的传承与传播

第二十三条　县级以上人民政府文化和旅游主管部门对本级人民政府批准公布的非物质文化遗产代表性项目，可以按照有关规定认定代表性传承人，公布代表性传承人名单；对集体传承、大众实践的代表性项目，可以认定代表性传承团体。

第二十四条　县级以上人民政府文化和旅游主管部门应当根据需要，采取经费补助、提供传承场所等方式，扶持代表性传承人开展传承活动。

第二十五条　代表性传承人依法享有自主开展知识和技艺传授，合理利用代表性项目，获得传承人补贴或者取得传承传播活动相应报酬等权利。

第二十六条　代表性传承人应当履行下列义务：

（一）开展传承活动，培养后继人才；

（二）妥善保存相关的资料、实物；

（三）配合政府有关部门进行非物质文化遗产调查；

（四）参与非物质文化遗产公益性宣传、展示、交流等活动。

代表性传承人无正当理由不履行法律规定义务的，文化和旅游主管部门可以取消其代表性传承人资格，重新认定该项目的代表性传承人；丧失传承能力的，文化和旅游主管部门可以重新认定该项目的代表性传承人。

第二十七条　县级以上人民政府文化和旅游主管部门可以认定非物质文化遗产代表性项目保护单位，并通过补助、奖励等方式支持其开展相关保护工作。

代表性项目保护单位应当具备下列条件：

（一）有该项目代表性传承人或者相对完整的资料、实物；

（二）具备制定和实施该项目保护计划的能力；

（三）具备开展传承、展示活动的场所和条件。

第二十八条　代表性项目保护单位应当履行下列责任：

（一）制定并组织实施代表性项目保护计划；

（二）收集、整理代表性项目的资料、实物并建档；

（三）保护代表性项目的资料、实物、建筑物、场所、遗迹及其附属物等；

（四）开展代表性项目的研究、宣传、展示、交流等活动；

（五）为代表性项目的传承及相关活动提供必要条件；

（六）其他应当履行的责任。

第二十九条　县级以上人民政府可以根据需要建设非物质文化遗产博物馆、展示厅（室）、体验场馆等基础设施，支持社会力量依法设立非物质文化遗产传承基地、传承工坊、传承场所等。

第三十条　县级以上人民政府文化和旅游主管部门应当会同人力资源社会保障等有关部门组织代表性传承人、后继人才及相关从业者参加非物质文化遗产技能培训。

第三十一条　县级以上人民政府文化和旅游、商务等有关部门应当开展具有区域特色的非物质文化遗产宣传活动，促进非物质文化遗产的传承与传播。

第三十二条　中、小学校应当依法开展非物质文化遗产教育，可以聘请代表性传承人、民间艺人等人员担任兼职教师，组织学生开展非物质文化遗产教学实践活动。

第三十三条　鼓励具备条件的高等院校、中等职业学校开设非物质文化遗产相关专业或者课程，建立非物质文化遗产教学和研究基地，开展非物质文化遗产研究和专业人才培养。

第三十四条　文化馆（站）、图书馆、博物馆、美术馆等公共文化机构可以设立非物质文化遗产展示区，为代表性传承人开展授徒、传艺、交流等传承活动提供必要的场所。

第三十五条　公共文化机构、研究机构等单位应当妥善保管非物质文化遗产资料和实物，并进行整理、归档、研究、展示或者依法出版。重要的非物质文化遗产资料、实物，应当采用先进技术长期保护。

第三十六条　县级以上人民政府文化和旅游主管部门应当指定具备收藏或者保管条件的公共文化机构，对本行政区域内具有代表性的非物质文化遗产文字资料和实物进行征集、收购或者接受捐赠。

第五章　非物质文化遗产的保护与利用

第三十七条　自治区人民政府文化和旅游主管部门应当制定并组织实施非物质文化遗产代表性项目保护规划。保护规划包括代表性项目的基本现状、保护原则、保护范围、保护措施及经费保障等内容。

第三十八条　自治区人民政府应当根据需要安排专项资金用于非物质文化遗产的保护、保存：

（一）非物质文化遗产的调查与研究；

（二）征集、收购珍贵资料和实物；

（三）濒危非物质文化遗产项目的抢救；

（四）传承和传播活动；

（五）重大项目的保护利用及其设施建设；

（六）培训、培养代表性传承人；

（七）其他保护、保存费用。

第三十九条　县级以上人民政府文化和旅游主管部门应当建立非物质文化遗产濒危项目目录。对濒危的非物质文化遗产项目，县级以上人民政府文化和旅游主管部门应当制定抢救性保护方案，优先拨付实施抢救性保护所需经费，将其内容、表现形式、技艺流程等予以记录、整理，编印图书，制作影音资料，建立档案，进行抢救性保护。

第四十条　县级以上人民政府对非物质文化遗产代表性项目集中、特色鲜明、形式和内涵保持完整的村镇、街区或者特定区域，可以实行区域性整体保护。

第四十一条　县级以上人民政府应当对与非物质文化遗产代表性项目相关的建筑物、场所、遗迹及其附属物予以保护。

建筑施工企业实施工程建设涉及前款规定的建筑物、场所、遗迹及其附属物的，应当采取相应的保护措施。

第四十二条　县级以上人民政府市场监管、版权管理等有关部门应当支持和指导代表性传承人、项目保护单位等，通过申请专利、注册商标、地理标志和著作权登记等方式，对代表性项目进行知识产权保护。

第四十三条　县级以上人民政府文化和旅游主管部门应当每年对本级非物质文化遗产代表性项目的保护情况进行评估，并向社会公开评估结果。

第四十四条　任何单位和个人不得损坏非物质文化遗产珍贵资料、实物、建筑物、场所、遗迹及其附属物。

携带自治区珍贵非物质文化遗产资料、实物出境的，应当执行有关法律、法规的规定。

第四十五条　县级以上人民政府应当对合理开发利用非物质文化遗产代表性项目的单位和个人予以扶持。合理开发利用非物质文化遗产代表性项目的，依法享受税收优惠。

第四十六条　县级以上人民政府文化和旅游主管部门应当将非物质文化遗产传承基地、保护设施纳入主题旅游线路，开发具有非物质文化遗产特点的旅游项目和旅游产品。

支持代表性传承人以及有关团体进入旅游景区和乡村旅游示范点展演、展销，宣传和推介非物质文化遗产及其旅游产品。

第四十七条　自治区人民政府应当建立自治区级传统工艺振兴目录，将传统工艺类的非物质文化遗产代表性项目列入自治区级传统工艺振兴目录。

对列入传统工艺振兴目录的项目，县级以上人民政府及其有关部门应当在用地、场地、资金等方面予以支持。

第四十八条　县级以上人民政府应当支持有条件的单位建设非物质文化遗产孵化创业基地、产业孵化器等创业创新平台。

第四十九条　县级以上人民政府文化和旅游主管部门应当鼓励和支持公民、法人和其他组织通过融资、合作、入股等方式利用非物质文化遗产代表性项目，挖掘其所蕴含的文化价值和经济价值，开发具有地方特色的文化产品和服务。

第五十条　开发利用非物质文化遗产，应当注重传承非物质文化遗产的工艺流程和核心技艺，保持其真实性、完整性，保护非物质文化遗产的文化内涵，不得歪曲、贬损和滥用。

第六章　法律责任

第五十一条　违反本条例规定，侵占、破坏非物质文化遗产相关资料、实物和场所的，依法承担民事责任；构成违反治安管理行为的，依法给予治安管理处罚；构成犯罪的，依法追究刑事责任。

第五十二条　文化和旅游主管部门和其他有关部门的工作人员，在非物质文化遗产保护、保存工作中，玩忽职守、滥用职权、徇私舞弊的，依法给予处分；构成犯罪的，依法追究刑事责任。

第五十三条　违反本条例规定，开发利用非物质文化遗产，有歪曲、贬损、滥用等行为的，由县级以上人民政府文化和旅游主管部门责令停止违法行为，并按照有关法律、法规的规定处罚。

第七章　附　则

第五十四条　本条例自2021年9月1日起施行。

无锡市宜兴紫砂保护条例

（2006年10月27日无锡市第十三届人民代表大会常务委员会第二十六次会议制定　2006年11月30日江苏省第十届人民代表大会常务委员会第二十七次会议批准　自2007年4月1日起施行）

第一章　总　则

第一条　为了加强宜兴紫砂保护，继承和弘扬宜兴紫砂文化，维护宜兴紫砂研究、设计、生产、经营单位和个人以及技艺人员的合法权益，根据有关法律、法规，结合本市实际，制定本条例。

第二条　本条例适用于本市行政区域内的宜兴紫砂矿产资源开采和利用、制作技艺保护和传承、作品和产品保护及其相关活动。

本条例所称宜兴紫砂，是指以加工后的宜兴紫砂矿土为原料，采用独特工艺制成，具有鲜明地方特色的紫砂陶制品及其制作技艺。

第三条　市人民政府应当加强对宜兴紫砂保护工作的指导和监督。

宜兴市人民政府具体负责宜兴紫砂保护工作。

市和宜兴市的经贸、文化、国土资源、工商、质量技术监督等行政主管部门和有关镇人民政府按照各自职责，共同做好宜兴紫砂的保护工作。

第四条　宜兴紫砂保护工作坚持保护为主、合理利用、传承发展的原则。

第五条　宜兴市人民政府可以委托有关行业协会办理专业技术职称和荣誉称号的申报、推荐，建立完善宜兴紫砂作品和产品信息数据库、产品生产技术规范和管理规范、从业人员技艺水平评价体系等工作中的相关事项。

第六条　宜兴市人民政府设立宜兴紫砂保护专项资金；专项资金由财政拨款、单位和个人捐款及捐赠物品出售所得等构成。

宜兴紫砂保护专项资金用于宜兴紫砂文化的保护、研究和宣传，宜兴紫砂珍品、精品和珍贵资料的收集，宜兴紫砂制作技艺的传承和对宜兴紫砂保护有突出贡献人员的奖励。

第七条　宜兴市人民政府及其有关部门应当定期组织开展宜兴紫砂文化宣传活动，弘扬宜兴紫砂文化，交流宜兴紫砂制作技艺。

任何单位和个人对危害宜兴紫砂保护的行为有权制止和检举。

第二章　资源开采和利用

第八条　宜兴紫砂矿产资源的开采利用坚持保护和节约的原则，采取总量控制、限量开采、提高利用率等措施，实现经济效益、资源效益、社会效益和环境效益的统一。

第九条　宜兴市国土资源行政主管部门应当根据宜兴市矿产资源开采利用总体规划和城市建设、环境保护、经济发展的要求，组织制定宜兴紫砂矿产资源开采利用计划，经本级人民政府批准后实施，并报市国土资源行政主管部门备案。

矿产资源开采利用计划应当明确提出开采顺序、开采方法和保护措施。

第十条　紫砂矿产资源采矿权依法实行有偿取得制度。

采矿权出让采取招标、拍卖或者挂牌出让的方式公开进行。

采矿权的转让应当符合法定条件。

第十一条　紫砂矿产资源开采依法实行许可证制度。开采紫砂矿产资源应当向省国土资源行政主管部门申请登记，领取采矿许可证，方可成为采矿权人。

未取得采矿许可证，任何单位和个人不得开采紫砂矿产资源。

第十二条　采矿权人应当按照登记管理机关批准的矿区范围、开发利用方案进行开采，禁止越界越层开采、超量开采和破坏性开采。

任何单位和个人不得露天开采紫砂矿产资源。

第十三条　采矿权人应当严格执行宜兴紫砂矿产资源开采利用计划，采取合理的开采顺序、开采方法开采紫砂矿产资源，并按照规定向宜兴市国土资源行政主管部门提交紫砂矿产资源开发利用年度报告。

宜兴市国土资源行政主管部门应当加强对紫砂矿产资源开发利用情况的检查监督，提高紫砂矿产资源的利用率。

紫砂矿产资源所在地的镇人民政府，应当配合宜兴市国土资源行政主管部门做好紫砂矿产资源保护工作，发现无证开采和越界越层开采等行为，应当及时制止并报告宜兴市国土资源行政主管部门。

第十四条　开采紫砂矿产资源产生的废土、废渣、废石和废水，采矿权人应当集中处理，不得随意堆放或者排放。

采矿权人停办、关闭矿山，应当依法做好矿山安全、水土保持、土地复垦、森林植被恢复和环境保护等工作。造成生态环境破坏的，应当承担恢复和治理责任。

宜兴紫砂作品、产品制作者应当加强紫砂废弃物的综合利用，减少环境污染。

第三章　制作技艺保护和传承

第十五条　宜兴市文化、档案行政主管部门和行业协会，应当加强宜兴紫砂制作技艺的挖掘、整理工作，定期组织开展宜兴紫砂专业讲座、学术交流、研讨展评等活动；指导并规范有关宜兴紫砂专著、刊物等书刊的编撰工作。

鼓励从事宜兴紫砂研究、设计、生产的单位和个人，开展宜兴紫砂制作技艺的挖掘、整理工作。

第十六条　宜兴紫砂制作技艺按照国家有关保密法律、法规的规定必须保密的，应当严格保密措施。

在不违反前款规定的前提下，宜兴紫砂研究、设计、生产单位，应当加强对职工进行宜兴紫砂传统工艺和制作技艺的培训，有计划地组织技艺人员开展技术交流、操作表演和业务考察等活动。

第十七条　宜兴市具备条件的中、高等职业技术院校，应当开设宜兴紫砂传统工艺和制作技艺专业课程，采用职业教育与拜师学艺相结合等方法，有计划地对宜兴紫砂从业人员和有志从事宜兴紫砂传统工艺和制作技艺的学生进行专业知识培养。

宜兴市中小学校应当将宜兴紫砂文化列入教学选修内容，因地制宜地开展教育活动。

鼓励各类工艺、美术、设计等相关专业人才继承和发扬宜兴紫砂传统工艺和制作技艺，通过融合现代技术、现代设计和其他工艺美术技艺等方法，丰富宜兴紫砂传统工艺和制作技艺。

第十八条　宜兴市经贸、文化、人事等行政主管部门和行业协会应当建立适合宜兴紫砂行业特点，体现宜兴紫砂制作从业人员技艺水平的评价体系；对符合宜兴紫砂制作技艺专业技术资格报评条件的技艺人员，按照规定的程序组织申报和推荐相应等级的工艺美术（紫砂）专业技术职称；对长期从事宜兴紫砂制作工作，技艺精湛，在国内外享有较高声誉，并作出较大贡献的技艺人员，组织申报和推荐授予工艺美术大师、陶艺大师荣誉称号和地方荣誉称号。

第四章　作品、产品保护和市场管理

第十九条　任何单位和个人对其所有或者持有的宜兴紫砂珍品、精品和相关资料负有保护责任。

博物馆、档案馆等专业机构应当利用馆藏条件，通过收集、代为保管等形式，妥善保管宜兴紫砂珍品、精品及相关资料。

鼓励单位和个人将其所有的宜兴紫砂珍品、精品及相关资料捐赠给博物馆、档案馆等专业机构，或者委托其代为保管。

第二十条　宜兴市经贸、文化、工商、质量技术监督等行政主管部门和行业协会应当建立完善宜兴紫砂作品、产品信息数据库并定期公布有关信息；引导宜兴紫砂作品、产品的设计、生产单位和个人，通过申请集体商标、证明商标、商品商标注册，申请专利、著作权登记，采取防伪标识、电子信息管理等措施，实施宜兴紫砂作品、产品的知识产权保护。

鼓励宜兴紫砂类注册商标持有人争创国家、省、市驰名、著名和知名商标。

第二十一条　宜兴市标准化行政主管部门应当会同行业协会，逐步建立完善非全手工技艺制作的宜兴紫砂产品生产技术规范和管理规范，指导紫砂生产单位和个人按照统一的产品生产技术规范和管理规范生产。

第二十二条　宜兴市人民政府应当按照地理标志产品保护的有关规定，组织申请宜兴紫砂地理标志产品保护，并引导符合条件的宜兴紫砂产品生产者申请使用宜兴紫砂地理标志产品专用标志。

第二十三条　从事宜兴紫砂设计、创作、生产、销售等经营活动的单位和个人，应当依法办理工商、税务等手续，守法经营、公平竞争。

第二十四条　宜兴紫砂生产、经营活动禁止下列行为：

（一）以假充真，以次充好；

（二）侵犯他人的著作权、专利权和商标权；

（三）擅自使用或者伪造地理标志产品专用标志；

（四）擅自使用他人姓名或者企业名称；

（五）其他违反法律、法规的行为。

第二十五条　宜兴紫砂经营市场应当统一规划，可以结合宜兴紫砂历史文化遗址保护建设宜兴紫砂仿古街区，利用生产、经营场所开设旅游景点、销售网点和建设宜兴紫砂产品专业市场等，发展具有地方特色的经营服务。

第五章　奖　惩

第二十六条　对宜兴紫砂保护作出重大贡献的单位或者个人，

符合下列条件之一的，宜兴市人民政府应当给予表彰奖励：

（一）在挖掘、整理或者研究工作中作出突出成绩的；

（二）举报严重违法开采矿产资源行为，查证属实的；

（三）捐赠宜兴紫砂珍品、精品或者相关资料，有突出贡献的；

（四）设计、制作的宜兴紫砂作品被评为国家或者省级珍品，或者在国内外重大评比活动中获奖的；

（五）在工艺传承或者人才培养中作出显著成绩的；

（六）其他为宜兴紫砂保护作出重大贡献的。

第二十七条　违反本条例第十一条、第十二条规定非法开采宜兴紫砂矿产资源的，由宜兴市国土资源行政主管部门责令改正，没收违法开采的矿产品和违法所得，并可以按照下列规定分别给予处罚：

（一）未取得采矿许可证擅自开采或者露天开采矿产资源的，处以违法所得百分之十以上百分之五十以下的罚款，无违法所得的，处以一千元以上一万元以下的罚款；

（二）越界越层开采或者超量开采的，处以违法所得百分之十以上百分之三十以下的罚款，无违法所得的，处以一千元以上一万元以下的罚款；

（三）破坏性开采，造成矿产资源严重破坏的，处以相当于矿产资源损失价值百分之十以上百分之五十以下的罚款。

第二十八条　违反本条例第十九条第二款规定，博物馆、档案馆等专业机构对馆藏紫砂珍品、精品及相关资料未妥善保管造成损失的，由宜兴市文化行政主管部门责令赔偿，对直接负责的主管人员和其他直接责任人员，依法给予行政处分；构成犯罪的，依法追究刑事责任。

第二十九条 违反本条例规定的行为，有关法律、法规已有处罚规定的，由有关部门按照法律、法规的规定予以处罚。

第六章 附 则

第三十条 宜兴紫砂制品、资料和遗址，已被确定为文物或者文物保护单位的，适用文物保护法律法规。

第三十一条 宜兴市人民政府可以根据本条例制定实施办法。

第三十二条 本条例自2007年4月1日起施行。

附录二　相关国际公约*

保护非物质文化遗产公约**

（2003年10月17日联合国教育、科学及文化组织大会第三十二届会议通过）

联合国教育、科学及文化组织（以下简称教科文组织）大会于2003年9月29日至10月17日在巴黎举行的第32届会议，

参照现有的国际人权文书，尤其是1948年的《世界人权宣言》以及1966年的《经济、社会及文化权利国际公约》和《公民权利和政治权利国际公约》，

考虑到1989年的《保护民间创作建议书》、2001年的《教科文组织世界文化多样性宣言》和2002年第三次文化部长圆桌会议通过的《伊斯坦布尔宣言》强调非物质文化遗产的重要性，它是文化多样性的熔炉，又是可持续发展的保证，

考虑到非物质文化遗产与物质文化遗产和自然遗产之间的内在相互依存关系，

承认全球化和社会转型进程在为各群体之间开展新的对话创造条件的同时，也与不容忍现象一样，使非物质文化遗产面临损

---

* 本附录相关国际公约内容来源于中华人民共和国外交部网站。

** ①该公约于2006年4月20日生效。②中国于2004年12月2日交存批准书，2006年4月20日该公约对中国生效。③中国政府声明该公约适用于澳门特区，暂不适用于香港特区。

坏、消失和破坏的严重威胁，在缺乏保护资源的情况下，这种威胁尤为严重，

意识到保护人类非物质文化遗产是普遍的意愿和共同关心的事项，

承认各社区，尤其是原住民、各群体，有时是个人，在非物质文化遗产的生产、保护、延续和再创造方面发挥着重要作用，从而为丰富文化多样性和人类的创造性做出贡献，

注意到教科文组织在制定保护文化遗产的准则性文件，尤其是1972年的《保护世界文化和自然遗产公约》方面所做的具有深远意义的工作，

还注意到迄今尚无有约束力的保护非物质文化遗产的多边文件，

考虑到国际上现有的关于文化遗产和自然遗产的协定、建议书和决议需要有非物质文化遗产方面的新规定有效地予以充实和补充，

考虑到必须提高人们，尤其是年轻一代对非物质文化遗产及其保护的重要意义的认识，

考虑到国际社会应当本着互助合作的精神与本公约缔约国一起为保护此类遗产做出贡献，

忆及教科文组织有关非物质文化遗产的各项计划，尤其是“宣布人类口头遗产和非物质遗产代表作”计划，

认为非物质文化遗产是密切人与人之间的关系以及他们之间进行交流和了解的要素，它的作用是不可估量的，

于2003年10月17日通过本公约。

第一章　总　则

第一条　本公约的宗旨

本公约的宗旨如下：

（一）保护非物质文化遗产；

（二）尊重有关社区、群体和个人的非物质文化遗产；

（三）在地方、国家和国际一级提高对非物质文化遗产及其相互欣赏的重要性的意识；

（四）开展国际合作及提供国际援助。

第二条　定义

在本公约中：

（一）“非物质文化遗产”，指被各社区、群体，有时是个人，视为其文化遗产组成部分的各种社会实践、观念表述、表现形式、知识、技能以及相关的工具、实物、手工艺品和文化场所。这种非物质文化遗产世代相传，在各社区和群体适应周围环境以及与自然和历史的互动中，被不断地再创造，为这些社区和群体提供认同感和持续感，从而增强对文化多样性和人类创造力的尊重。在本公约中，只考虑符合现有的国际人权文件，各社区、群体和个人之间相互尊重的需要和顺应可持续发展的非物质文化遗产。

（二）按上述第（一）项的定义，“非物质文化遗产”包括以下方面：

1. 口头传统和表现形式，包括作为非物质文化遗产媒介的语言；

2. 表演艺术；

3. 社会实践、仪式、节庆活动；

4.有关自然界和宇宙的知识和实践；

5.传统手工艺。

（三）“保护”指确保非物质文化遗产生命力的各种措施，包括这种遗产各个方面的确认、立档、研究、保存、保护、宣传、弘扬、传承（特别是通过正规和非正规教育）和振兴。

（四）“缔约国”指受本公约约束且本公约在它们之间也通用的国家。

（五）本公约经必要修改对根据第三十三条所述之条件成为其缔约方之领土也适用。在此意义上，“缔约国”亦指这些领土。

第三条　与其他国际文书的关系

本公约的任何条款均不得解释为：

（一）改变与任一非物质文化遗产直接相关的世界遗产根据1972年《保护世界文化和自然遗产公约》所享有的地位，或降低其受保护的程度；

（二）影响缔约国从其作为缔约方的任何有关知识产权或使用生物和生态资源的国际文书所获得的权利和所负有的义务。

第二章　公约的有关机关

第四条　缔约国大会

一、兹建立缔约国大会，下称“大会”。大会为本公约的最高权力机关。

二、大会每两年举行一次常会。如若它作出此类决定或政府间保护非物质文化遗产委员会或至少三分之一的缔约国提出要求，可举行特别会议。

三、大会应通过自己的议事规则。

第五条　政府间保护非物质文化遗产委员会

一、兹在教科文组织内设立政府间保护非物质文化遗产委员会，下称“委员会”。在本公约依照第三十四条的规定生效之后，委员会由参加大会之缔约国选出的18个缔约国的代表组成。

二、在本公约缔约国的数目达到50个之后，委员会委员国的数目将增至24个。

第六条　委员会委员国的选举和任期

一、委员会委员国的选举应符合公平的地理分配和轮换原则。

二、委员会委员国由本公约缔约国大会选出，任期四年。

三、但第一次选举当选的半数委员会委员国的任期为两年。这些国家在第一次选举后抽签指定。

四、大会每两年对半数委员会委员国进行换届。

五、大会还应选出填补空缺席位所需的委员会委员国。

六、委员会委员国不得连选连任两届。

七、委员会委员国应选派在非物质文化遗产各领域有造诣的人士为其代表。

第七条　委员会的职能

在不妨碍本公约赋予委员会的其他职权的情况下，其职能如下：

（一）宣传公约的目标，鼓励并监督其实施情况；

（二）就好的做法和保护非物质文化遗产的措施提出建议；

（三）按照第二十五条的规定，拟订利用基金资金的计划并提交大会批准；

（四）按照第二十五条的规定，努力寻求增加其资金的方式方法，并为此采取必要的措施；

（五）拟订实施公约的业务指南并提交大会批准；

（六）根据第二十九条的规定，审议缔约国的报告并将报告综述提交大会；

（七）根据委员会制定的、大会批准的客观遴选标准，审议缔约国提出的申请并就以下事项作出决定：

1.列入第十六条、第十七条和第十八条述及的名录和提名；

2.按照第二十二条的规定提供国际援助。

第八条　委员会的工作方法

一、委员会对大会负责。它向大会报告自己的所有活动和决定。

二、委员会以其委员的三分之二多数通过自己的议事规则。

三、委员会可设立其认为执行任务所需的临时特设咨询机构。

四、委员会可邀请在非物质文化遗产各领域确有专长的任何公营或私营机构以及任何自然人参加会议，就任何具体的问题向其请教。

第九条　咨询组织的认证

一、委员会应建议大会认证在非物质文化遗产领域确有专长的非政府组织具有向委员会提供咨询意见的能力。

二、委员会还应向大会就此认证的标准和方式提出建议。

第十条　秘书处

一、委员会由教科文组织秘书处协助。

二、秘书处起草大会和委员会文件及其会议的议程草案和确保其决定的执行。

第三章　在国家一级保护非物质文化遗产

第十一条　缔约国的作用

各缔约国应该：

（一）采取必要措施确保其领土上的非物质文化遗产受到保护；

（二）在第二条第（三）项提及的保护措施内，由各社区、群体和有关非政府组织参与，确认和确定其领土上的各种非物质文化遗产。

第十二条　清单

一、为了使其领土上的非物质文化遗产得到确认以便加以保护，各缔约国应根据自己的国情拟订一份或数份关于这类遗产的清单，并应定期加以更新。

二、各缔约国在按第二十九条的规定定期向委员会提交报告时，应提供有关这些清单的情况。

第十三条　其他保护措施

为了确保其领土上的非物质文化遗产得到保护、弘扬和展示，各缔约国应努力做到：

（一）制定一项总的政策，使非物质文化遗产在社会中发挥应有的作用，并将这种遗产的保护纳入规划工作；

（二）指定或建立一个或数个主管保护其领土上的非物质文化遗产的机构；

（三）鼓励开展有效保护非物质文化遗产，特别是濒危非物质文化遗产的科学、技术和艺术研究以及方法研究；

（四）采取适当的法律、技术、行政和财政措施，以便：

1.促进建立或加强培训管理非物质文化遗产的机构以及通过为这种遗产提供活动和表现的场所和空间，促进这种遗产的传承；

2.确保对非物质文化遗产的享用，同时对享用这种遗产的特殊方面的习俗做法予以尊重；

3.建立非物质文化遗产文献机构并创造条件促进对它的利用。

第十四条　教育、宣传和能力培养

各缔约国应竭力采取种种必要的手段，以便：

（一）使非物质文化遗产在社会中得到确认、尊重和弘扬，主要通过：

1. 向公众，尤其是向青年进行宣传和传播信息的教育计划；

2. 有关社区和群体的具体的教育和培训计划；

3. 保护非物质文化遗产，尤其是管理和科研方面的能力培养活动；

4. 非正规的知识传播手段。

（二）不断向公众宣传对这种遗产造成的威胁以及根据本公约所开展的活动；

（三）促进保护表现非物质文化遗产所需的自然场所和纪念地点的教育。

第十五条　社区、群体和个人的参与

缔约国在开展保护非物质文化遗产活动时，应努力确保创造、延续和传承这种遗产的社区、群体，有时是个人的最大限度的参与，并吸收他们积极地参与有关的管理。

第四章　在国际一级保护非物质文化遗产

第十六条　人类非物质文化遗产代表作名录

一、为了扩大非物质文化遗产的影响，提高对其重要意义的认识和从尊重文化多样性的角度促进对话，委员会应该根据有关缔约国的提名编辑、更新和公布人类非物质文化遗产代表作名录。

二、委员会拟订有关编辑、更新和公布此代表作名录的标准并提交大会批准。

第十七条　急需保护的非物质文化遗产名录

一、为了采取适当的保护措施，委员会编辑、更新和公布急需保护的非物质文化遗产名录，并根据有关缔约国的要求将此类遗产列入该名录。

二、委员会拟订有关编辑、更新和公布此名录的标准并提交大会批准。

三、委员会在极其紧急的情况（其具体标准由大会根据委员会的建议加以批准）下，可与有关缔约国协商将有关的遗产列入第一款所提之名录。

第十八条　保护非物质文化遗产的计划、项目和活动

一、在缔约国提名的基础上，委员会根据其制定的、大会批准的标准，兼顾发展中国家的特殊需要，定期遴选并宣传其认为最能体现本公约原则和目标的国家、分地区或地区保护非物质文化遗产的计划、项目和活动。

二、为此，委员会接受、审议和批准缔约国提交的关于要求国际援助拟订此类提名的申请。

三、委员会按照它确定的方式，配合这些计划、项目和活动的实施，随时推广有关经验。

第五章　国际合作与援助

第十九条　合作

一、在本公约中，国际合作主要是交流信息和经验，采取共同的行动，以及建立援助缔约国保护非物质文化遗产工作的机制。

二、在不违背国家法律规定及其习惯法和习俗的情况下，缔约国承认保护非物质文化遗产符合人类的整体利益，保证为此目的在双边、分地区、地区和国际各级开展合作。

第二十条　国际援助的目的

可为如下目的提供国际援助：

（一）保护列入《急需保护的非物质文化遗产名录》的遗产；

（二）按照第十一条和第十二条的精神编制清单；

（三）支持在国家、分地区和地区开展的保护非物质文化遗产的计划、项目和活动；

（四）委员会认为必要的其他一切目的。

第二十一条　国际援助的形式

第七条的业务指南和第二十四条所指的协定对委员会向缔约国提供援助作了规定，可采取的形式如下：

（一）对保护这种遗产的各个方面进行研究；

（二）提供专家和专业人员；

（三）培训各类所需人员；

（四）制定准则性措施或其他措施；

（五）基础设施的建立和营运；

（六）提供设备和技能；

（七）其他财政和技术援助形式，包括在必要时提供低息贷款和捐助。

第二十二条　国际援助的条件

一、委员会确定审议国际援助申请的程序和具体规定申请的内容，包括打算采取的措施、必须开展的工作及预计的费用。

二、如遇紧急情况，委员会应对有关援助申请优先审议。

三、委员会在作出决定之前，应进行其认为必要的研究和咨询。

第二十三条　国际援助的申请

一、各缔约国可向委员会递交国际援助的申请，保护在其领土上的非物质文化遗产。

二、此类申请亦可由两个或数个缔约国共同提出。

三、申请应包含第二十二条第一款规定的所有资料和所有必要的文件。

第二十四条　受援缔约国的任务

一、根据本公约的规定，国际援助应依据受援缔约国与委员会之间签署的协定来提供。

二、受援缔约国通常应在自己力所能及的范围内分担国际所援助的保护措施的费用。

三、受援缔约国应向委员会报告关于使用所提供的保护非物质文化遗产援助的情况。

第六章　非物质文化遗产基金

第二十五条　基金的性质和资金来源

一、兹建立一项“保护非物质文化遗产基金”，下称“基金”。

二、根据教科文组织《财务条例》的规定，此项基金为信托基金。

三、基金的资金来源包括：

（一）缔约国的纳款；

（二）教科文组织大会为此所拨的资金；

（三）以下各方可能提供的捐款、赠款或遗赠：

1.其他国家；

2.联合国系统各组织和各署（特别是联合国开发计划署）以

及其他国际组织；

3.公营或私营机构和个人。

（四）基金的资金所得的利息；

（五）为本基金募集的资金和开展活动之所得；

（六）委员会制定的基金条例所许可的所有其他资金。

四、委员会对资金的使用视大会的方针来决定。

五、委员会可接受用于某些项目的一般或特定目的的捐款及其他形式的援助，只要这些项目已获委员会的批准。

六、对基金的捐款不得附带任何与本公约所追求之目标不相符的政治、经济或其他条件。

第二十六条　缔约国对基金的纳款

一、在不妨碍任何自愿补充捐款的情况下，本公约缔约国至少每两年向基金纳一次款，其金额由大会根据适用于所有国家的统一的纳款额百分比加以确定。缔约国大会关于此问题的决定由出席会议并参加表决，但未作本条第二款中所述声明的缔约国的多数通过。在任何情况下，此纳款都不得超过缔约国对教科文组织正常预算纳款的百分之一。

二、但是，本公约第三十二条或第三十三条中所指的任何国家均可在交存批准书、接受书、核准书或加入书时声明不受本条第一款规定的约束。

三、已作本条第二款所述声明的本公约缔约国应努力通知联合国教育、科学及文化组织总干事收回所作声明。但是，收回声明之举不得影响该国在紧接着的下一届大会开幕之日前应缴的纳款。

四、为使委员会能够有效地规划其工作，已作本条第二款所述声明的本公约缔约国至少应每两年定期纳一次款，纳款额应尽可能接近它们按本条第一款规定应交的数额。

五、凡拖欠当年和前一日历年的义务纳款或自愿捐款的本公约缔约国不能当选为委员会委员，但此项规定不适用于第一次选举。已当选为委员会委员的缔约国的任期应在本公约第六条规定的选举之时终止。

第二十七条　基金的自愿补充捐款

除了第二十六条所规定的纳款，希望提供自愿捐款的缔约国应及时通知委员会以使其能对相应的活动作出规划。

第二十八条　国际筹资运动

缔约国应尽力支持在教科文组织领导下为该基金发起的国际筹资运动。

第七章　报告

第二十九条　缔约国的报告

缔约国应按照委员会确定的方式和周期向其报告他们为实施本公约而通过的法律、规章条例或采取的其他措施的情况。

第三十条　委员会的报告

一、委员会应在其开展的活动和第二十九条提及的缔约国报告的基础上，向每届大会提交报告。

二、该报告应提交教科文组织大会。

第八章　过渡条款

第三十一条　与宣布人类口头和非物质遗产代表作的关系

一、委员会应把在本公约生效前宣布为“人类口头和非物质遗产代表作”的遗产纳入人类非物质文化遗产代表作名录。

二、把这些遗产纳入人类非物质文化遗产代表作名录绝不是预设按第十六条第二款将确定的今后列入遗产的标准。

三、在本公约生效后，将不再宣布其他任何人类口头和非物质遗产代表作。

第九章　最后条款

第三十二条　批准、接受或核准

一、本公约须由教科文组织会员国根据各自的宪法程序予以批准、接受或核准。

二、批准书、接受书或核准书应交存教科文组织总干事。

第三十三条　加入

一、所有非教科文组织会员国的国家，经本组织大会邀请，均可加入本公约。

二、没有完全独立，但根据联合国大会第1514（XV）号决议被联合国承认为充分享有内部自治，并且有权处理本公约范围内的事宜，包括有权就这些事宜签署协议的地区也可加入本公约。

三、加入书应交存教科文组织总干事。

第三十四条　生效

本公约在第三十份批准书、接受书、核准书或加入书交存之日起的三个月后生效，但只涉及在该日或该日之前交存批准书、接受书、核准书或加入书的国家。对其他缔约国来说，本公约则在这些国家的批准书、接受书、核准书或加入书交存之日起的三个月之后生效。

第三十五条　联邦制或非统一立宪制

对实行联邦制或非统一立宪制的缔约国实行下述规定：

（一）在联邦或中央立法机构的法律管辖下实施本公约各项条款的国家的联邦或中央政府的义务与非联邦国家的缔约国的义务相同；

（二）在构成联邦，但按照联邦立宪制无须采取立法手段的各个州、成员国、省或行政区的法律管辖下实施本公约的各项条款时，联邦政府应将这些条款连同其建议一并通知各个州、成员国、省或行政区的主管当局。

第三十六条　退出

一、各缔约国均可宣布退出本公约。

二、退约应以书面退约书的形式通知教科文组织总干事。

三、退约在接到退约书十二个月之后生效。在退约生效日之前不得影响退约国承担的财政义务。

第三十七条　保管人的职责

教科文组织总干事作为本公约的保管人，应将第三十二条和第三十三条规定交存的所有批准书、接受书、核准书或加入书和第三十六条规定的退约书的情况通告本组织各会员国、第三十三条提到的非本组织会员国的国家和联合国。

第三十八条　修订

一、任何缔约国均可书面通知总干事，对本公约提出修订建议。总干事应将此通知转发给所有缔约国。如在通知发出之日起六个月之内，至少有一半的缔约国回复赞成此要求，总干事应将此建议提交下一届大会讨论，决定是否通过。

二、对本公约的修订须经出席并参加表决的缔约国三分之二多数票通过。

三、对本公约的修订一旦通过，应提交缔约国批准、接受、核准或加入。

四、对于那些已批准、接受、核准或加入修订的缔约国来说，本公约的修订在三分之二的缔约国交存本条第三款所提及的文书之日起三个月之后生效。此后，对任何批准、接受、核准或加入修订的缔约国来说，在其交存批准书、接受书、核准书或加入书之日起三个月之后，本公约的修订即生效。

五、第三款和第四款所确定的程序对有关委员会委员国数目的第五条的修订不适用。此类修订一经通过即生效。

六、在修订依照本条第四款的规定生效之后成为本公约缔约国的国家如无表示异议，应：

（一）被视为修订的本公约的缔约方；

（二）但在与不受这些修订约束的任何缔约国的关系中，仍被视为未经修订之公约的缔约方。

第三十九条　有效文本

本公约用英文、阿拉伯文、中文、西班牙文、法文和俄文拟定，六种文本具有同等效力。

第四十条　登记

根据《联合国宪章》第一百零二条的规定，本公约应按教科文组织总干事的要求交联合国秘书处登记。

保护和促进文化表现形式多样性公约*

（2005年10月20日联合国教育、科学及文化组织第三十三届会议通过）

序　言

联合国教育、科学及文化组织大会于2005年10月3日至21日在巴黎举行第三十三届会议，

（一）确认文化多样性是人类的一项基本特性，

（二）认识到文化多样性是人类的共同遗产，应当为了全人类的利益对其加以珍爱和维护，

（三）意识到文化多样性创造了一个多姿多彩的世界，它使人类有了更多的选择，得以提高自己的能力和形成价值观，并因此成为各社区、各民族和各国可持续发展的一股主要推动力，

（四）忆及在民主、宽容、社会公正以及各民族和各文化间相互尊重的环境中繁荣发展起来的文化多样性对于地方、国家和国际层面的和平与安全是不可或缺的，

（五）颂扬文化多样性对充分实现《世界人权宣言》和其他公认的文书主张的人权和基本自由所具有的重要意义，

（六）强调需要把文化作为一个战略要素纳入国家和国际发展

---

* ①中国全国人大常委会2006年12月29日批准该公约。②该公约适用于香港和澳门特区。

政策，以及国际发展合作之中，同时也要考虑特别强调消除贫困的《联合国千年宣言》(2000年)，

（七）考虑到文化在不同时间和空间具有多样形式，这种多样性体现为人类各民族和各社会文化特征和文化表现形式的独特性和多元性，

（八）承认作为非物质和物质财富来源的传统知识的重要性，特别是原住民知识体系的重要性，其对可持续发展的积极贡献，及其得到充分保护和促进的需要，

（九）认识到需要采取措施保护文化表现形式连同其内容的多样性，特别是当文化表现形式有可能遭到灭绝或受到严重损害时，

（十）强调文化对社会凝聚力的重要性，尤其是对提高妇女的社会地位、发挥其社会作用所具有的潜在影响力，

（十一）意识到文化多样性通过思想的自由交流得到加强，通过文化间的不断交流和互动得到滋养，

（十二）重申思想、表达和信息自由以及传媒多样性使各种文化表现形式得以在社会中繁荣发展，

（十三）认识到文化表现形式，包括传统文化表现形式的多样性，是个人和各民族能够表达并同他人分享自己的思想和价值观的重要因素，

（十四）忆及语言多样性是文化多样性的基本要素之一，并重申教育在保护和促进文化表现形式中发挥着重要作用，

（十五）考虑到文化活力的重要性，包括对少数民族和原住民人群中的个体的重要性，这种重要的活力体现为创造、传播、销售及获取其传统文化表现形式的自由，以有益于他们自身的发展，

（十六）强调文化互动和文化创造力对滋养和革新文化表现形

式所发挥的关键作用，他们也会增强那些为社会整体进步而参与文化发展的人们所发挥的作用，

（十七）认识到知识产权对支持文化创造的参与者具有重要意义，

（十八）确信传递着文化特征、价值观和意义的文化活动、产品与服务具有经济和文化双重性质，故不应视为仅具商业价值，

（十九）注意到信息和传播技术飞速发展所推动的全球化进程为加强各种文化互动创造了前所未有的条件，但同时也对文化多样性构成挑战，尤其是可能在富国与穷国之间造成种种失衡，

（二十）意识到联合国教科文组织肩负的特殊使命，即确保对文化多样性的尊重以及建议签订有助于推动通过语言和图像进行自由思想交流的各种国际协定，

（二十一）根据联合国教科文组织通过的有关文化多样性和行使文化权利的各种国际文书的条款，特别是2001年通过的《世界文化多样性宣言》，于2005年10月20日通过本公约。

第一章　目标与指导原则

第一条　目标

本公约的目标是：

（一）保护和促进文化表现形式的多样性；

（二）以互利的方式为各种文化的繁荣发展和自由互动创造条件；

（三）鼓励不同文化间的对话，以保证世界上的文化交流更广泛和均衡，促进不同文化间的相互尊重与和平文化建设；

（四）加强文化间性，本着在各民族间架设桥梁的精神开展文化互动；

（五）促进地方、国家和国际层面对文化表现形式多样性的尊

重，并提高对其价值的认识；

（六）确认文化与发展之间的联系对所有国家，特别是对发展中国家的重要性，并支持为确保承认这种联系的真正价值而在国内和国际采取行动；

（七）承认文化活动、产品与服务具有传递文化特征、价值观和意义的特殊性；

（八）重申各国拥有在其领土上维持、采取和实施他们认为合适的保护和促进文化表现形式多样性的政策和措施的主权；

（九）本着伙伴精神，加强国际合作与团结，特别是要提高发展中国家保护和促进文化表现形式多样性的能力。

第二条　指导原则

一、尊重人权和基本自由原则

只有确保人权，以及表达、信息和交流等基本自由，并确保个人可以选择文化表现形式，才能保护和促进文化多样性。任何人都不得援引本公约的规定侵犯《世界人权宣言》规定的或受到国际法保障的人权和基本自由或限制其适用范围。

二、主权原则

根据《联合国宪章》和国际法原则，各国拥有在其境内采取保护和促进文化表现形式多样性措施和政策的主权。

三、所有文化同等尊严和尊重原则

保护与促进文化表现形式多样性的前提是承认所有文化，包括少数民族和原住民的文化在内，具有同等尊严，并应受到同等尊重。

四、国际团结与合作原则

国际合作与团结的目的应当是使各个国家，尤其是发展中国家都有能力在地方、国家和国际层面上创建和加强其文化表现手段，包括其新兴的或成熟的文化产业。

五、经济和文化发展互补原则

文化是发展的主要推动力之一，所以文化的发展与经济的发展同样重要，且所有个人和民族都有权参与两者的发展并从中获益。

六、可持续发展原则

文化多样性是个人和社会的一种财富。保护、促进和维护文化多样性是当代和后代的可持续发展的一项基本要求。

七、平等享有原则

平等享有全世界丰富多样的文化表现形式，所有文化享有各种表现形式和传播手段，是增进文化多样性和促进相互理解的要素。

八、开放和平衡原则

在采取措施维护文化表现形式多样性时，各国应寻求以适当的方式促进向世界其他文化开放，并确保这些措施符合本公约的目标。

第二章　适用范围

第三条　公约的适用范围

本公约适用于缔约方采取的有关保护和促进文化表现形式多样性的政策和措施。

第三章　定义

第四条　定义

在本公约中，应作如下理解：

（一）文化多样性。

“文化多样性”指各群体和社会借以表现其文化的多种不同形式。这些表现形式在他们内部及其间传承。

文化多样性不仅体现在人类文化遗产通过丰富多彩的文化表现形式来表达、弘扬和传承的多种方式，也体现在借助各种方式和技术进行的艺术创造、生产、传播、销售和消费的多种方式。

（二）文化内容。

“文化内容”指源于文化特征或表现文化特征的象征意义、艺术特色和文化价值。

（三）文化表现形式。

“文化表现形式”指个人、群体和社会创造的具有文化内容的表现形式。

（四）文化活动、产品与服务。

“文化活动、产品与服务”是指从其具有的特殊属性、用途或目的考虑时，体现或传达文化表现形式的活动、产品与服务，无论他们是否具有商业价值。文化活动可能以自身为目的，也可能是为文化产品与服务的生产提供帮助。

（五）文化产业。

“文化产业”指生产和销售上述第（四）项所述的文化产品或服务的产业。

（六）文化政策和措施。

“文化政策和措施”指地方、国家、区域或国际层面上针对文化本身或为了对个人、群体或社会的文化表现形式产生直接影响的各项政策和措施，包括与创作、生产、传播、销售和享有文化活动、产品与服务相关的政策和措施。

（七）保护。

名词“保护”意指为保存、卫护和加强文化表现形式多样性而采取措施。

动词“保护”意指采取这类措施。

（八）文化间性。

“文化间性”指不同文化的存在与平等互动，以及通过对话和相互尊重产生共同文化表现形式的可能性。

第四章　缔约方的权利和义务

第五条　权利和义务的一般规则

一、缔约方根据《联合国宪章》、国际法原则及国际公认的人权文书，重申拥有为实现本公约的宗旨而制定和实施其文化政策、采取措施以保护和促进文化表现形式多样性及加强国际合作的主权。

二、当缔约方在其境内实施政策和采取措施以保护和促进文化表现形式的多样性时，这些政策和措施应与本公约的规定相符。

第六条　缔约方在本国的权利

一、各缔约方可在第四条第（六）项所定义的文化政策和措施范围内，根据自身的特殊情况和需求，在其境内采取措施保护和促进文化表现形式的多样性。

二、这类措施可包括：

（一）为了保护和促进文化表现形式的多样性所采取的管理性措施；

（二）以适当方式在本国境内的所有文化活动、产品与服务中为本国的文化活动、产品与服务提供创作、生产、传播、销售和享有的机会的措施，包括规定上述活动、产品与服务所使用的语言；

（三）为国内独立的文化产业和非正规产业部门活动能有效获取生产、传播和销售文化活动、产品与服务的手段采取的措施；

（四）提供公共财政资助的措施；

（五）鼓励非营利组织以及公共和私人机构、艺术家及其他文化专业人员发展和促进思想、文化表现形式、文化活动、产品与服务的自由交流和流通，以及在这些活动中激励创新精神和积极进取精神的措施；

（六）建立并适当支持公共机构的措施；

（七）培育并支持参与文化表现形式创作活动的艺术家和其他人员的措施；

（八）旨在加强媒体多样性的措施，包括运用公共广播服务。

第七条　促进文化表现形式的措施

一、缔约方应努力在其境内创造环境，鼓励个人和社会群体：

（一）创作、生产、传播、销售和获取他们自己的文化表现形式，同时对妇女及不同社会群体，包括少数民族和原住民的特殊情况和需求给予应有的重视；

（二）获取本国境内及世界其他国家的各种不同的文化表现形式。

二、缔约方还应努力承认艺术家、参与创作活动的其他人员、文化界以及支持他们工作的有关组织的重要贡献，以及他们在培育文化表现形式多样性方面的核心作用。

第八条　保护文化表现形式的措施

一、在不影响第五条和第六条规定的前提下，缔约一方可以确定其领土上哪些文化表现形式属于面临消亡危险、受到严重威胁或是需要紧急保护的情况。

二、缔约方可通过与本公约的规定相符的方式，采取一切恰当的措施保护处于第一款所述情况下的文化表现形式。

三、缔约方应向政府间委员会报告为应对这类紧急情况所采取的所有措施，该委员会则可以对此提出合适的建议。

第九条　信息共享和透明度

缔约方应：

（一）在向联合国教科文组织四年一度的报告中，提供其在本国境内和国际层面为保护和促进文化表现形式多样性所采取的措施的适当信息；

（二）指定一处联络点，负责共享有关本公约的信息；

（三）共享和交流有关保护和促进文化表现形式多样性的信息。

第十条　教育和公众认知

缔约方应：

（一）鼓励和提高对保护和促进文化表现形式多样性重要意义的理解，尤其是通过教育和提高公众认知的计划；

（二）为实现本条的宗旨与其他缔约方和相关国际组织及地区组织开展合作；

（三）通过制定文化产业方面的教育、培训和交流计划，致力于鼓励创作和提高生产能力，但所采取的措施不能对传统生产形式产生负面影响。

第十一条　公民社会的参与

缔约方承认公民社会在保护和促进文化表现形式多样性方面的重要作用。缔约方应鼓励公民社会积极参与其为实现本公约各项目标所作的努力。

第十二条　促进国际合作

缔约方应致力于加强双边、区域和国际合作，创造有利于促进文化表现形式多样性的条件，同时特别考虑第八条和第十七条所述情况，以便着重：

（一）促进缔约方之间开展文化政策和措施的对话；

（二）通过开展专业和国际文化交流及有关成功经验的交流，增强公共文化部门战略管理能力；

（三）加强与公民社会、非政府组织和私人部门及其内部的伙伴关系，以鼓励和促进文化表现形式的多样性；

（四）提倡应用新技术，鼓励发展伙伴关系以加强信息共享和文化理解，促进文化表现形式的多样性；

（五）鼓励缔结共同生产和共同销售的协定。

第十三条　将文化纳入可持续发展

缔约方应致力于将文化纳入其各级发展政策，创造有利于可持续发展的条件，并在此框架内完善与保护和促进文化表现形式多样性相关的各个环节。

第十四条　为发展而合作

缔约方应致力于支持为促进可持续发展和减轻贫困而开展合作，尤其要关注发展中国家的特殊需要，主要通过以下途径来推动形成富有活力的文化部门：

（一）通过以下方式加强发展中国家的文化产业：

1.建立和加强发展中国家文化生产和销售能力；

2.推动其文化活动、产品与服务更多地进入全球市场和国际销售网络；

3.促使形成有活力的地方市场和区域市场；

4.尽可能在发达国家采取适当措施，为发展中国家的文化活动、产品与服务进入这些国家提供方便；

5.尽可能支持发展中国家艺术家的创作，促进他们的流动；

6.鼓励发达国家与发展中国家之间开展适当的协作，特别是在音乐和电影领域。

（二）通过在发展中国家开展信息、经验和专业知识交流以及人力资源培训，加强公共和私人部门的能力建设，尤其是在战略管理能力、政策制定和实施、文化表现形式的促进和推广、中小企业和微型企业的发展、技术的应用及技能开发与转让等方面。

（三）通过采取适当的鼓励措施来推动技术和专门知识的转让，尤其是在文化产业和文化企业领域。

（四）通过以下方式提供财政支持：

1.根据第十八条的规定设立文化多样性国际基金；

2.提供官方发展援助，必要时包括提供技术援助，以激励和支持创作；

3.提供其他形式的财政援助，比如提供低息贷款、赠款以及其他资金机制。

第十五条　协作安排

缔约方应鼓励在公共、私人部门和非营利组织之间及其内部发展伙伴关系，以便与发展中国家合作，增强他们在保护和促进文化表现形式多样性方面的能力。这类新型伙伴关系应根据发展中国家的实际需求，注重基础设施建设、人力资源开发和政策制定，以及文化活动、产品与服务的交流。

第十六条　对发展中国家的优惠待遇

发达国家应通过适当的机构和法律框架，为发展中国家的艺术家和其他文化专业人员及从业人员，以及那里的文化产品和文化服务提供优惠待遇，促进与这些国家的文化交流。

第十七条　在文化表现形式受到严重威胁情况下的国际合作

在第八条所述情况下，缔约方应开展合作，相互提供援助，特别要援助发展中国家。

第十八条　文化多样性国际基金

一、兹建立“文化多样性国际基金”（以下简称基金）。

二、根据教科文组织《财务条例》，此项基金为信托基金。

三、基金的资金来源为：

（一）缔约方的自愿捐款；

（二）教科文组织大会为此划拨的资金；

（三）其他国家、联合国系统组织和计划署、其他地区和国际组织、公共和私人部门以及个人的捐款、赠款和遗赠；

（四）基金产生的利息；

（五）为基金组织募捐或其他活动的收入；

（六）基金条例许可的所有其他资金来源。

四、政府间委员会应根据缔约方大会确定的指导方针决定基金资金的使用。

五、对已获政府间委员会批准的具体项目，政府间委员会可以接受为实现这些项目的整体目标或具体目标而提供的捐款及其他形式的援助。

六、捐赠不得附带任何与本公约目标不相符的政治、经济或其他条件。

七、缔约方应努力定期为实施本公约提供自愿捐款。

第十九条　信息交流、分析和传播

一、缔约方同意，就有关文化表现形式多样性以及对其保护和促进方面的先进经验的数据收集和统计，开展信息交流和共享专业知识。

二、教科文组织应利用秘书处现有的机制，促进各种相关的信息、统计数据和先进经验的收集、分析和传播。

三、教科文组织还应建立一个文化表现形式领域内各类部门和政府组织、私人及非营利组织的数据库，并更新其内容。

四、为了便于收集数据，教科文组织应特别重视申请援助的缔约方的能力建设和专业知识积累。

五、本条涉及的信息收集应作为第九条规定的信息收集的补充。

第五章　与其他法律文书的关系

第二十条　与其他条约的关系：相互支持，互为补充和不隶属

一、缔约方承认，他们应善意履行其在本公约及其为缔约方的其他所有条约中的义务。因此，在本公约不隶属于其他条约的情况下：

（一）缔约方应促使本公约与其为缔约方的其他条约相互支持；

（二）缔约方解释和实施其为缔约方的其他条约或承担其他国际义务时应考虑到本公约的相关规定。

二、本公约的任何规定不得解释为变更缔约方在其为缔约方的其他条约中的权利和义务。

第二十一条　国际磋商与协调

缔约方承诺在其他国际场合倡导本公约的宗旨和原则。为此，缔约方在需要时应进行相互磋商，并牢记这些目标与原则。

第六章　公约的机构

第二十二条　缔约方大会

一、应设立一个缔约方大会。缔约方大会应为本公约的全会和最高权力机构。

二、缔约方大会全会每两年一次，尽可能与联合国教科文组织大会同期举行。缔约方大会作出决定，或政府间委员会收到至少三分之一缔约方的请求，缔约方大会可召开特别会议。

三、缔约方大会应通过自己的议事规则。

四、缔约方大会的职能应主要包括以下方面：

（一）选举政府间委员会的成员；

（二）接受并审议由政府间委员会转交的缔约方报告；

（三）核准政府间委员会根据缔约方大会的要求拟订的操作指南；

（四）采取其认为有必要的其他措施来推进本公约的目标。

第二十三条　政府间委员会

一、应在联合国教科文组织内设立“保护与促进文化表现形式多样性政府间委员会”（以下简称政府间委员会）。政府间委员会由缔约方大会在本公约根据其第二十九条规定生效后选出的18个本公约缔约国的代表组成，任期四年。

二、政府间委员会每年举行一次会议。

三、政府间委员会根据缔约方大会的授权和在其指导下运作并向其负责。

四、一旦公约缔约方数目达到50个，政府间委员会的成员应增至24名。

五、政府间委员会成员的选举应遵循公平的地理代表性以及轮换的原则。

六、在不影响本公约赋予它的其他职责的前提下，政府间委员会的职责如下：

（一）促进本公约目标，鼓励并监督公约的实施；

（二）应缔约方大会要求，起草并提交缔约方大会核准履行和实施公约条款的操作指南；

（三）向缔约方大会转交公约缔约方的报告，并随附评论及报告内容概要；

（四）根据公约的有关规定，特别是第八条规定，对公约缔约方提请关注的情况提出适当的建议；

（五）建立磋商程序和其他机制，以在其他国际场合倡导本公约的目标和原则；

（六）执行缔约方大会可能要求的其他任务。

七、政府间委员会根据其议事规则，可随时邀请公共或私人组织或个人参加就具体问题举行的磋商会议。

八、政府间委员会应制定并提交缔约方大会核准自己的议事规则。

第二十四条　联合国教科文组织秘书处

一、联合国教科文组织秘书处应为本公约的有关机构提供协助。

二、秘书处编制缔约方大会和政府间委员会的文件及其会议的议程，协助实施会议的决定，并报告缔约方大会决定的实施情况。

第七章　最后条款

第二十五条　争端的解决

一、公约缔约方之间关于本公约的解释或实施产生的争端，应通过谈判寻求解决。

二、如果有关各方不能通过谈判达成一致，可共同寻求第三方斡旋或要求第三方调停。

三、如果没有进行斡旋或调停，或者协商、斡旋或调停均未能解决争端，一方可根据本公约附件所列的程序要求调解。相关各方应善意考虑调解委员会为解决争端提出的建议。

四、任何缔约方均可在批准、接受、核准或加入本公约时，声明不承认上述调解程序。任何发表这一声明的缔约方，可随时通知教科文组织总干事，宣布撤回该声明。

第二十六条　会员国批准、接受、核准或加入

一、联合国教科文组织会员国依据各自的宪法程序批准、接受、核准或加入本公约。

二、批准书、接受书、核准书或加入书应交联合国教科文组织总干事保存。

第二十七条　加入

一、所有非联合国教科文组织会员国，但为联合国或其任何一个专门机构成员的国家，经联合国教科文组织大会邀请，均可加入本公约。

二、任何经联合国承认享有充分内部自治，并有权处理本公约范围内的事宜，包括有权就这些事宜签署协议，但按联合国大会第1514（XV）号决议没有完全独立的地区，也可以加入本公约。

三、对区域经济一体化组织适用如下规定：

（一）任何一个区域经济一体化组织均可加入本公约，除以下各项规定外，这类组织应以与缔约国相同的方式，完全受本公约规定的约束。

（二）如果这类组织的一个或数个成员国也是本公约的缔约国，该组织与这一或这些成员国应确定在履行公约规定的义务上各自承担的责任。责任的分担应在完成第（三）项规定的书面通知程序后生效，该组织与成员国无权同时行使公约规定的权利。此外，经济一体化组织在其权限范围内，行使与其参加本公约的成员国数目相同的表决权。如果其任何一个成员国行使其表决权，此类组织则不应行使表决权，反之亦然。

（三）同意按照第（二）项规定分担责任的区域经济一体化组织及其一个或数个成员国，应按以下方式将所建议的责任分担通知各缔约方：

1.该组织在加入书内，应具体声明对本公约管辖事项责任的分担；

2.在各自承担的责任变更时，该经济一体化组织应将拟议的责任变更通知保管人，保管人应将此变更通报各缔约方。

（四）已成为本公约缔约国的区域经济一体化组织的成员国在其没有明确声明或通知保管人将管辖权转给该组织的所有领域，应被推断为仍然享有管辖权。

（五）“区域经济一体化组织”，系指由作为联合国或其任何一个专门机构成员国的主权国家组成的组织，这些国家已将其在本公约所辖领域的权限转移给该组织，并且该组织已按其内部程序获得适当授权成为本公约的缔约方。

四、加入书应交存联合国教科文组织总干事处。

第二十八条　联络点

在成为本公约缔约方时，每一缔约方应指定第九条所述的联络点。

第二十九条　生效

一、本公约在第三十份批准书、接受书、核准书或加入书交存之日起的三个月后生效，但只针对在该日或该日之前交存批准书、接受书、核准书或加入书的国家或区域经济一体化组织。对其他缔约方，本公约则在其批准书、接受书、核准书或加入书交存之日起的三个月之后生效。

二、就本条而言，一个区域经济一体化组织交存的任何文书不得在该组织成员国已交存文书之外另行计算。

第三十条　联邦制或非单一立宪制

鉴于国际协定对无论采取何种立宪制度的缔约方具有同等约束力，对实行联邦制或非单一立宪制的缔约方实行下述规定：

（一）对于在联邦或中央立法机构的法律管辖下实施的本公约各项条款，联邦或中央政府的义务与非联邦国家的缔约方的义务相同；

（二）对于在构成联邦，但按照联邦立宪制无须采取立法手段的单位，如州、成员国、省或行政区的法律管辖下实施的本公约各项条款，联邦政府须将这些条款连同其关于采用这些条款的建议一并通知各个州、成员国、省或行政区等单位的主管当局。

第三十一条　退约

一、本公约各缔约方均可宣布退出本公约。

二、退约决定须以书面形式通知，有关文件交存联合国教科文组织总干事处。

三、退约在收到退约书十二个月后开始生效。退约国在退约生效之前的财政义务不受任何影响。

第三十二条　保管职责

联合国教科文组织总干事作为本公约的保管人，应将第二十六条和第二十七条规定的所有批准书、接受书、核准书或加入书和第三十一条规定的退约书的交存情况通告本组织各会员国、

第二十七条提到的非会员国和区域经济一体化组织以及联合国。

第三十三条　修正

一、本公约缔约方可通过给总干事的书面函件，提出对本公约的修正。总干事应将此类函件周知全体缔约方。如果通知发出的六个月内对上述要求做出积极反应的成员国不少于半数，总干事则可将公约修正建议提交下一届缔约方大会进行讨论或通过。

二、对公约的修正须经出席并参加表决的缔约方三分之二多数票通过。

三、对本公约的修正一旦获得通过，须交各缔约方批准、接受、核准或加入。

四、对于批准、接受、核准或加入修正案的缔约方来说，本公约修正案在三分之二的缔约方递交本条第三款所提及的文件之日起三个月后生效。此后，对任何批准、接受、核准或加入该公约修正案的缔约方来说，在其递交批准书、接受书、核准书或加入书之日起三个月之后，本公约修正案生效。

五、第三款及第四款所述程序不适用第二十三条所述政府间委员会成员国数目的修改。该类修改一经通过即生效。

六、在公约修正案按本条第四款生效之后加入本公约的那些第二十七条所指的国家或区域经济一体化组织，如未表示异议，则应：

（一）被视为经修正的本公约的缔约方；

（二）但在与不受修正案约束的任何缔约方的关系中，仍被视为未经修正的公约的缔约方。

第三十四条　有效文本

本公约用阿拉伯文、中文、英文、法文、俄文和西班牙文制定，六种文本具有同等效力。

第三十五条　登记

根据《联合国宪章》第一百零二条的规定，本公约将应联合国教科文组织总干事的要求交联合国秘书处登记。

生物多样性公约*

序　言

缔约国，

意识到生物多样性的内在价值，和生物多样性及其组成部分的生态、遗传、社会、经济、科学、教育、文化、娱乐和美学价值，

还意识到生物多样性对进化和保持生物圈的生命维持系统的重要性，

确认生物多样性的保护是全人类的共同关切事项，

重申各国对它自己的生物资源拥有主权权利，

也重申各国有责任保护它自己的生物多样性并以可持久的方式使用它自己的生物资源，

关切一些人类活动正在导致生物多样性的严重减少，

意识到普遍缺乏关于生物多样性的资料和知识，亟需开发科学、技术和机构能力，从而提供基本理解，据以策划与执行适当措施，

---

* ①中国于1992年6月11日签署该公约。②公约于1993年12月29日对中国生效。③公约适用于香港、澳门特区。

注意到预测、预防和从根源上消除导致生物多样性严重减少或丧失的原因，至为重要，

并注意到生物多样性遭受严重减少或损失的威胁时，不应以缺乏充分的科学定论为理由，而推迟采取旨在避免或尽量减轻此种威胁的措施，

注意到保护生物多样性的基本要求，是就地保护生态系统和自然生境，维持恢复物种在其自然环境中有生存力的群体，

并注意到移地措施，最好在原产国内实行，也可发挥重要作用；

认识到许多体现传统生活方式的土著和地方社区同生物资源有着密切和传统的依存关系，应公平分享从利用与保护生物资源及持久使用其组成部分有关的传统知识、创新和作法而产生的惠益，

并认识到妇女在保护和持久使用生物多样性中发挥的极其重要作用，并确认妇女必须充分参与保护生物多样性的各级政策的制定和执行，

强调为了生物多样性的保护及其组成部分的持久使用，促进国家、政府间组织和非政府部门之间的国际、区域和全球性合作的重要性和必要性，

承认提供新的和额外的资金和适当取得有关的技术，可对全世界处理生物多样性丧失问题的能力产生重大影响，

进一步承认有必要订立特别规定，以满足发展中国家的需要，包括提供新的和额外的资金和适当取得有关的技术，

注意到最不发达国家和小岛屿国家这方面的特殊情况，

承认有必要大量投资以保护生物多样性，而且这些投资可望产生广泛的环境、经济和社会惠益，

认识到经济和社会发展以及根除贫困是发展中国家第一和压倒一切的优先事务，

意识到保护和持久使用生物多样性对满足世界日益增加的人口的粮食、健康和其他需求至为重要，而为此目的取得和分享遗传资源和遗传技术是必不可少的，

注意到保护和持久使用生物多样性终必增强国家间的友好关系，并有助于实现人类和平；

期望加强和补充现有保护生物多样性和持久使用其组成部分的各项国际安排；并

决心为今世后代的利益，保护和持久使用生物多样性，

兹协议如下：

第一条　目标

本公约的目标是按照本公约有关条款从事保护生物多样性、持久使用其组成部分以及公平合理分享由利用遗传资源而产生的惠益；实现手段包括遗传资源的适当取得及有关技术的适当转让，但需顾及对这些资源和技术的一切权利，以及提供适当资金。

第二条　用语

为本公约的目的：

“生物多样性”是指所有来源的形形色色生物体，这些来源除其他外包括陆地、海洋和其他水生生态系统及其所构成的生态综合体；这包括物种内部、物种之间和生态系统的多样性。

“生物资源”是指对人类具有实际或潜在用途或价值的遗传资源、生物体或其部分、生物群体或生态系统中任何其他生物组成部分。

“生物技术”是指使用生物系统、生物体或其衍生物的任何

技术应用，以制作或改变产品或过程以供特定用途。

“遗传资源的原产国”是指拥有处于原产境地的遗传资源的国家。

“提供遗传资源的国家”是指供应遗传资源的国家，此种遗传资源可能是取自原地来源，包括野生物种和驯化物种的群体，或取自移地保护来源，不论是否原产于该国。

“驯化或培殖物种”是指人类为满足自身需要而影响了其演化进程的物种。

“生态系统”是指植物、动物和微生物群落和它们的无生命环境作为一个生态单位交互作用形成的一个动态复合体。

“移地保护”是指将生物多样性的组成部分移到它们的自然环境之外进行保护。

“遗传材料”是指来自植物、动物、微生物或其他来源的任何含有遗传功能单位的材料。

“遗传资源”是指具有实际或潜在价值的遗传材料。

“生境”是指生物体或生物群体自然分布的地方或地点。

“原地条件”是指遗传资源生存于生态系统和自然生境之内的条件；对于驯化或培殖的物种而言，其环境是指它们在其中发展出其明显特性的环境。

“就地保护”是指保护生态系统和自然生境以及维护和恢复物种在其自然环境中有生存力的群体；对于驯化和培殖物种而言，其环境是指它们在其中发展出其明显特性的环境。

“保护区”是指一个划定地理界限、为达到特定保护目标而指定或实行管制和管理的地区。

“区域经济一体化组织”是指由某一区域的一些主权国家组

成的组织，其成员国已将处理本公约范围内的事务的权力付托它并已按照其内部程序获得正式授权，可以签署、批准、接受、核准或加入本公约。

“持久使用”是指使用生物多样性组成部分的方式和速度不会导致生物多样性的长期衰落，从而保持其满足今世后代的需要和期望的潜力。

“技术”包括生物技术。

第三条　原则

依照联合国宪章和国际法原则，各国具有按照其环境政策开发其资源的主权权利，同时亦负有责任，确保在它管辖或控制范围内的活动，不致对其他国家的环境或国家管辖范围以外地区的环境造成损害。

第四条　管辖范围

以不妨碍其他国家权利为限，除非本公约另有明文规定，本公约规定应按下列情形对每一缔约国适用：

（a）生物多样性组成部分位于该国管辖范围的地区内；

（b）在该国管辖或控制下开展的过程和活动，不论其影响发生在何处，此种过程和活动可位于该国管辖区内也可在国家管辖区外。

第五条　合作

每一缔约国应尽可能并酌情直接与其他缔约国或酌情通过有关国际组织为保护和持久使用生物多样性在国家管辖范围以外地区并就共同关心的其他事项进行合作。

第六条　保护和持久使用方面的一般措施

每一缔约国应按照其特殊情况和能力：

（a）为保护和持久使用生物多样性制定国家战略、计划或方案，或为此目的变通其现有战略、计划或方案；这些战略、计划或方案除其他外应体现本公约内载明与该缔约国有关的措施；

（b）尽可能并酌情将生物多样性的保护和持久使用订入有关的部门或跨部门计划、方案和政策内。

第七条　查明与监测

每一缔约国应尽可能并酌情，特别是为了第八条至第十条的目的：

（a）查明对保护和持久使用生物多样性至关重要的生物多样性组成部分，要顾及附件一所载指示性种类清单；

（b）通过抽样调查和其他技术，监测依照以上（a）项查明的生物多样性组成部分，要特别注意那些需要采取紧急保护措施以及那些具有最大持久使用潜力的组成部分；

（c）查明对保护和持久使用生物多样性产生或可能产生重大不利影响的过程和活动种类，并通过抽样调查和其他技术，监测其影响；

（d）以各种方式维持并整理依照以上（a）、（b）和（c）项从事查明和监测活动所获得的数据；

第八条　就地保护

每一缔约国应尽可能并酌情：

（a）建立保护区系统或需要采取特殊措施以保护生物多样性的地区；

（b）于必要时，制定准则数据以选定、建立和管理保护区或需要采取特殊措施以保护生物多样性的地区；

（c）管制或管理保护区内外对保护生物多样性至关重要的生

物资源，以确保这些资源得到保护和持久使用；

（d）促进保护生态系统、自然生境和维护自然环境中有生存力的物种群体；

（e）在保护区域的邻接地区促进无害环境的持久发展以谋增进这些地区的保护；

（f）除其他外，通过制定和实施各项计划或其他管理战略，重建和恢复已退化的生态系统，促进受威胁物种的复原；

（g）制定或采取办法以酌情管制、管理或控制由生物技术改变的活生物体在使用和释放时可能产生的危险，即可能对环境产生不利影响，从而影响到生物多样性的保护和持久使用，也要考虑到对人类健康的危险；

（h）防止引进、控制或消除那些威胁到生态系统、生境或物种的外来物种；

（i）设法提供现时的使用与生物多样性的保护及其组成部分的持久使用彼此相辅相成所需的条件；

（j）依照国家立法，尊重、保存和维持土著和地方社区体现传统生活方式而与生物多样性的保护和持久使用相关的知识、创新和做法并促进其广泛应用，由此等知识、创新和做法的拥有者认可和参与其事并鼓励公平地分享因利用此等知识、创新和做法而获得的惠益；

（k）制定或维持必要立法和／或其他规范性规章，以保护受威胁物种和群体；

（l）在依照第七条确定某些过程或活动类别已对生物多样性造成重大不利影响时，对有关过程和活动类别进行管制或管理；

（m）进行合作，就以上（a）至（l）项所概括的就地保护措施特别向发展中国家提供财务和其他支助。

第九条　移地保护

每一缔约国应尽可能并酌情，主要为辅助就地保护措施起见：

（a）最好在生物多样性组成部分的原产国采取措施移地保护这些组成部分；

（b）最好在遗传资源原产国建立和维持移地保护及研究植物、动物和微生物的设施；

（c）采取措施以恢复和复兴受威胁物种并在适当情况下将这些物种重新引进其自然生境中；

（d）对于为移地保护目的在自然生境中收集生物资源实施管制和管理，以免威胁到生态系统和当地的物种群体，除非根据以上（c）项必须采取临时性特别移地措施；

（e）进行合作，为以上（a）至（d）项所概括的移地保护措施以及在发展中国家建立和维持移地保护设施提供财务和其他援助。

第十条　生物多样性组成部分的持久使用

每一缔约国应尽可能并酌情：

（a）在国家决策过程中考虑到生物资源的保护和持久使用；

（b）采取关于使用生物资源的措施，以避免或尽量减少对生物多样性的不利影响；

（c）保障及鼓励那些按照传统文件惯例而且符合保护或持久使用要求的生物资源习惯使用方式；

（d）在生物多样性已减少的退化地区支助地方居民规划和实施补救行动；

（e）鼓励其政府当局和私营部门合作制定生物资源持久使用的方法。

第十一条　鼓励措施

每一缔约国应尽可能并酌情采取对保护和持久使用生物多样性组成部分起鼓励作用的经济和社会措施。

第十二条　研究和培训

缔约国考虑到发展中国家的特殊需要，应：

（a）在查明、保护和持久使用生物多样性及其组成部分的措施方面建立和维持科技教育和培训方案，并为此种教育和培训提供支助以满足发展中国家的特殊需要；

（b）特别在发展中国家，除其他外，按照缔约国会议根据科学、技术和工艺咨询事务附属机构的建议作出的决定，促进和鼓励有助于保护和持久使用生物多样性的研究；

（c）按照第十六条、第十八条和第二十条的规定，提倡利用生物多样性科研进展，制定生物资源的保护和持久使用方法，并在这方面进行合作。

第十三条　公众教育和认识

缔约国应：

（a）促进和鼓励对保护生物多样性的重要性及所需要的措施的理解，并通过大众传播工具进行宣传和将这些题目列入教育课程；

（b）酌情与其他国家和国际组织合作制定关于保护和持久使用生物多样性的教育和公众认识方案。

第十四条　影响评估和尽量减少不利影响

1.每一缔约国应尽可能并酌情：

（a）采取适当程序，要求就其可能对生物多样性产生严重不利影响的拟议项目进行环境影响评估，以期避免或尽量减轻这种影响，并酌情允许公众参加此种程序。

（b）采取适当安排，以确保其可能对生物多样性产生严重不利影响的方案和政策的环境后果得到适当考虑。

（c）在互惠基础上，就其管辖或控制范围内对其他国家或国家管辖范围以外地区生物多样性可能产生严重不利影响的活动促进通报、信息交流和磋商，其办法是为此鼓励酌情订立双边、区域或多边安排；

（d）如遇其管辖或控制下起源的危险即将或严重危及或损害其他国家管辖的地区内或国家管辖地区范围以外的生物多样性的情况，应立即将此种危险或损害通知可能受影响的国家，并采取行动预防或尽量减轻这种危险或损害；

（e）促进做出国家紧急应变安排，以处理大自然或其他原因引起即将严重危及生物多样性的活动或事件，鼓励旨在补充这种国家努力的国际合作，并酌情在有关国家或区域经济一体化组织同意的情况下制订联合应急计划。

2.缔约国会议应根据所作的研究，审查生物多样性所受损害的责任和补救问题，包括恢复和赔偿，除非这种责任纯属内部事务。

第十五条　遗传资源的取得

1.确认各国对其自然资源拥有的主权权利，因而可否取得遗传资源的决定权属于国家政府，并依照国家法律行使。

2.每一缔约国应致力创造条件，便利其他缔约国取得遗传资源用于无害环境的用途，不对这种取得施加违背本公约目标的限制。

3.为本公约的目的，本条以及第十六条和第十九条所指缔约国提供的遗传资源仅限于这种资源原产国的缔约国或按照本公约取得该资源的缔约国所提供的遗传资源。

4.取得经批准后，应按照共同商定的条件并遵照本条的规定进行。

5.遗传资源的取得须经提供这种资源的缔约国事先知情同意，除非该缔约国另有决定。

6.每一缔约国使用其他缔约国提供的遗传资源从事开发和进行科学研究时，应力求这些缔约国充分参与，并于可能时在这些缔约国境内进行。

7.每一缔约国应按照第十六条和第十九条，并于必要时利用第二十条和第二十一条设立的财务机制，酌情采取立法、行政或政策性措施，以期与提供遗传资源的缔约国公平分享研究和开发此种资源的成果以及商业和其他方面利用此种资源所获的利益。这种分享应按照共同商定的条件。

第十六条　技术的取得和转让

1.每一缔约国认识到技术包括生物技术，且缔约国之间技术的取得和转让均为实现本公约目标必不可少的要素，因此承诺遵照本条规定向其他缔约国提供和／或便利其取得并向其转让有关生物多样性保护和持久使用的技术或利用遗传资源而不对环境造成重大损害的技术。

2.以上第一款所指技术的取得和向发展中国家转让，应按公平和最有利条件提供或给予便利，包括共同商定时，按减让和优惠条件提供或给予便利，并于必要时按照第二十条和第二十一条设立的财务机制。此种技术属于专利和其他知识产权的范围时，这种取得和转让所根据的条件应承认且符合知识产权的充分有效保护。本款的应用应符合以下第三款、第四款和第五款的规定。

3.每一缔约国应酌情采取立法、行政或政策措施，以期根据共同商定的条件向提供遗传资源的缔约国，特别是其中的发展中国家，提供利用这些遗传资源的技术和转让此种技术，其中包括受到专利和其他知识产权保护的技术，必要时通过第二十条和第二十一条的规定，遵照国际法，以符合以下第四款和第五款规定的方式进行。

4.每一缔约国应酌情采取立法、行政或政策措施，以期私营部门为第一款所指技术的取得、共同开发和转让提供便利，以惠益于发展中国家的政府机构和私营部门，并在这方面遵守以上第一款、第二款和第三款规定的义务。

5.缔约国认识到专利和其他知识产权可能影响到本公约的实施，因而应在这方面遵照国家立法和国际法进行合作，以确保此种权利有助于而不违反本公约的目标。

第十七条　信息交流

1.缔约国应便利有关生物多样性保护和持久使用的一切公众可得信息的交流，要顾到发展中国家的特殊需要。

2.此种信息交流应包括交流技术、科学和社会经济研究成果，以及培训和调查方案的信息、专门知识、当地和传统知识本身及连同第十六条第一款中所指的技术。可行时也应包括信息的归还。

第十八条　技术和科学合作

1.缔约国应促进生物多样性保护和持久使用领域的国际科技合作，必要时可通过适当的国际机构和国家机构来开展这种合作。

2.每一缔约国应促进与其他缔约国尤其是发展中国家的科技合作，以执行本公约，办法之中包括制定和执行国家政策。促进此种合作时应特别注意通过人力资源开发和机构建设以发展和加强国家能力。

3.缔约国会议应在第一次会议上确定如何设立交换所机制以促进并便利科技合作。

4.缔约国为实现本公约的目标，应按照国家立法和政策，鼓励并制定各种合作方法以开发和使用各种技术，包括当地技术和传统技术在内。为此目的，缔约国还应促进关于人员培训和专家交流的合作。

5.缔约国应经共同协议促进设立联合研究方案和联合企业，以开发与本公约目标有关的技术。

第十九条　生物技术的处理及其惠益的分配

1.每一缔约国应酌情采取立法、行政和政策措施，让提供遗传资源用于生物技术研究的缔约国，特别是其中的发展中国家，切实参与此种研究活动；可行时，研究活动宜在这些缔约国中进行。

2.每一缔约国应采取一切可行措施，以赞助和促进那些提供遗传资源的缔约国，特别是其中的发展中国家，在公平的基础上优先取得基于其提供资源的生物技术所产生成果和惠益。此种取得应按共同商定的条件进行。

3.缔约国应考虑是否需要一项议定书，规定适当程序，特别包括事先知情协议，适用于可能对生物多样性的保护和持久使用产生不利影响的由生物技术改变的任何活生物体的安全转让、处理和使用，并考虑该议定书的形式。

4.每一个缔约国应直接或要求其管辖下提供以上第三款所指生物体的任何自然人和法人，将该缔约国在处理这种生物体方面规定的使用和安全条例的任何现有资料以及有关该生物体可能产生的不利影响的任何现有资料，提供给将要引进这些生物体的缔约国。

第二十条 资金

1. 每一缔约国承诺依其能力为那些旨在根据其国家计划、优先事项和方案实现本公约目标的活动提供财政支助和鼓励。

2. 发达国家缔约国应提供新的额外的资金，以使发展中国家缔约国能支付它们因执行那些履行本公约义务的措施而承负的议定的全部增加费用，并使它们能享到本公约条款产生的惠益；上项费用将由个别发展中国家同第二十一条所指的体制机构商定，但须遵循缔约国会议所制定的政策、战略、方案重点、合格标准和增加费用指示性清单。其他缔约国，包括那些处于向市场经济过渡进程的国家，得自愿承负发达国家缔约国的义务。为本条的目的，缔约国会议应在其第一次会议上确定一份发达国家缔约国和其他自愿承负发达国家缔约国义务的缔约国名单。缔约国会议应定期审查这份名单并于必要时加以修改。另将鼓励其他国家和来源以自愿方式作出捐款。履行这些承诺时，应考虑到资金提供必须充分、可预测和及时，且名单内缴款缔约国之间共同承担义务也极为重要。

3. 发达国家缔约国也可通过双边、区域和其他多边渠道提供与执行本公约有关的资金，而发展中国家缔约国则可利用该资金。

4. 发展中国家缔约国有效地履行其根据公约作出的承诺的程度将取决于发达国家缔约国有效地履行其根据公约就财政资源和技术转让作出的承诺，并将充分顾及经济和社会发展以及消除贫困是发展中国家缔约国的首要优先事项这一事实。

5. 各缔约国在其就筹资和技术转让采取行动时应充分考虑到最不发达国家的具体需要和特殊情况。

6.缔约国还应考虑到发展中国家缔约国、特别是小岛屿国家中由于对生物多样性的依赖、生物多样性的分布和地点而产生的特殊情况。

7.发展中国家——包括环境方面最脆弱、例如境内有干旱和半干旱地带、沿海和山岳地区的国家——的特殊情况也应予以考虑。

第二十一条　财务机制

1.为本公约的目的，应有一机制在赠与或减让条件的基础上向发展中国家缔约国提供资金，本条中说明其主要内容。该机制应为本公约目的而在缔约国会议权力下履行职责，遵循会议的指导并向其负责。该机制的业务应由缔约国会议第一次会议或将决定采用的一个体制机构开展。为本公约的目的，缔约国会议应确定有关此项资源获取和利用的政策、战略、方案重点和资格标准。捐款额应按照缔约国会议定期决定所需的资金数额，考虑到第二十条所指资金流动量充分、及时且可以预计的需要和列入第二十条第二款所指名单的缴款缔约国分担负担的重要性。发达国家缔约国和其他国家及来源也可提供自愿捐款。该机制应在民主和透明的管理体制内开展业务。

2.依据本公约目标，缔约国会议应在其第一次会议上确定政策、战略和方案重点，以及详细的资格标准和准则，用于资金的获取和利用，包括对此种利用的定期监测和评价。缔约国会议应在同受托负责财务机制运行的体制机构协商后，就实行以上第一款的安排作出决定。

3.缔约国会议应在本公约生效后不迟于两年内，其后在定期基础上，审查依照本条规定设立的财务机制的功效，包括以上第二款所指的标准和准则。根据这种审查，会议应于必要时采取适当行动，以增进该机制的功效。

4.缔约国应审议如何加强现有的金融机构，以便为生物多样性的保护和持久使用提供资金。

第二十二条　与其他国际公约的关系

1.本公约的规定不得影响任何缔约国在任何现有国际协定下的权利和义务，除非行使这些权利和义务将严重破坏或威胁生物多样性。

2.缔约国在海洋环境方面实施本公约不得抵触各国在海洋法下的权利和义务。

第二十三条　缔约国会议

1.特此设立缔约国会议。缔约国会议第一次会议应由联合国环境规划署执行主任于本公约生效后一年内召开。其后，缔约国会议的常会应依照第一次会议所规定的时间定期举行。

2.缔约国会议可于其认为必要的其他时间举行非常会议；如经任何缔约国书面请求，由秘书处将该项请求转致各缔约国后六个月内至少有三分之一缔约国表示支持时，亦可举行非常会议。

3.缔约国会议应以协商一致方式商定和通过它本身的和它可能设立的任何附属机构的议事规则和关于秘书处经费的财务细则。缔约国会议应在每次常会通过到下届常会为止的财政期间的预算。

4.缔约国会议应不断审查本公约的实施情形，为此应：

（a）就按照第二十六条规定递送的资料规定递送格式及间隔时间，并审议此种资料以及任何附属机构提交的报告；

（b）审查按照第二十五条提供的关于生物多样性的科学、技术和工艺咨询意见；

（c）视需要按照第二十八条审议并通过议定书；

（d）视需要按照第二十九条和第三十条审议并通过对本公约及其附件的修正；

（e）审议对任何议定书及其任何附件的修正，如做出修正决定，则建议有关议定书缔约国予以通过；

（f）视需要按照第三十条审议并通过本公约的增补附件；

（g）视实施本公约的需要，设立附属机构，特别是提供科技咨询意见的机构；

（h）通过秘书处，与处理本公约所涉事项的各公约的执行机构进行接触，以期与它们建立适当的合作形式；

（i）参酌实施本公约取得的经验，审议并采取为实现本公约的目的可能需要的任何其他行动。

5.联合国、其各专门机构和国际原子能机构以及任何非本公约缔约国的国家，均可派观察员出席缔约国会议。任何其他组织或机构，无论是政府性质或非政府性质，只要在与保护和持久使用生物多样性有关领域具有资格，并通知秘书处愿意以观察员身份出席缔约国会议，都可被接纳参加会议，除非有至少三分之一的出席缔约国表示反对。观察员的接纳与参加应遵照缔约国会议通过的议事规则处理。

第二十四条　秘书处

1.特此设立秘书处，其职责如下：

（a）为第二十三条规定的缔约国会议作出安排并提供服务；

（b）执行任何议定书可能指派给它的职责；

（c）编制关于它根据本公约执行职责情况的报告，并提交缔约国会议；

（d）与其他有关国际机构取得协调，特别是订出各种必要的行政和合同安排，以便有效地执行其职责；

（e）执行缔约国会议可能规定的其他职责。

2.缔约国会议应在其第一次常会上从那些已经表示愿意执行本公约规定的秘书处职责的现有合格国际组织之中指定某一组织为秘书处。

第二十五条　科学、技术和工艺咨询事务附属机构

1.特此设立一个提供科学、技术和工艺咨询意见的附属机构，以向缔约国会议、并酌情向它的其他附属机构及时提供有关执行本公约的咨询意见。该机构应开放供所有缔约国参加，并应为多学科性。它应由有关专门知识领域内卓有专长的政府代表组成。它应定期向缔约国会议报告其各个方面的工作。

2.这个机构应在缔约国会议的权力下、按照会议所订的准则并应其要求：

（a）提供关于生物多样性状况的科学和技术评估意见；

（b）编制有关按照本公约条款所采取各类措施的功效的科学和技术评估报告；

（c）查明有关保护和持久使用生物多样性的创新的、有效的和当代最先进的技术和专门技能，并就促进此类技术的开发和/或转让的途径和方法提供咨询意见；

（d）就有关保护和持久使用生物多样性的科学方案以及研究和开发方面的国际合作提供咨询意见；

（e）回答缔约国会议及其附属机构可能向其提出的有关科学、技术、工艺和方法的问题。

3.这个机构的职责、权限、组织和业务可由缔约国会议进一步订立。

第二十六条　报告

每一缔约国应按缔约国会议决定的间隔时间，向缔约国会议提交关于该国为执行本公约条款已采取的措施以及这些措施在实现本公约目标方面的功效的报告。

第二十七条　争端的解决

1.缔约国之间在就公约的解释或适用方面发生争端时，有关的缔约国应通过谈判方式寻求解决。

2.如果有关缔约国无法以谈判方式达成协议，它们可以联合要求第三方进行斡旋或要求第三方出面调停。

3.在批准、接受、核准或加入本公约时或其后的任何时候，一个国家或区域经济一体化组织可书面向保管者声明，对按照以上第一款或第二款未能解决的争端，它接受下列一种或两种争端解决办法作为强制性办法：

（a）按照附件二第一部分规定的程序进行仲裁；

（b）将争端提交国际法院。

4.如果争端各方尚未按照以上第三款规定接受同一或任何程序，则这项争端应按照附件二第二部分规定提交调解，除非缔约国另有协议。

5.本条规定应适用于任何议定书，除非该议定书另有规定。

第二十八条　议定书的通过

1.缔约国应合作拟订并通过本公约的议定书。

2.议定书应由本公约缔约国会议举行会议通过。

3.任何拟议议定书的案文应由秘书处至少在举行上述会议以前六个月递交各缔约国。

第二十九条　公约或议定书的修正

1.任何缔约国均可就本公约提出修正案。议定书的任何缔约国可就该议定书提出修正案。

2.本公约的修正案应由缔约国会议举行会议通过。对任何议定书的修正案应在该议定书缔约国的会议上通过。就本公约或任何议定书提出的修正案，除非该议定书另有规定，应由秘书处至少在举行拟议通过该修正案的会议以前六个月递交公约或有关议定书缔约国。秘书处也应将拟议的修正案递交本公约的签署国供其参考。

3.缔约国应尽力以协商一致方式就本公约或任何议定书的任何拟议修正案达成协议，如果尽了一切努力仍无法以协商一致方式达成协议，则作为最后办法，应以出席并参加表决的有关文书的缔约国三分之二多数票通过修正案；通过的修正案应由保管者送交所有缔约国批准、接受或核准。

4.对修正案的批准、接受或核准，应以书面通知保管者。依照以上第三款通过的修正案，应于至少三分之二公约缔约国或三分之二有关议定书缔约国交存批准书、接受书或核准书之后第九十天在接受修正案的各缔约国之间生效，除非议定书内另有规定。其后，任何其他缔约国交存其对修正案的批准书、接受书或核准书第九十天之后，修正案即对它生效。

5.为本条的目的，“出席并参加表决的缔约国”是指在场投赞成票或反对票的缔约国。

第三十条　附件的通过和修正

1.本公约或任何议定书的附件应成为本公约或该议定书的一个构成部分；除非另有明确规定，凡提及本公约或其议定书时，亦包括其任何附件在内。这种附件应以程序、科学、技术和行政事项为限。

2.任何议定书就其附件可能另有规定者除外，本公约的增补附件或任何议定书的附件的提出、通过和生效，应适用下列程序：

（a）本公约或任何议定书的附件应依照第二十九条规定的程序提出和通过；

（b）任何缔约国如果不能接受本公约的某一增补附件或它作为缔约国的任何议定书的某一附件，应于保管者就其通过发出通知之日起一年内将此情况书面通知保管者。保管者应于接到任何此种通知后立即通知所有缔约国。一缔约国可于任何时间撤销以前的反对声明，有关附件即按以下（c）项规定对它生效；

（c）在保管者就附件通过发出通知之日起满一年后，该附件应对未曾依照以上（b）项发出通知的本公约或任何有关议定书的所有缔约国生效。

3.本公约附件或任何议定书附件的修正案的提出、通过和生效，应遵照本公约附件或议定书附件的提出、通过和生效所适用的同一程序。

4.如一个增补附件或对某一附件的修正案涉及对本公约或对任何议定书的修正，则该增补附件或修正案须于本公约或有关议定书的修正生效以后方能生效。

第三十一条　表决权

1.除以下第二款之规定外，本公约或任何议定书的每一缔约国应有一票表决权。

2.区域经济一体化组织对属于其权限的事项行使表决权时，其票数相当于其作为本公约或有关议定书缔约国的成员国数目。

如果这些组织的成员国行使其表决权，则该组织就不应行使其表决权，反之亦然。

第三十二条　本公约与其议定书之间的关系

1.一国或一区域经济一体化组织不得成为议定书缔约国，除非已是或同时成为本公约缔约国。

2.任何议定书下的决定，只应由该议定书缔约国作出。尚未批准、接受或核准一项议定书的公约缔约国，得以观察员身份参加该议定书缔约国的任何会议。

第三十三条　签署

本公约应从1992年6月5日至14日在里约热内卢并从1992年6月15日至1993年6月4日在纽约联合国总部开放供各国和各区域经济一体化组织签署。

第三十四条　批准、接受或核准

1.本公约和任何议定书须由各国和各区域经济一体化组织批准、接受或核准。批准书、接受书或核准书应交存保管者。

2.以上第一款所指的任何组织如成为本公约或任何议定书的缔约组织而该组织没有任何成员国是缔约国，则该缔约组织应受公约或议定书规定的一切义务的约束。如这种组织的一个或多个成员国是本公约或有关议定书的缔约国，则该组织及其成员国应就履行其公约或议定书义务的各自责任作出决定。在这种情况下，该组织和成员国不应同时有权行使本公约或有关议定书规定的权利。

3.以上第一款所指组织应在其批准书、接受书或核准书中声明其对本公约或有关议定书所涉事项的权限。这些组织也应将其权限的任何有关变化通知保管者。

第三十五条　加入

1.本公约及任何议定书应自公约或有关议定书签署截止日期起开放供各国和各区域经济一体化组织加入。加入书应交存保管者。

2.以上第一款所指组织应在其加入书中声明其对本公约或有关议定书所涉事项的权限。这些组织也应将其权限的任何有关变化通知保管者。

3.第三十四条第二款的规定应适用于加入本公约或任何议定书的区域经济一体化组织。

第三十六条　生效

1.本公约应于第三十份批准书、接受书、核准书或加入书交存之日以后第九十天生效。

2.任何议定书应于该议定书订明份数的批准书、接受书、核准书或加入书交存之日以后第九十天生效。

3.对于在第三十份批准书、接受书、核准书或加入书交存后批准、接受、核准本公约或加入本公约的每一缔约国，本公约应于该缔约国的批准书、接受书、核准书或加入书交存之日以后第九十天生效。

4.任何议定书，除非其中另有规定，对于在该议定书依照以上第二款规定生效后批准、接受、核准该议定书或加入该议定书的缔约国，应于该缔约国的批准书、接受书、核准书或加入书交存之日以后第九十天生效，或于本公约对该缔约国生效之日生效，以两者中较后日期为准。

5.为以上第一款和第二款的目的，区域经济一体化组织交存的任何文书不得在该组织成员国所交存文书以外另行计算。

第三十七条　保留

不得对本公约作出任何保留。

第三十八条　退出

1.一缔约国于本公约对其生效之日起两年之后的任何时间向保管者提出书面通知，可退出本公约。

2.这种退出应在保管者接到退出通知之日起一年后生效，或在退出通知中指明的一个较后日期生效。

3.任何缔约国一旦退出本公约，即应被视为也已退出它加入的任何议定书。

第三十九条　临时财务安排

在本公约生效之后至缔约国会议第一次会议期间，或至缔约国会议决定根据第二十一条指定某一体制机构为止，联合国开发计划署、联合国环境规划署和国际复兴开发银行合办的全球环境贷款设施若已按照第二十一条的要求充分改组，则应暂时为第二十一条所指的体制机构。

第四十条　秘书处临时安排

在本公约生效之后至缔约国会议第一次会议期间，联合国环境规划署执行主任提供的秘书处应暂时为第二十四条第二款所指的秘书处。

第四十一条　保管者

联合国秘书长应负起本公约及任何议定书的保管者的职责。

第四十二条　作准文本

本公约原本应交存于联合国秘书长，其阿拉伯文、中文、英文、法文、俄文和西班牙文本均为作准文本。

为此，下列签名代表，经正式授权，在本公约上签字，以昭信守。

公元1992年6月5日订于里约热内卢。

附件一

查明和监测

1.生态系统和生境：内有高度多样性，大量地方特有物种或受威胁物种或原野；为移栖物种所需；具有社会、经济、文化或科学重要性，或具有代表性、独特性或涉及关键进化过程或其他生物进程；

2.以下物种和群体：受到威胁；驯化或培植物种的野生亲系；具有医药、农业或其他经济价值；具有社会、科学或文化重要性；或对生物多样性保护和持久使用的研究具有重要性，如指标物种；

3.经述明的具有社会、科学或经济重要性的基因组和基因。

附件二

第一部分　仲裁

第一条

提出要求一方应通知秘书处，当事各方正依照本公约第三十条将争端提交仲裁。通知应说明仲裁的主题事项，并特别列入在解释或适用上发生争端的本公约或议定书条款。如果当事各方在法庭庭长指定之前没有就争端的主题事项达成一致意见，则仲裁法庭应裁定主题事项。秘书处应将收到的上述资料递送本公约或有关议定书的所有缔约国。

第二条

1.对于涉及两个当事方的争端，仲裁法庭应由仲裁员三人组成。争端每一方应指派仲裁员一人，被指派的两位仲裁员应共同协议指定第三位仲裁员，并由他担任法庭庭长。后者不应是争端任何一方的国民，且不得为争端任何一方境内的通常居民，也不得为争端任何一方所雇用，亦不曾以任何其他身份涉及该案件。

2.对于涉及两个以上当事方的争端，利害关系相同的当事方应通过协议共同指派一位仲裁员。

3.任何空缺都应按早先指派时规定的方式填补。

第三条

1.如在指派第二位仲裁员后两个月内仍未指定仲裁法庭庭长，联合国秘书长经任何一方请求，应在其后的两个月内指定法庭庭长。

2.如争端一方在接到要求后两个月内没有指派一位仲裁员，另一方可通知联合国秘书长，后者应在其后的两个月内指定一位仲裁员。

第四条

仲裁法庭应按照本公约、任何有关议定书和国际法的规定作出裁决。

第五条

除非争端各方另有协议，仲裁法庭应制定自己的议事规则。

第六条

仲裁法庭可应当事一方的请求建议必要的临时保护措施。

第七条

争端各方应便利仲裁法庭的工作，尤应以一切可用的方法：

（a）向法庭提供一切有关文件，资料和便利；

（b）在必要时使法庭得以传唤证人或专家作证并接受其证据。

第八条

当事各方和仲裁员都有义务保护其在仲裁法庭诉讼期间秘密接受的资料的机密性。

第九条

除非仲裁法庭因案情特殊而另有决定，法庭的开支应由争端各方平均分担。法庭应保存一份所有开支的记录，并向争端各方提送一份开支决算表。

第十条

任何缔约国在争端的主题事项方面有法律性质的利害关系，可能因该案件的裁决受到影响，经法庭同意得参加仲裁程序。

第十一条

法庭得就争端的主题事项直接引起的反诉听取陈述并作出裁决。

第十二条

仲裁法庭关于程序问题和实质问题的裁决都应以其成员的多数票作出。

第十三条

争端一方不到案或不辩护其主张时，他方可请求仲裁法庭继续进行仲裁程序并作出裁决。一方缺席或不辩护其主张不应妨碍仲裁程序的进行。仲裁法庭在作出裁决之前，必须查明该要求在事实上和法律上都确有根据。

第十四条

除非法庭认为必须延长期限，法庭应在组成后五个月内作出裁决，延长的期限不得超过五个月。

第十五条

仲裁法庭的裁决应以对争端的主题事项为限，并应叙明所根据的理由。裁决书应载明参与裁决的仲裁员姓名以及作出裁决的日期。任何仲裁员都可以在裁决书上附加个别意见或异议。

第十六条

裁决对于争端各方具有拘束力。裁决不得上诉，除非争端各方事前议定某种上诉程序。

第十七条

争端各方如对裁决的解释或执行方式有任何争执，任何一方都可以提请作出该裁决的仲裁法庭作出决定。

第二部分　调解

第一条

应争端一方的请求，应设立调解委员会。除非当事方另有协议，委员会应由五位成员组成，每一方指定二位成员，主席则由这些成员共同选定。

第二条

对于涉及两个以上当事方的争端，利害关系相同的当事方应通过协议共同指派其调解委员会成员。如果两个或两个以上当事方持有个别的利害关系或对它们是否利害关系相同持有分歧意见，则应分别指派其成员。

第三条

如果在请求设立调解委员会后两个月内当事方未指派任何成员，联合国秘书长按照提出请求的当事方的请求，应在其后两个月内指定这些成员。

第四条

如在调解委员会最后一位成员指派以后两个月内尚未选定委员会主席，联合国秘书长经一方请求，应在其后两个月内指定一位主席。

第五条

调解委员会应按其成员多数票作出决定。除非争端各方另有协议，它应制定其程序。它应提出解决争端的建议，而当事方应予认真考虑。

第六条

对于调解委员会是否拥有权限的意见分歧，应由委员会作出决定。

图书在版编目(CIP)数据

少数民族非物质文化遗产保护问题研究 / 齐强军等著. — 北京：中国法制出版社，2022.12

（民族法与区域治理研究丛书）

ISBN 978-7-5216-3219-4

Ⅰ.①少… Ⅱ.①齐… Ⅲ.①少数民族-非物质文化遗产-保护-研究-中国 Ⅳ.①G122

中国版本图书馆CIP数据核字（2022）第243852号

策划编辑：戴 蕊
责任编辑：李宏伟 封面设计：李 宁

少数民族非物质文化遗产保护问题研究

SHAOSHU MINZU FEIWUZHI WENHUA YICHAN BAOHU WENTI YANJIU

著者 / 齐强军 等

经销 / 新华书店

印刷 / 三河市紫恒印装有限公司

开本 / 880毫米 × 1230毫米 32开 印张 / 10 字数 / 224千

版次 / 2022年12月第1版 2022年12月第1次印刷

中国法制出版社出版

书号 ISBN 978-7-5216-3219-4 定价：38.00元

北京市西城区西便门西里甲16号西便门办公区

邮政编码：100053 传真：010-63141600

网址：http://www.zgfzs.com 编辑部电话：010-63141804

市场营销部电话：010-63141612 印务部电话：010-63141606

（如有印装质量问题，请与本社印务部联系。）